U0622087

本书为国家社会科学基金后期资助项目（18FZS050）“‘汤始居亳’与垣曲商城探索”最终成果

“汤始居亳”与垣曲商城探索

“The capital’s establishment of Tang in Bo” and the exploration of the Shang city in Yuanqu

陈隆文 著

人民出版社

国家社科基金后期资助项目
出版说明

后期资助项目是国家社科基金设立的一类重要项目，旨在鼓励广大社科研究者潜心治学，支持基础研究多出优秀成果。它是经过严格评审，从接近完成的科研成果中遴选立项的。为扩大后期资助项目的影响，更好地推动学术发展，促进成果转化，全国哲学社会科学工作办公室按照“统一设计、统一标识、统一版式、形成系列”的总体要求，组织出版国家社科基金后期资助项目成果。

全国哲学社会科学工作办公室

纪念

陈昌远教授『汤都垣亳』说发表三十七周年

陈昌远先生(1933—2017),河南大学教授,毕业于四川大学历史系,毕生从事中国先秦史、历史地理学研究。先生不仅在河南高校首开中国历史地理学课程,而且还从历史地理学的角度深入阐释黄河流域在中国古代文明起源与发展过程中的核心地位,开拓了中原先秦史、历史地理研究的诸多领域,成就斐然。早在上世纪八十年代末,先生就提出并论证了“汤始居亳”的亳都与商族起源地在山西垣曲商城遗址的系统观点。本书是对陈先生首倡“垣亳说”的继承与推阐。

目　　录

图 目 录

表 目 录

第一章　释　　亳

第一节　“亳”字本义诸说评议

“商汤始居亳”的地望在哪里？这是夏商史研究中一个重要问题。自汉以来，有关“亳”的记载很多，但分歧也很大，时至今日仍然争论不休。随着考古学的不断发展，邹衡先生提出了郑亳说①，郑亳说把“商汤始居亳”的讨论推向一个新的阶段。与此同时，不少学者对商汤始居“亳”中“亳”字原义进行了认真的探索，并以此为基础对“商汤始居亳”的地望展开了讨论，提出了许多有益的意见，本节就此问题谈谈个人的看法。

商“亳”字见于甲骨文和古文献很多，它的本义究竟应是什么？近年已有不少学者从古文字学和考古学的角度进行了有益的分析和考证，但结论很不一致，初步归纳有以下诸说：

第一，商志䊮先生在《说商亳及其它》一文中认为：“一般的居住房屋称宅，而高楼重屋称亳。在甲骨金文，文献记载和考古发掘都证实商代已有‘四阿重屋’(《考工记・匠人》)的建筑，也就是亳。由于这种广室高楼在古代多为帝王所居住，必建于王都所在，于是像以楼阁的“亳”字到了后来又演变为商代首都的专用名词。”②

第二，刘蕙荪先生在《从古文字“亳”字探讨郑州商城问题》一文提出“亳”的含义：“应该总是宗庙之类，可能就是《周易・观卦》‘大观其上’的观。果然，则亳字可以理解为手建的观。观，巍阙也。易言之，就是京城。因为作为政治中心的京城屡迁，就出现了南亳、西亳等几个亳，和后世的西京、东京、南京、北京一样。”③

第三，游寿先生在《略说商亳》一文中提出，“亳字从亠，在文字上代表高、亭、京，是较高的一个建筑目标，下从乇，像‘斗概’形，我幼年在农村，看到升斗量粮，都用‘斗概’平一下，这个斗概表达在一定场所，进行物品交换

---

① 邹衡：《郑州商城即汤都亳说》，《文物》1978年第2期；邹衡：《论汤都郑亳及其先后的迁徙》，《夏商周考古论文集》，文物出版社1980年版，第183—218页。

② 商志䊮：《说商亳及其它》，《古文字研究》(第七辑)，中华书局1982年版，第194—205页。

③ 刘蕙荪：《从古文字亳字探讨郑州商城问题》，《考古》1983年第5期。

的意义。”又说:“亳与薄一样,在商代是专门进行物品交换的场所。这个交换场所,选择在比较高的台地上。亳,是商代专门进行物品交换的固定名称。”①

第四,郑杰祥先生在《释亳》一文却提出:“亳字从高、从丰,正显示出亳都和亳社具有盛大和崇高之意。”②

第五,张锴生先生在《商“亳”探源》一文中提出,“亳”字的“甲骨文写作、、等形,似一植满树木的丘岗之上,俨然矗立着一座木构建筑的写照”。又说:“亳字所表现的这种祭台(坛)神丘,在万物有灵的原始社会应是普遍存在的,只是形制、大小、高低有所不同。”③

以上诸说对亳字字形的解释都有值得补充说明与深入推展之处。

首先,商志𩡝先生在解释亳之所从之形时,认为亳是商代的“四阿重屋”式楼房,这恐怕与商代历史发展实际不相符合。因为“亳”字产生很早,在商汤灭夏之时,“汤始居亳”就已产生“亳”地名,而商代“四阿重屋”的出现可能是在商代中期。杨鸿勋先生说:“从韩非形容尧居处之俭朴为‘茅茨不翦,采椽不斫’来推测,到奴隶制已相当发展的商代中期,殿堂的茅茨屋檐大概是整齐的了。”“据此,F1 的屋盖可以复原为‘四阿重屋’”。④ 所以我认为对商代早期的房屋建筑,是无法复原为“四阿重屋”的,甲骨文和金文有“四阿重屋”的图形文字,与“亳”字显然有别(表 1-1)。

表 1-1 重屋图形文字

重屋或楼图形文字 《甲骨文编》附录上五八七 S 二九背⑤	重屋图形文字 山东长清县兴复河发现殷代铜鼎铭文⑥
孙海波《甲骨文编》附录	《山东文物选集》

① 游寿:《略说商亳》,《全国商史学术讨论会论文集》,《殷都学刊》(增刊)1985 年。

② 郑杰祥:《释亳》,《中原文物》1991 年第 1 期。

③ 张锴生:《商“亳”探源》,《中原文物》1993 年第 1 期。

④ 杨鸿勋:《从盘龙城商代宫殿遗址谈中国宫廷建筑发展的几个问题》,《文物》1972 年第 2 期。

⑤ 《杨鸿勋建筑考古学论文集》(增订版),清华大学出版社 2008 年版,第 116 页。

⑥ 《杨鸿勋建筑考古学论文集》(增订版),清华大学出版社 2008 年版,第 116 页。

“亳”字古文写法与高、亭、京三字相近，由于亳、京、亭三字相近，皆从高省，故其字义皆与古代高大建筑有关。因此，有的先生认为：“宫殿建筑在我国出现是很早的，甲骨文中有宫、室、京、亳等象形字。”①但从字形上看，亳、京、亭三字还是相互有异（表 1-2）。

表 1-2 “亳”、“京”、“亭”古文字对比

	亳	京	亭
甲骨文			
金文			
战国文字			

从以上文字字形看，不能把“亳”字解释为“四阿重屋”的高楼建筑。

其次，刘蕙荪先生据《周易·观卦》“大观其上”的记载，认为：“果然，则亳字可以解释为手建的观。观，巍阙也。易言之，就是京城。”此说有一点值得深入研究，首先，《周易·观卦》的观不能解释为“巍阙，易言之，就是京城。”另外“观”字《说文》曰：“言谛视也”，段注：“凡以我谛视物曰观，使人得以谛视我亦曰观，犹之以我见人，使人见我皆曰视，一义之转移。本无二音也。”《释文》曰：“观，视也”。《汉书·匡衡传》：“又观以礼乐”。颜注：“观，亦视也”。《汉书·叙传下》：“周穆观兵”，颜注引张晏曰：“观，示也”。所以张立文先生认为：“观有观察，察视，审视之意”。② 由此可见，《周易》“观”字本义并无巍阙之意，至于以后，“观”演变为道观之观，那是引申之义，并不是“观”的原始本义。因此，《周易·观卦》本身并不能解释为京城之意。故李镜池《周易通义》认为：“观，观察。谈政治上如何观察和观察什么，为政治专卦”③，此释甚确，刘蕙荪先生释为京城之意欠妥。

再次，游寿先生提出“亳”字从亯，下从戈，象“斗概”形。游先生以现代农村所使用的粮食量具升、斗来证实商代的物品交易之所，不可信从。《广

① 中国科学院考古研究所二里头工作队：《河南偃师二里头早商宫殿遗址发掘简报》，《考古》1974 年第 4 期。

② 张立文：《帛书周易注释》，中州古籍出版社 2008 年版，第 406 页。

③ 李镜池：《周易通义》，中华书局 1981 年版，第 41 页。

韵》曰:“升,《说文》作十升也,有柄象形”,段注《说文》曰:“上象斗形,下象其柄者,斗有柄者,盖象北斗,当口切”。① 在这里很清楚,升斗的“斗概”有柄当源于北斗星,北斗星不仅指示方向,而且也有指示时节的功能,它与物品交换没有任何联系。况且游寿先生也无更多证据,说明“亳”就是古代交易场所。

最后,郑杰祥先生提出:“亳字从高、从丰,正显示出亳都和亳社具有盛大和崇高之意。”②此说可能对亳字字形结构有些误解。“亳”字下面不从“丰”字,无论从甲骨文还是金文,“亳”字字形结构均不从“丰”(表 1-3)。

表 1-3 “亳”字的演变

甲骨文	甲 1640	粹 20	京津 395	粹 22	后上 6.4
金文	亳父乙鼎	乙亳觚	亳鼎		
战国文字	郑州战国陶文				

“亳”字下面、、、形均不能解释为“丰”字。在这里,应该指出的是丁山先生将以上甲骨文中“亳”字诸形解释为“象草生台观之下形,当然是‘堡’字本字。堡,古文作保,《左氏》襄公八年《传》,‘焚我郊保’,《晋语》,‘抑为保障乎’,《礼记·檀弓》,‘遇负杖入保者息’,《月令》:‘季夏之月,四鄙入保’。这些保字,旧多训为‘小城也’。字正象小城之上筑有台观,所以保障人物安全的。”③此说欠妥。因为城堡的“堡”本字为“保”字,甲骨文、金文俱见。金文(且辛父庚鼎④),甲骨文(仔)“象人背负着子的形状。甲骨文用作动词,为保护、佑助之义,如‘、、、、’(黄

① (清)段玉裁:《说文解字注》,上海古籍出版社 1981 年版,第 717 页下。

② 郑杰祥:《释亳》,《中原文物》1991 年第 1 期。

③ 丁山:《商周史料考证》,中华书局 1988 年版,第 27 页。

④ 徐中舒:《汉语古文字字形表》,四川人民出版社 1981 年版,第 309 页。

尹仔我史)(合四二四)。'仔'字发展到后代成了'保'字。"①加"土"自然就成为城堡的"堡",取意为保护人民。故《礼记·月令》曰:"四鄙入保(堡)",注:小城曰保,又"都邑之城曰保"②,这应是它的孳生字。贾谊《治安策》说的清楚,"保者,保其身体",而城堡就是守民,保护人民。它与"亳"字本意毫无关系,因此"亳"字不能解释为城堡的"保"字。

第二节 "亳"与亳社

在"亳"字本义讨论中,郑杰祥先生依据许慎《说文解字》"高"部的解释认为:"亳,京兆杜陵亭也。从高省,乇声,此释不确。"③郑先生认为:"亳字不当从乇得声明显可见。今按亳字在三期以前的卜辞中多写作,三期以后特别是五期卜辞中皆写作,可知就是亳字的初文。"④这个认识应该说是正确的。郑先生进一步认为"即丰之本字","正象草木挺拔茂盛之形,当即丰之本字无疑。"⑤黄盛璋先生也认为:"丰、豐音义并同,丰即豐之初文。"⑥商承祚先生也认为:"丰即豐之本字"⑦。这些认识均值得商讨。

高亨先生曾经指出:"丯,艸蔡也。象艸生之散乱也。都若介。《说文》曰:'蔡,艸也。从艸,祭声'。艸蔡与草芥同意。丯即草芥之芥,芥之本义为菜名。《说文》:'芥,菜也,从艸,介声',丯字与丰不同。"⑧杨树达先生也指出:"丯,艸蔡也。象草生之散乱也,读若介。"⑨著名书法家邓散木也曾指出:"丯,古拜切,音介",为象形"连枷也,农家打稻之具曰连枷。"⑩以上诸说,虽然解释各有不同,但他们都说明"丰—豐;—丯—艸蔡"二者不同,丯不应是豐之本字,应读为介,为《说文》部首之一。故高亨先生又说:"豐,豆之豐满者也。从豆,象形。古文豐。金文作(豐兮簋)(豐

① 赵诚:《甲骨文简明词典(卜辞分类读本)》,中华书局1988年版,第325页。

② 李学勤主编:《十三经注疏·礼记正义》,北京大学出版社1999年版,第497、514页。

③ 郑杰祥:《释亳》,《中原文物》1991年第1期。

④ 郑杰祥:《释亳》,《中原文物》1991年第1期。

⑤ 郑杰祥:《释亳》,《中原文物》1991年第1期。

⑥ 黄盛璋:《大丰簋铭制作的年代、地点与史实》,《历史研究》1960年第6期。

⑦ 在这里有先生引用商承祚先生之说有删节。商先生说:"甲骨文作,金文康侯封鼎同此,即丰之本字,象草节省其上。"(商承祚:《说文中之古文考》,上海古籍出版社1983年版)

⑧ 高亨:《文字形义学概论》,齐鲁书社1981年版,第102页。

⑨ 杨树达:《中国文字学概要》,上海古籍出版社1988年版,第102页。

⑩ 邓散木:《说文解字部首校释》,上海书店出版社1984年版,第19页。

篕）。”“豐从豆，象其中有物豐满。”①很明显丯与丰不是一字。郑杰祥先生又说：“□字既为丯字之初形，则卜辞亳字当从高省、丯声，从乇者乃□之形讹，不足为据。”②很自然，如果把“亳”字下面的□说成是丰字的初文是不很恰当的。林沄先生曾将“豐”、“豊”二字进行辨析，指出“豐”、“豊”二字并非从豆而均系从壴，林沄先生说“豐”字“从□者，谓击鼓之声蓬蓬然，乃以丰为声符。可能用鼓声之宏大充盈故引申而有大、满等义，因而从丰得声，后遂代“豐”而为表示茂盛之义的专用字。”③这样看来□不仅不能释为丰之初文，也不能将“豐”字从□形释为草木之挺拔茂盛之状，这一点是可以肯定的。郑杰祥先生说：“丯字古音属并纽东部，亳古音属并纽铎部，亳与丯古音双声，韵也相近，故亳字当从丯字得声。”④此说可能有些不确切。丯，高亨曰：“读若介”。段玉裁注《说文》曰：“古拜切，十五部”。亳上古音属铎部，并纽。如果把□说成是丰或“豐”之初文，与亳字根本不能相通假。而丰字古音属东部并纽，“豐”字古音属冬部滂纽，因此不能通假。与“亳”字上古音属铎部并纽，更不能相通假。怎么能说“亳”字从丯得声呢？所以把甲骨文中的亳字释为□，并认为字形从丯的说法不妥，实难成立。

现在看来，许慎在《说文解字》中解释“亳，从高省，宅声”应是正确的。“亳”字之所以从乇，在文字考释中不仅是较为困难的问题，同时也是理解“亳”字含义的关键。虽然新中国成立前李玄伯先生解释“亳”字之所以从乇时，认为“初义当系草，上象叶，下象根，艸之意为生生，自亦合于图腾”。⑤此解释虽已接近“亳”字的本义，但还是不很清楚。李玄伯先生把“汤居亳之亳乃因乇团之定居其处而得名”⑥的看法是不很恰当的。“亳”字从乇，乇音宅。《说文》曰：“乇，艸叶也”。所说甲骨文中□字从高，下冂表示房屋，为宫室象形。□表示为竹叶。而“亳”字“从高省宅声”此释应是正确的。“宅”，古音属铎部定纽，而“亳”古音也属铎部定纽，两者完全可以相互通假借用。“亳”字甲骨文作□形，赵诚先生认为“亳”字构形不明。⑦ 如果仔细分析“亳”字字形结构是很清楚的。尽管在甲骨文和金文中“亳”字的

① 高亨：《文字形义学概论》，齐鲁书社 1981 年版，第 163 页。
② 郑杰祥：《释亳》，《中原文物》1991 年第 1 期。
③ 林沄：《豊豐辨》，《古文字研究》（第 12 辑），中华书局 1985 年版，第 84 页。
④ 郑杰祥：《释亳》，《中原文物》1991 年第 1 期。
⑤ 李玄伯：《中国古代社会新研》，开明书店 1948 年版，第 198 页。
⑥ 李玄伯：《中国古代社会新研》，开明书店 1948 年版，第 198 页。
⑦ 赵诚：《甲骨文简明词典（卜辞分类读本）》，中华书局 2009 年版，第 86 页。

笔画有增损，有许多不同形状，但其中亼表示应是固定的含义，△表示为房屋人字形梁，为架屋的主要构件。亼表示高台建筑上所建立的祖庙，下面从屮为艸，此草为覆盖宫室祖庙时所用的蒲草，可隶定为乇。故《说文通训定声》曰："乇，叶也，似垂穗上贯一，下有根，象形，按一地也指事"。[①]"亳"上面从亼，当为祖宗宗庙的高台建筑之形。祖宗之宗庙，卜辞、金文字形俱见。《侯马盟书》宗：宀、宀、宀、宗。[②] 故周名辉先生曰："宀即《说文》宀字。宀亦与同意。如亯字，殷墟卜辞作亯(《书契后编》卷上第二十一叶)古金文作亯(豐兮簋)从亼。吴大澂、罗振玉谓象宗庙之形者，是矣"。[③] 足见"亳"字从亼当为祖宗宗庙之形。覆盖宗庙一类的建筑顶部，夏、商时用茅草，这类建筑用茅草在夏、商晋南一带多选取当地特产——蒲草。山西东南陵川县城西北25华里有村曰蒲水，蒲水何以唤作蒲水?《县志》载："村东南有小溪，溪边蒲草丛生，遂得名"。"蒲草怎生? 村中玉皇馆所立碑铭上有丹凤衔玉，蒲草现瑞"之说。[④] 这些关于蒲草的传说，说明在当地蒲草被视为祥瑞之草，在晋南一带有特殊的意义。蒲草为水草，可以作席，蒲蒻还可食。《诗经·大雅·韩奕》曰："其蔌(音速)维何，维笋(恤尹反)及蒲"。朱熹注："蒲，蒲蒻也"[⑤]。宋本《广韵》曰："蒲，草名，似兰，可以为席"[⑥]。由于商族兴起于晋南垣曲县一带[⑦]，商人多用表示祥瑞的蒲草覆盖祭祀祖宗的宗庙建筑，故称亳，其含义为祖宗的宗庙之意。由于商人用蒲草覆盖宗庙的圆屋顶，故又称亳，亳又可称为蒲。故刘熙《释名·释宫室》曰："草圆屋曰蒲。蒲，敷也，总其上而敷下也，又谓之菴，菴也，所以自覆奄也"[⑧]。在晋南商代考古发掘中，常发现这种圆形建筑房屋，这种圆形建筑房屋的台基一般都高出地面30—50厘米，它们的直径一般为8.5—10米，台基中心有一直径30多厘米的大柱子洞，周围二三十个小柱子洞。在发掘范围内这样的台基已见到十余台面，隔成四个扇形部分，当与祭祀祖先有关。[⑨] 古代文献中，常有"薄"、"亳"或"苇亳"的记载，其实都是指以蒲草覆盖为顶的宗庙祭祀建筑而言的。商代以蒲草覆盖为顶的祖先祭祀场所之所以被称为

---

① (清)朱骏声:《说文通训定声》,中华书局1984年版,第468页。

② 徐中舒:《怎样研究中国古代文字》,《古文字研究》(第15辑),中华书局1986年版,第5页。

③ 周名辉:《新定说文古籀考》,武汉古籍书店1985年版,第17页右。

④ 刘学文:《说蒲水》,《地名知识》1987年第1期。

⑤ (宋)朱熹集注:《诗集传》卷18《大雅·韩奕》,中华书局1958年版,第216页。

⑥ (宋)陈彭年撰:《钜宋广韵》卷1《模第十一》,上海古籍出版社1983年版,第43页。

⑦ 陈昌远:《商族起源地望发微》,《历史研究》1987年第1期。

⑧ (汉)刘熙:《释名》卷5《释宫室》,中华书局1985年版,第89页。

⑨ 东下冯考古队:《山西夏县东下冯遗址东区、中区发掘简报》,《考古》1980年第2期。

亳,从字形上看,这类建筑物还有一个重要特点,那就是他们都建在高台之上。商人的祖先简狄居台即是一证。《楚辞·天问》说:“简狄在台,喾何宜”①。简狄居台,除《楚辞·天问》外,《楚辞·离骚》亦曰:“望瑶台之偃蹇(高貌)兮,见有娀(简狄母家)之佚女”②。《吕氏春秋·音初篇》亦曰:“有娀氏有二佚女,为之九成之台”③。皆言简狄居台,所以,从文字构形上来看,亳应是殷人祭祀祖先高台建筑物的象征。

另外,“亳”字下面从草乇声。因为商人好迷信鬼神,同时也用蒲草作为门前避邪之物。现在泰国境内仍然有少数民族还保留以稻草横放门上挂一木刀,用以表示避邪的习俗。商人也有此风俗,所以“亳”字下面从乇,像用蒲草横挂一木刀以示避邪用之后,以后演变为门栓,以此保护私有财产,因此,乇字是象门栓之形。

由于殷人用白色的蒲草盖祖庙,所以殷人尚白的习俗或就源于此。《礼记·檀弓》曰:“夏后氏尚黑”,“殷人尚白”,“周人尚赤”④。《司马法》又记:“夏执玄钺,殷执白钺,周作仗黄钺”⑤。安阳殷墟出土有白陶罍,这些都表明殷人尚白的习俗。殷人尚白的习俗不是偶然的,它很可能是与殷人用蒲草盖祖庙以求祥瑞有关。因此,祖庙所在的地名便以“薄”、“亳”命名。山西垣曲县为汤的始居地,故留下了许多以“白”、“亳”、“薄”命名的地名。由于“亳”古音在铎部并纽,与“白”古音在铎部并纽可以相通假,所以,山西垣曲县最早即称白水县,后设亳城县,盖与商汤始居此地有关。⑥

由于亳是殷人祭祀祖先建立宗庙的场所,于此设社,称为亳社。《诗经·商颂·玄鸟》曰:“宅殷土芒芒”⑦。《史记·三代世表》译为“殷社茫茫”⑧。《诗经·大雅·绵》曰:“乃立冢土”。《毛诗诂训传》曰:“冢土,大社也”⑨。社是什么?《周礼·地官·大司徒》曰:“设其社稷之遗而树之田

① 董楚平:《楚辞译注》,上海古籍出版社1986年版,第105页。

② 董楚平:《楚辞译注》,上海古籍出版社1986年版,第26页。

③ 张双棣等译注:《吕氏春秋》,中华书局2007年版,第65页。

④ (清)孙希旦撰:《礼记集解》卷7《檀弓上》,中华书局1989年版,第173页。

⑤ (唐)杜佑:《通典》卷66《卤薄》,岳麓书社1995年版,第950页。

⑥ 陈隆文:《商汤都亳辨析》(未刊稿)。

⑦ 李学勤主编:《十三经注疏·毛诗正义》卷20《商颂·玄鸟》,北京大学出版社1999年版,第1444页。

⑧ (汉)司马迁:《史记》卷13《三代世表》,中华书局1959年版,第505页。

⑨ 李学勤主编:《十三经注疏·毛诗正义》卷16《大雅·绵》,北京大学出版社1999年版,第989页。

主"[1]。《战国策・秦策一》张仪说秦王曰:"令魏氏收亡国,聚散民,立社主,置宗庙"[2]。《周礼・春官・大宗伯》曰:"以血祭祭社稷,五祀五岳"。郑玄注曰:"社稷,土谷之神,有德者配焉"[3]。《墨子・明鬼篇》曰:圣王"建国营都日,必择国之正坛,置以为宗庙,必择木之修茂者,立以为丛社"[4]。《战国策・秦策三》曰:"应侯谓昭王曰:亦闻恒思有神丛与?"高诱注云:"盖木之茂者神听所凭,故古之社稷恒依树木"[5]。古之社稷,恒何立树木。《白虎通・社稷篇》曰:"社稷所以有树何?尊而识之,使民望见即敬之,又所以表功也"[6]。《独断》曰:"凡树社者,欲令万民知肃敬之"[7]。从以上这些记载可以知道,殷人设立亳社并以此代表国家,社稷是祈求上天的保佑。亳社之中有社主,社主作为神灵依附的外表而存在。社主的建立等于人们的生存获得了神灵的庇护,包括被统治阶级和统治阶级在内。下自人们聚居的自然村落,上而至于乡、州、遂、县、公卿採邑,各有各的社主,在权力集中的地方,甚至残杀战俘、罪犯作为社主的祭品。这样一来,社主又成了政权的同义语。为了避免社主受风雨侵蚀,在它的周围种植树木,或者选择有树木丛生的地方,立起社主,显示出令人敬畏的阴森气氛。[8]《论语・八佾》谓鲁哀公问社于宰我,宰我对曰:"夏后氏以松,殷人以柏,周人以栗。"[9]。《太平御览・礼仪》引《五经异义》曰:"夏人都河东,地气宜松,殷人都亳,地气宜柏,周人都丰镐,地气宜栗"[10]。表明夏商周三代社的建立已成为国家权力的象征。随着时间的发展,亳社之设不断有所变化,后来凡是殷人后裔居住的地方,设置祭祀的祖庙也都设"亳社"。所以"亳社"就不仅仅限于"亳"地。春秋时鲁国有亳社之设,事见《春秋》哀公四年与《左传》定公七年。由此可见,"亳社"的建立,在春秋之后虽有发展演变,但有一点应该肯定,凡有祖先祭祀场所的都可以称为"亳社"。

---

① (清)孙诒让:《周礼正义》卷18《地官・大司徒》,中华书局1987年版,第692页。

② 诸祖耿撰:《战国策集注汇考》卷3《秦策一・张仪说秦王》,江苏古籍出版社1985年版,第145页。

③ (清)孙诒让:《周礼正义》卷33《春官・大宗伯》,中华书局1987年版,第1314页。

④ 吴毓江撰,孙启治点校:《墨子校注》卷8《明鬼下》,中华书局1993年版,第340页。

⑤ 诸祖耿撰:《战国策集注汇考》卷5《秦策三・应侯谓昭王》,江苏古籍出版社1985年版,第314页。

⑥ (汉)班固:《白虎通德论》卷2《社稷篇》,上海古籍出版社1990年版,第16页。

⑦ (汉)蔡邕撰:《四部备要・蔡中郎集》外集卷4《独断》,中华书局1936年版,第20页。

⑧ 戴家祥:《释"社"、"杜"、"土"古本一字考》,《古文字研究》(第15辑),中华书局1980年版,第191页。

⑨ (宋)朱熹:《四书章句集注》卷2《八佾》,中华书局1983年版,第67页。

⑩ (宋)李昉等撰:《太平御览》卷531《礼仪部・神主》,中华书局1960年版,第2411页。

第三节 “亳”义寻源

亳字在卜辞、金文与战国文字中有表 1-4 中的数形①：

表 1-4 “亳”古字形总汇

甲骨卜辞	（一期存 1.744）	（一期后上 6.4）	（一期乙 4544）	（一期后下 14.10）
	（三期粹 21）	（三期粹 22）		
	（四期粹 20）	（五期前 2.2.5）		
金文	（亳父乙鼎）	（乙亳觚）	（亳鼎）	
战国古文	（盱眙壶匽亳邦）	（玺汇 0225）	（左里簋亳豆）	（亳缶）
	（陶汇 6.123）	（布锐亳百涅）	（陶汇 6.127）	

字，《说文解字》曰：“从高省，乇声”。乇音宅、音磔，古音亦属铎部。从甲骨文，金文或战国陶文、可以看出“亳”字下面应是从宅，这一

① 徐中舒：《甲骨文字典》，四川辞书出版社 1989 年版，第 591 页；容庚：《金文编》，中华书局 1985 年版，第 374 页；何琳仪：《战国古文字典——战国文字声系》，中华书局 1998 年版，第 525 页。

点无可置疑。从郑州附近出土的韩国宅阳货币,宅字作形。宅阳币的字形可以说明“亳”字上面从高,下面从宅是正确的。那么对宅的含义又应如何理解?《说文》曰:“宅,所讬也,从宀乇声。古文宅,,亦古文宅。”段注曰:“讬者,寄也。人部亦曰:侂,寄也。引申之,凡物所安皆曰宅,宅讬叠韵。”《释名》曰:“宅,择也。择揀吉处而营之”。[1] 赵诚先生说:“宅。从宀乇声。卜辞用为住宅之宅,但和后代所谓住宅的用途不完全相同”。又说:“卜辞有‘乎帚奏于泚宅’(合295),乎即呼,帚即妇。奏,后代指演奏乐器,商代则跳舞、奏乐通谓之奏”。“呼妇来宅奏乐跳舞,可见这种宅绝不是一般的住宅。结合宅所从的乇为祭名来看,则宅应为祭祀场所”。[2] 赵先生的认识是正确的,这说明“亳”字所以宅声与宗教祭祀有密切关系。

值得注意,“亳”字下面为宅还有居意,“居”在古代有更深刻的含义,凡称居者都与王都有关,非一般性住宅。西周《何尊》铭文曰:“唯王初迁宅于成周”。此“宅”与“亳”又可相通假。如果是商人青铜器铭文,那可以说“迁亳”。因为商代青铜器“亳”字的含义到西周就演变为“宅”,说明“亳”字最初的含义为宅,其本义应是不变的。此“宅”字根据《尔雅・释言》曰:“宅,居也”。所以“亳”字也可以释为“居”。在西周金文中,凡是王所在的地名,才称为居。如“王在杜居”、“王在雝居”、“穆王在下減居”等,这些“居”字与都邑都是有密切关系的。故杨树达先生在《师虎簋跋》与《师虎簋再跋》二文中明确指出:“王在杜居”、“王在雝居”与“王在宗周”、“王在成周”是相同的。“居为都字之义”。“《史记・周本纪》曰:‘自洛汭延于伊汭,居易毋固,其有夏之居’。此言洛汭至伊汭为有夏之旧都也”。《史记・封禅书》曰:“昔三代之居,皆在河洛”。“《史记・周本纪》曰:‘我南望三途,北望岳鄙,顾詹有河,粤詹雒、伊,毋远天室。’营周居于雒而后去,营周居谓营周都也”。[3] 从这里可以看出,在古代文献里“居”的含义都与王都有关。故《史记・殷本纪》和《尚书序》曰“汤始居亳”,也就是表明商汤在“亳”地建立王都。此“亳”在何处?就是指今山西垣曲县商城遗址,此处为商汤始居亳的“亳”都所在地。由于“亳”与“薄”相通假,古书多通用,早已是人们共识的。[4] 除这一点以外,还应看到“亳”与“蒲”相通假。故《左传》

---

① (清)段玉裁:《说文解字注》卷14,上海古籍出版1981年版,第338页上。

② 赵诚:《甲骨文简明词典》(卜辞分类读本),中华书局1988年版,第216页。

③ 杨树达:《考古学专刊・甲种第一号・积微居金文说》,中国科学院出版社1952年版,第67页。

④ 施之勉:《殷亳考辨》,《东方杂志》39卷第4号。

定公六年曰:“阳虎盟公及三桓于周社,盟国人于亳社”①。鲁国也有亳社。《春秋》哀公四年曰:“六月辛丑,亳社灾”。《公羊传》作“蒲社”②。可见“亳”与“蒲”也是相通的。蒲,作为地名,是山西地方特有,溯其渊源都与该地产蒲草有关。在山西特别是晋南一带,以薄为地名不仅数量较多,而且历史悠久。山西地方剧——蒲剧也是因此得名的。亳字地名兴起山西南部,也是特定地理环境的产物。亳应是由“蒲”—“薄”—“亳”演变而来。由于商族兴起于晋南亳,灭夏后在山西垣曲建立商代国家,“亳”也就成为商国家的代名词。由于商汤建都于亳地,灭夏后其统治范围不断扩大,都城屡次迁徙,不止一处,凡迁徙之地也都留下“亳”的名称。“汤始居亳”在山西垣曲县,在黄河之北故称北亳,后迁河南偃师称为西亳,而后大其亳邑又在黄河南岸之郑州商城立都,故称南亳。这就是史书上所说的“三亳阪尹”。再后,商人向东发展,商人的后裔分散在各处,又不断建立祖庙,也都可以称为“亳社”,其演变“亳”的地名也就更多了。凡是殷人后裔在所居之地都可以留下“亳”的地名,故陈梦家先生在《殷墟卜辞综述》一书中,用不少材料来证实这一点,兹不赘述。

丁山先生曾认为:“凡是殷商民族居留过的地方,总要留下一个亳名,可见亳字最初含义,应是共名,非别名也”③这一点恐不确切。“亳”最初含义应为专名,以后才成为别名,失去它原有的含义,再后又演化成为通名。在卜辞中常发现有这样的记载:

贞于亳(《甲骨文合集》7841,一期)
癸巳卜其侑亳社(《合集》28,三期)
戊子卜其岁于亳社三小牢(《合集》28108,三期)
其侑亳社(《合集》28119,三期)
于亳社御(《合集》32675,四期)
辛巳贞雨不既其燎于亳社(《合集》665,屯南,四期)
甲午王卜在亳贞今……(《合集》36555,五期)

以上记载说明亳社在整个商代后期商人的心目中,仍然处于崇高的地位,那么应如何理解商代中后期卜辞中“亳社”的含义呢?郑杰祥先生认

① 杨伯峻:《春秋左传注》,中华书局1981年版,第1559页。
② 杨伯峻:《春秋左传注》,中华书局1981年版,第1625页。
③ 丁山:《商周史料考证》,中华书局1998年版,第27页。

为:“进入商王朝中期以后,商王虽然多次迁都,但故都亳邑仍是商王出入之地。”郑先生又说:“(卜辞中的记载)说明亳社在整个商代后期的商人心目中人处于崇高的地位。商代亳社显然就位于商代故都亳邑……至于商代亳邑即成汤所都的亳邑在什么地方,郑州商城应该就是成汤所都的亳邑。”①在这里有一个问题值得深思。从殷墟出土的甲骨文中有关亳与亳社的记载来看,我们基本可以断定,在商代中、后期的亳都当中都有亳与亳社。商王祭祀祖先可能已不必一定再到故都亳邑了,此时亳邑已失去商代初期专用地名的意义,而演变为通名了。再者,按照董作宾先生对甲骨断代的研究,董氏将甲骨断代分为五期,董氏五期说基本上是正确的,那种认为董氏断代学说已经过时的观点不符合事实,是错误的。② 因此,一般认为董氏的甲骨文断代研究仍是可依从的。

按照董氏的甲骨文断代分期:

第一期:武丁及其以前
第二期:祖庚、祖甲
第三期:仓廪辛、康丁
第四期:武丁、文丁
第五期:帝乙、帝辛③

从以上董作宾甲骨文断代分期来看,四、五期正是商代晚期。按照他们的观点,“商王虽多次迁都,但故都亳邑,仍然是商王出入之地。”④上面征引四、五期卜辞“于亳社”,“在亳”就是商王亲自到位于商代故都的亳邑去贞卜的记载。按照商汤兴起于郑亳,郑亳在郑州商城,那么商王自然到郑亳去占卜。可是根据郑州商城遗址的考古发掘报告所提供的材料,郑州商城遗址东城墙探沟 7 第三层至第五层内出土的木炭,经碳 14 测定原为公元前 1285±90 年至公元前 1265±90 年,经树轮校正为公元前 1620±135 年至公元前 1595±135 年。而实践证明,树轮校正的年代多半都比较提前,若把这个提前量适当减去,郑州商城的碳 14 数据只相当商

① 郑杰祥:《释亳》,《中原文物》1991 年第 1 期。

② 陈炜湛:《甲骨文简论》,上海古籍出版社 1987 年版,第 175 页。

③ 董作宾:《甲骨文断代研究例》,《中央研究院历史语言研究所集刊》外编《庆祝蔡元培先生六十五岁论文集》(上册),国立中央研究院 1933 年版,第 324 页。

④ 郑杰祥:《释亳》,《中原文物》1991 年第 1 期。

代中期。[①] 因此，有些先生主张郑州商城为仲丁迁隞的隞都所在地，这说明郑州商城的建筑年代最晚相当于商代中期。如果按照郑亳说，郑州商城遗址应是属于早商时期，其商城废弃就更早了。如果小屯南地出土的卜辞是帝乙晚期卜辞，那么“亳社”（这里指郑州商城）早已废弃不用了。怎么帝辛、帝乙必须要跑到郑州商亳去贞卜呢？因此，使人费解，不得其缘由。所以我认为卜辞中的“亳社”应是指当时国邑王都所在的社，但也有非王都邑的国社。

在卜辞中有“亳”的条目很多，据张锴生先生统计至少有25条以上。[②] 在古籍中以亳为地名的也很多，如何认识这些“亳”名的出现呢？丁山先生说：这些亳“虽不尽是成汤故居”，“至少是成汤子孙殷商民族所留下来亳社的遗迹。”丁山先生又说：“凡是殷商民族居留过的地方，总要留下一个亳名。”[③]这个意见应该说是正确的。有的先生同意此看法，但又认为亳社在卜辞里指亳社或亳地，二者是同一地点。[④] 不过在这里我们还应充分认识，商初的亳与以后春秋时期的亳，在文献上是有所不同的。在春秋古文献上，亳社是殷或殷商的国社（社稷）的代称，不是专指作为成汤都城兴起地的亳（今山西垣曲县），但它从侧面证明了，亳与商人后裔之间所独具有密切关系。故《左传》庄公十二年记载：“宋万弑闵公于蒙泽……立子游，群公子奔萧，公子御说奔亳。”杜注：“亳在蒙泽县西北……是宋之亳。”又哀公十四年记桓魋以鞌易薄，景公曰：“不可。薄，宗邑也。”这二处薄当为一地。王国维先生在《说亳》一文中说：“此薄为宋宗邑，尤足证其为汤所都。”[⑤]王先生说此为宋宗邑是正确的，商丘的宋宗邑应是商人后裔东迁所建筑的。可是王先生主张为汤之所都亳，那就不很恰当，近年来不少先生都认为汤之亳是在商丘（今河南商丘），此说不可依。商丘周边地区没有发现过任何先商文化的遗迹，这怎么能证明此亳为商汤都“亳”的“亳”地呢？商丘之亳只能说明商人的后裔东迁之后曾在这里建立宗邑宗庙组织。所以《左传》除记载了“薄”之外，同时还记有“亳社”。《左传》襄公三十年曰：“或叫于宋大庙，曰‘譆譆，出出’。鸟鸣于亳社，如曰：‘譆譆’。”[⑥]大庙应是宋的祖庙，即宋始封之君微子启之庙。“亳社”应是国社，社稷谷神是指宋国的社稷谷神，

---

① 杨育彬：《商代王都考古研究综论》，《中原文物》1991年第1期。

② 张锴生：《商“亳”探源》，《中原文物》1993年第1期。

③ 丁山：《商周史料考证》，中华书局1988年版，第26—27页。

④ 郑杰祥：《释亳》，《中原文物》1991年第1期。

⑤ 王国维：《观堂集林》卷12《史林四·说亳》，中华书局1984年版，第521页。

⑥ 杨伯峻：《春秋左传注》，中华书局1981年版，第1174页。

所以《周礼·小司徒》曰:“凡建邦国,立其社稷。”[①]《周礼·冬官·匠人》曰“左祖右社”。[②] 这种建筑规制,应是封建诸侯国家必须遵守的。所以《左传》定公六年曰:“阳虎又盟公及三桓于周社,盟国人于亳社。”[③]昭公九年曰:“肃慎、燕、亳,吾北土也。”[④]《史记·秦本纪》曰:“与亳战,亳王奔戎”[⑤]等记载,凡此之亳,皆与殷王朝灭亡后,其后裔流落到各地,受浓厚商文化影响而建立的诸侯国有密切关系。随着时间的推移,以后的“亳”就成为商族的代称。因此,我们说商初的“亳”,专指商汤兴起于“亳”,其地在今山西垣曲,是商人最早的都城所在地,与春秋时期商人后裔,不忘其祖先而建的宗邑、国社称为“亳”与“亳社”,是两个不同概念绝对不能混淆。春秋时期的“亳社”已成为殷人后裔建立宗社、国家、宗庙的代称。

总之,从我国古代文献来看,以“亳”为地名的很多,但它们都是与薄、蒲等字是相通的。故丁山先生认为:“这些字汉初写法,尚无刻定之形,可以相通。”[⑥]王玉哲先生也说:“古地名的薄、蒲、番,以声类术之,可能都是‘亳’字一音之转。”[⑦]从这里可以看出“亳”应为最初字,作为地名,其含义与商族兴起于“亳”建立都城有密切关系。由于商族兴起于晋南,所以“亳”才与“薄”、“蒲”相通假借用。故《尚书序》曰:“汤始居亳,从先王居。”[⑧]《史记·殷本纪》也说:“汤始居亳,从先王居。”[⑨]这些记载都证明了商汤以前的殷商先人都居于亳地的事实,所以《世本·居篇》曰:“契居蕃。”[⑩]《史记·殷本纪》以契为先商第一位直系祖先。《国语·周语》称之为玄王,其它文献多认为契的父亲帝喾居亳。《今本竹书纪年》也曰:“帝喾高辛氏,元年,帝即位居亳,”[⑪]郑玄在《尚书序》也说:“汤始居亳”条下注曰:“契父帝喾都亳。”[⑫]皇甫谧在《帝王世纪》曰:“帝喾高辛氏,姬姓也,有圣德,年十五而佐颛顼,四十登位、都亳。”[⑬]帝喾是否为契的父亲,现在我们无法说清楚,

---

① (清)孙诒让:《周礼正义》卷20《地官·小司徒》,中华书局1987年版,第814页。

② (清)孙诒让:《周礼正义》卷83《冬官·匠人》,中华书局1987年版,第3428页。

③ 杨伯峻:《春秋左传注》,中华书局1981年版,第1559页。

④ 杨伯峻:《春秋左传注》,中华书局1981年版,第1308页。

⑤ (汉)司马迁:《史记》卷5《秦本纪》,中华书局1959年版,第181页。

⑥ 丁山:《商周史料考证》,中华书局1988年版,第17页。

⑦ 王玉哲:《商族的来源地望试探》,《历史研究》1984年第1期。

⑧ 李民、王健撰:《尚书译注》,上海古籍出版社2010年版,第102页。

⑨ (汉)司马迁:《史记》卷3《殷本纪》,中华书局1959年版,第93页。

⑩ 刘晓东等点校:《二十五别史·世本》,齐鲁书社2000年版,第57页。

⑪ 方诗铭、王修龄:《古本竹书纪年辑证》,上海古籍出版社1981年版,第192页。

⑫ 李民、王健撰:《尚书译注》,上海古籍出版社2010年版,第102页。

⑬ 徐宗元辑:《帝王世纪辑存》,中华书局1964年版,第30页。

但这一记载至少可以从一个侧面证明了商汤都亳在今山西垣曲县的观点是有文献依据的。说明契是商人敬奉的祖先,商族最早兴起于“亳”地。此“亳”,当在今山西垣曲县商城遗址,为商汤始都“亳地”。

从以上论述可以看出,“亳”字的产生是有其深刻的社会根源和自然地理条件作为基础的,绝不是偶然的。

第二章　夏商都城地望与汤灭夏桀的战争

第一节　桀都安邑地望与东下冯类型

夏朝末年，夏商之间发生了一次历史上著名的商汤伐桀的灭夏战争。由于年代久远，文献资料不足，因此，古今学者的意见也很不一致。其中的关键，我认为是一个历史地理问题。如果我们能从历史地理角度进行考察，不难得出一个圆满的解答。本节试就此问题作一尝试回答。

一、汤亳地望诸说释义

在商汤伐桀灭夏的战争中，首先应该搞清楚商汤、夏桀各自都城在哪里。这是研究商汤灭夏战争的前提。如果这个问题搞不清楚，则商汤伐桀灭夏战争将成为无源之水。

商汤的都城位于何地，自古以来争论很多。综合起来有以下诸说：

偃师西亳说。《汉书·地理志》偃师条班固自注曰："尸乡，殷汤所都。"①东汉郑玄云："亳，今河南偃师县。"②以后皇甫谧《帝王世纪》、郦道元《水经·谷水注》和唐李泰《括地志》皆主张其说，新中国成立以来偃师商城遗址的发现，更加丰富了汤都偃师的内容。

山东曹县北亳说。王国维《观堂集林·说亳》力主此说。王国维《说亳》载："《汉书·地理志》山阳郡之薄县，臣瓒曰：汤所都，是汤所都之亳亦有四说……二十余里"③。今人杜金鹏先生认为："汤伐桀前都居于今鲁西南之济亳（即俗谓北亳），伐桀后迁都于偃师之西亳。"④

谷熟南亳说。《史记·殷本纪》《集解》引皇甫谧曰："梁国谷熟为南亳，即汤都也。"《正义》引《括地志》曰："宋州谷熟县西南三十五里南亳故城，

---

① （汉）班固：《汉书》卷28上《地理志》，中华书局1962年版，第1555页。

② 李学勤主编：《十三经注疏·尚书正义》卷7《胤征》，北京大学出版社1999年版，第187页。

③ 王国维：《观堂集林》卷12《史林四·说亳》，中华书局1959年版，第520页。

④ 杜金鹏：《商汤伐桀之史实与其历史地理问题》，《史学月刊》1988年第1期。

即南亳,汤都也。"[①]清金鹗曰:"汤都仍属谷熟镇为是(谷熟即南亳,今河南归德府商邱县)。"[②]朱骏声《说文通训定声》也说:"按殷汤始居之邑为南亳,在今河南归德府商邱县又迁西亳,在今河南府偃师县,与关中之亳亭不涉。"[③]有的先生认为:"汤前期所居之亳在今河南商丘南,即所谓南亳。"[④]

长安杜亳说。《史记·六国年表》曰:"夫作事者必于东南,收功实者常于西北,故禹兴于西羌,汤起于亳。"《集解》引徐广曰:"京兆杜县有亳亭"。[⑤] 许慎《说文》亦云:"亳,京兆杜陵亭也。"[⑥]此说近人已很少采用。

郑州商城郑亳说。新中国成立后在郑州发现一座周长近7公里的商代城垣,同时还发现三座大型宫殿基址,以及铸造青铜器的手工作坊遗址和陶器烧制手工作坊遗址,除此之外,还有制骨等作坊遗址的发现。这些发现引起了考古学界的高度重视。邹衡先生在深入考察郑州商城遗址和文献资料以后,认为"郑州商城就是成汤所居的亳都"[⑦]。邹衡先生的观点首次论证商城为汤都亳,其主要论据有三:一是列举文献所见郑地之亳,而郑州在战国属郑地,文献记载可考;二是指出郑州所出陶文有亳字,证明东周时郑州之地名亳;三是考证汤都亳的邻国及其地望与郑州商城相合;四是商文化遗址发现的情况与汤都亳相合。[⑧] 邹先生关于郑州商城为汤始居亳的观点得到考古学界的支持。陈旭教授认为郑州商城为汤始居亳的可能性较大,陈教授从郑州所出东周宅字陶文、郑州商城夯土城墙的建筑年代、文献记载等方面强调指出从上述种种迹象来看,郑州商城文化应属商代早期文化,郑州商城为亳都之说,依文献记载与考古的实际也比较吻合,是可以成立的。[⑨]闫铁成先生也撰文认为:"郑州商城为亳都其条件相比较而言要比偃师商城更完备和充分。"[⑩]

汤都内黄说。首倡此说的是岑仲勉先生。[⑪] 近年来又有学者在岑说的基础上进一步推进了所谓的黄亳说,通过对甲骨文中亳的深入研究,提出了

---

① (汉)司马迁:《史记》卷3《殷本纪》,中华书局1959年版,第93页。
② (清)金鹗:《汤都考》,《求古录礼说》,山东友谊出版社1992年版,第662页。
③ (清)朱骏声:《说文通训定声》,中华书局1984年版,第468页。
④ 孙飞:《论南亳与西亳》,《文物》1980年第8期。
⑤ (汉)司马迁:《史记》卷15《六国年表》,中华书局1959年版,第686页。
⑥ (汉)许慎:《说文解字》第五下,中华书局1963年版,第110页下。
⑦ 邹衡:《郑州商城即汤都亳说》,《文物》1978年第2期。
⑧ 陈旭:《夏商文化论集》,科学出版社2000年版,第33页。
⑨ 陈旭:《夏商文化论集》,科学出版社2000年版,第34页。
⑩ 闫铁成:《论商亳在郑州》,《中原文物》1994年第1期。
⑪ 岑仲勉:《黄河变迁史》,人民出版社1957年版,第100页。

内黄亳说。这一说法,不仅仅是因为作者把《吕氏春秋》中的郼(yī)“薄(亳)”即地之亳论证在了河南内黄或其附近,从而使当年岑仲勉先生提出的内黄说有了先秦文献方面的依据;更重要的是,在甲骨文中,亳地与商地只是一天路程的距离,甲骨文中作为地名的“商”若能确定在商都安阳,那么亳也就非内黄莫属了。①

二、本研究的依据

晋南垣曲亳说。陈昌远先生认为商族起源地应在晋南,其说主要证据有以下四种:1. 从图腾信仰上看,居住在古代山西的部族,同样也都是以鸟为图腾的。“天命玄鸟,降而生商”的“商”字,本身就有以凤鸟为图腾崇拜的含义。2. 从始祖契看,商的始祖为契,契又为舜后,舜的活动主要在晋南一带。3. 从契母简狄看,按照《史记·殷本纪》“殷契,母曰简狄,有娀氏之女,为帝喾次妃”的记载,有娀氏的居地在“不周之北”(《淮南子·地形训》),不周山在太行山一带,有娀氏部落应与晋南相邻很近。4. 从“契居蕃”和“汤居亳”看,“契居蕃”就是“契居蒲”、“契居薄”,其地应在今晋南,舜都蒲阪,“契居蕃”、“汤居亳”当在晋南。20 世纪 80 年代山西垣曲故古城镇发现一座相当于早商文化的古代夯土城址。初步进行钻探和试掘,城垣平面为平行四边形,城内面积约十二万余平方米,四面城墙中北墙较为完整,迄今仍保存在地上,长约三百三十米,高三至五米,宽五至十二米。其余三面均存在于地下。以西墙保存较好,长约三百九十五米,东墙仅存北段四十五米,南墙中段及东段外侧则被黄河冲毁,墙基石和墙体为夯土筑成,土色棕红、细密坚硬,夯窝为圆形尖孔,排列十分严密。城垣内部布局为:东南部有密集的灰坑和窖穴等遗迹,文化层堆积较厚,可能是居住区。中部偏东有一组夯土建筑基址,分为六块,较大的一块为长方形,长约五十米,宽约二十米,还有的为曲尺形,可能是宫殿区。从地层关系和墓群判断,当属于商代二里岗时期。② 根据邹衡先生研究,郑州二里岗时期相当于成汤时期,称为殷商早期文化。因此,我们初步可以断定:此遗址当为“汤始居亳”的最早“亳”都。③

我个人认为垣曲汤亳说在上述诸说中为优,故在研究商汤伐桀战争的历史地理问题中,以此说为依据,展开相关深入研究。

---

① 王震中:《甲骨文亳邑新探》,《历史研究》2004 年第 5 期。

② 刘汉屏、佟伟华:《山西垣曲县古城镇发现一座商代城址》,《光明日报》1986 年 4 月 8 日。

③ 陈昌远:《商族起源地望发微》,《历史研究》1987 年第 1 期。

三、夏桀都城地望探索

关于夏桀都城地望，自古以来存在两种不同的看法。伪《尚书·孔传》：“桀都安邑，汤升道从陑，出其不意。陑在河曲之南。”《孔疏》：“‘桀都安邑’，相传为然，即汉之河东郡安邑县是也。《史记》吴起对魏武侯云：‘夏桀之居，左河济，右太华，伊阙在其南，羊肠在其北，修政不仁，汤放之也。’《地理志》云：上党郡壶关县有羊肠坂，在安邑之北。是桀都安邑必当然矣。”[①]此种观点认为夏末桀都在山西安邑，即今山西运城东部一带。另外一种看法则认为夏桀都城近于伊、洛二水，约在今洛阳、巩县之间。[②]

20世纪50年代以来，随着偃师二里头遗址的发现，大大推进了夏都的研究工作，二里头遗址以其巨大的规模，壮观的宫殿、庙堂建筑基址群，神秘莫测的坛、“墠”类祭祀遗存，铸铜作坊和大量随葬成组铜器、玉器的墓葬等十分丰富的内涵，被学界一致确认为都城遗址。[③] 许顺湛先生依据《夏商周断代工程》公布的二里头遗址分期与常规碳-14测年数据[④]，认为二里头一期4个数据，最高为公元前1880—前1840年，最低为前1740—前1640年；二里头二期14个数据，最高为前1685—前1650年，最低为前1640—前1600年；第三期3个数据，最高为前1610—前1555年，最低为前1598—前1564年；第四期4个数据，最高为1564—前1521年，最低为前1560—前1529年。二里头二、三期是夏都的辉煌时期。二里头各期测年对照夏代早中晚的框架，二里头一期的数据，达不到夏代早期，最早只能达到夏代中期；二里头二期的数据，全部在夏代晚期；二里头三期数据在夏代末期；二里头四期的数据，落在夏代晚期之外，属于夏商混交阶段。概括地说：二里头遗址属于夏代中期。换句话说，二里头遗址是夏代晚期之都。[⑤]

以二里头遗址为夏代晚期之都斟鄩的观点，显然是以二里头遗址分期与常规碳-14测年数据为依据的，因而也是可信的。这一结论与历史文献虽有相合之处，但也有出入之处。以夏都斟鄩而言，文献上有太康所居斟鄩与夏桀所都斟鄩。夏代早期太康所居斟鄩之地，《水经·洛水注》中有载：

---

① 李学勤主编：《十三经注疏·尚书正义》卷8《汤誓》，北京大学出版社1999年版，第189页。

② 杜金鹏：《商汤伐桀之史实与其历史地理问题》，《史学月刊》1988年第1期。

③ 中国社会科学院考古研究所编著：《中国考古学·夏商卷》，中国社会科学出版社2003年版，第69页。

④ 夏商周断代工程专家组：《夏商周断代工程1996—2000年阶段成果报告》（简本），世界图书出版公司2000年版。

⑤ 许顺湛：《寻找夏都》，《早期夏文化与先商文化研究论文集》，科学出版社2012年版，第102页。

“（洛水）又东北过巩县东，又北入于河”下郦道元注释说：“洛水又东北流，入于河。……谓之洛汭，即什谷也。……昔太康失政，为羿所逐，其昆弟五人，须于洛汭，作《五子之歌》，于是地矣。”①《史记·夏本纪》：“帝太康失国，昆弟五人，须于洛汭，作《五子之歌》。”《集解》引孔安国曰：“太康五弟与其母待太康于洛水之北，怨其不反，故作歌。”②这些记载表明太康所居斟鄩距今巩义的洛汭一带较近。许顺湛先生认为：“近年来在巩义的花地嘴，郑州文物考古研究院发现了夏代早期的文化遗址，面积约有35万平方米，虽然发掘的具体情况还不知道，据说发现了一座夏代早期的城址，城内分布有夯土、房址、窑址、祭祀坑、窖穴和墓葬，出土文物有玉礼器等。虽然这处城址与文献记载斟鄩的方位不符，但其距离并不很远，可以说在斟鄩地域范围之内，而且与洛汭近在咫尺，应该给以特别关注。”③而夏桀所都斟鄩与二里头遗址的时代虽然能够相互对应，但文献记载又有抵牾。《史记·夏本纪》载：“帝发崩，子帝履癸立，是为桀。”④《今本竹书纪年》：“元年壬辰，帝即位，居斟鄩。”夏桀是夏代末王，在位三十一年，自即位居斟鄩共有十二年，此时当在夏代晚期，可问题是据《今本竹书纪年》“（夏桀）十三年，迁于河南”⑤的记载，我们可以肯定夏桀在位的最后十九年，其都城并不在斟鄩，即今天的二里头一带，而是在斟鄩居住十二年之后，于“十三年迁于河南”并在所谓的“河南”又存在了十九年，而在商汤率兵伐夏桀之时，应该是在夏桀离开斟鄩的最后“十九年”中，此时夏都已迁，这是我们对夏末最后“十九年”间都城变迁的一个基本判断。

商汤伐桀时，夏桀的都城应该在今山西运城市盐湖区以东的夏县境内，旧安邑曾为夏县所辖，古有夏墟之称。《左传》定公四年，周初唐叔“封于夏虚”，杜预注：“夏虚，大夏，今大原晋阳也。”可知禹都晋阳说是以其地为古之大夏及唐地所在推得。然至今未发现可为提供佐证的遗迹。而在汾水与浍水之间的冀城、曲沃一带已发现周代早中期晋国遗址及晋侯墓葬，可表明唐叔所封“夏虚”当即在此。如此，则所谓大夏在晋阳显系误传，而当如服虔所言在汾、浍之间。⑥《吴太伯世家》载：“是时周武王克殷，求太伯、仲雍

① （北魏）郦道元撰，陈桥驿校证：《水经注校证》卷15《洛水》，中华书局2007年版，第372—373页。

② （汉）司马迁：《史记》卷2《夏本纪》，中华书局1959年版，第85页。

③ 许顺湛：《寻找夏都》，《早期夏文化与先商文化研究论文集》，科学出版社2012年版，第100页。

④ （汉）司马迁：《史记》卷2《夏本纪》，中华书局1959年版，第88页。

⑤ 李民等：《古本竹书纪年译注》，中州古籍出版社1990年版，第243页。

⑥ 曲英杰：《禹都考辨》，《华夏文明·第一集》，北京大学出版社1987年版，第288页。

之后，得周章。周章已君吴，因而封之。乃封周章弟虞仲于周之北故夏虚，是为虞仲，列为诸侯。”《集解》引徐广曰：“在河东大阳县。”《索隐》：“夏都安邑，虞仲都大阳之虞城，在安邑南，故曰夏虚。”①周武王封虞仲的“故夏墟”，不仅有夏都安邑，还有安邑之南的大阳。大阳故城在今平陆县东北十五里，而安邑则在今山西夏县西北约7公里的禹王城，由此看来，今晋陕黄河以东、晋豫间黄河以北直至临汾汾河左右两岸的广大地区，古代都有夏墟之称。据文献记载，安邑曾经一度为禹都所在，对此问题曲英杰先生曾有论述，曲先生据《战国策·秦策四》载：“魏伐邯郸，因退为逢泽之遇，乘夏车，朝为天子，天下皆从。”的记载，认为因魏都安邑临近“故夏虚”，故魏君以“称夏王”来炫耀。虞地有“天子庙”，或即魏君为夏禹所立之庙。所谓禹都在安邑，当是指其所在属古安邑之域。② 所以《水经·涑水注》“（涑水）又西南过安邑县西”下，郦道元明确说：“安邑，禹都也。禹娶涂山氏女，思恋本国，筑台以望之，今城南门台基犹存。”③郦氏之说并非后世所附会。安邑不仅曾为禹都，而且夏朝末王帝履癸（桀）还曾迁都安邑。这在文献上有明确的记载，《太平御览·卷百六十三》引《帝王世纪》载：“禹自安邑都晋阳，至桀徙都安邑。”④现在看来，夏桀徙都安邑之前，夏都应在偃师二里头，安邑作为夏桀之都于夏代末年又存在了十九年。

商汤灭桀的鸣条之战应该就在安邑之西的鸣条之野，故《太平御览·卷百九十四》引《帝王世纪》曰：“桀败于鸣条之野，案《孟子》舜卒于鸣条，乃在东夷之地，或言陈留平丘，今有鸣条亭，在安邑之西。”⑤鸣条之战历史上存在安邑西，东夷和陈留平丘三种说法，这三种说法以安邑西为优，所以唐代李贤在《后汉书·卷八十三·逸民列传》“昔汤即桀于鸣条，而大城于亳”时引《帝王世纪》曰：“案孟子，桀卒于鸣条，乃在东夷之地。或言陈留平丘今有鸣条亭也。唯是孔安国注《尚书》云，鸣条在安邑西。考三说之验，孔为近之。”⑥很显然汉唐以来的学者都以桀都在安邑，而汤灭桀的鸣条之战就发生在安邑之西。

在这里有一点值得深入研究，既然古安邑为夏桀王都所在，那么作为夏

① （汉）司马迁：《史记》卷31《吴太伯世家》，中华书局1959年版，第1446—1447页。

② 曲英杰：《史记都城考》，商务印书馆2007年版，第27页。

③ （北魏）郦道元撰，陈桥驿校注：《水经注校证》卷6《涑水》，中华书局2007年版，第169页。

④ 徐宗元辑：《帝王世纪辑存》，中华书局1964年版，第52页。

⑤ 徐宗元辑：《帝王世纪辑存》，中华书局1964年版，第60页。

⑥ （南朝宋）范晔撰，（唐）李贤等注：《后汉书》卷83《逸民列传》，中华书局1965年版，第2758页。

末王都所在的安邑，其地望究竟在何处？文献记载有以下三种说法：

1.《史记·秦本纪》《正义》引《括地志》云："安邑故城在绛州夏县东北十五里，本夏之都。"①《读史方舆纪要·卷四十一》"夏县"下记："夏城，县西北十五里，相传禹建都时筑，一名禹王城，城内有青台，高百尺。或谓之涂山氏台。孔氏曰，夏县东北十五里有安邑故城。"②

2.《元和郡县图志》和《太平寰宇记》云："在夏县西北十五里"。③

3. 嘉庆重修《大清一统志》解州下则以为"安邑故城在夏县北"。④

从《括地志》、《元和郡县图志》、《大清一统志》的记载来看，以夏县安邑故城为夏代禹、桀之都的看法仅是具体方位和里距的差异，并无根本分歧。现在夏县西北十五里禹王村有古城遗址，当地人都称其为禹王城，20世纪60年代陶正刚、叶学明、张彦煌、徐殿魁等先生对此城做过调查，⑤城址北部是鸣条岗，东南和西南部都是平地，故整个城址地势略呈倾斜，北面较高，南面较低。城址共分大城、中城、小城和禹王庙四个部分，小城在大城的中央，禹王庙在小城的东南角，中城在大城内的西南部。⑥ 大城：周围约15.6公里，平面近似梯形，北窄南宽。北墙、西墙和南墙之西段，都保存较好，一般高出地面有1—4米，西城墙在高岗上，显得特别巍峨，最高处有8米。南城墙自西南城角往东行1860米后，往北拐，行270米后复折东行，在禹王村附近形成一个转角。这段古城的南段（约200米长）城墙高出地面有4—5米（包括夯土下生土层，高出现有地面约80厘米）。夯层和版筑情况都比较清楚，夯层厚8—10厘米，版筑时每版长约3米。⑦ 中城：位于大城的西南部，禹王村的西部，庙后辛村在中城北城墙的内侧。它利用了大城西城墙的南段、南城墙的西段作为西城墙和南城墙。中城城周约6.5公里，

① （汉）司马迁：《史记》卷5《秦本纪》，中华书局1959年版，第203页。

② （清）顾祖禹撰、贺次君等点校：《读史方舆纪要》卷41《山西·平阳府·夏县》，中华书局2005年版，第1907页。

③ （唐）李吉甫撰、贺次君等点校：《元和郡县图志》卷6《河南道二·陕州·夏县》，中华书局1983年版，第159页；（宋）乐史撰、王文楚等点校：《太平寰宇记》卷6《河南道六·陕州·夏县》，中华书局2007年版，第105页。

④ （清）穆彰阿等撰：《嘉庆重修一统志》卷154《山西·解州·古迹·南安邑故城》，中华书局1986年版，第7218页。

⑤ 陶正刚、叶学明：《古魏城和禹王古城调查简报》，《文物》1962年第4、5期；中国科学院考古研究所山西工作队：《山西夏县禹王城调查》，《考古》1963年第9期。

⑥ 中国科学院考古研究所山西工作队：《山西夏县禹王城调查》，《考古》1963年第9期。

⑦ 陶正刚、叶学明：《古魏城和禹王古城调查简报》，《文物》1962年第4期。

城墙宽5—7米不等。残存高度为1—4米。夯土情况，东城墙夯层厚约10厘米，北墙夯层厚8—10厘米。土色皆呈深褐色，夹有黑花，质稍粗，含有少量的战国瓦片，唯北墙东段夯层稍薄，为6—8厘米，质较净。① 小城：位于大城中央，在庙后辛村东约半公里许，平面呈矩形，城的东南部在禹王台附近成一缺角。周长约3公里。城墙保存完好，东和东南部现存高度为1—2米，西、北和南墙高为3—4米。城墙厚度为5—6米。小城内地势西高东低，城址比周围地面高出1—4米，远望形如土台。群众俗称城之中部为“金沟河”（今碱场附近），城之北部为“金銮殿”，值得注意。禹王台，俗称青台，在小城东南角，小城从北、南二面绕过。台面成方形，每边宽约70米，台高约8米，为夯土筑成。② （图2-1）对于此城的时代，张彦煌、徐殿魁先生认为：“从我们采集的标本来看，它们都是属于战国至汉代的，这也指出此城的时代和文献记载的古安邑的时代基本相合。因此，我们认为：禹王城即古安邑，亦即春秋——战国的魏国都城，秦汉及晋的河东郡治。”③对于禹王城即古安邑的看法，笔者表示赞同，但同时也应强调指出的是20世纪60年代围绕安邑故城所做的工作都是在地上做初步的调查。“三次复查都未作详细钻探和试掘，因而对城址的情况了解不多。”④所以对此城的时代上限还不能简单地推定在春秋之际，不仅如此，禹王城城址内部空间分布结构复杂，不仅有大城、中城，还有小城，而且小城使用时间最长，它可能是和大城同时建造的，为大城的一部分，很可能是宫城，以后经汉代一直沿用到北魏。⑤ 如果将来能够证明小城确实是宫城的话，那么就与古代文献相印证，安邑故城与夏代禹、桀之都的看法值得深入思考和进一步研究。

不仅如此，为探索夏文化的需要，20世纪50年代以来，中国社会科学院考古研究所曾在素有“夏墟”之称的晋南涑水流域、盐池、伍姓湖周边、临汾以南的汾河下游，以及汾河支流浍河、滏河流域作了较为详细的调查，共发现古文化遗址300多处，其中属于二里头文化的遗址35处。其中运城盆地6处、临汾盆地29处，35处二里头文化遗址中夏县东下冯是面积较大、包涵较为丰富的一处。⑥ 东下冯遗址就在夏县禹王城东北31里，同处在文

① 陶正刚、叶学明：《古魏城和禹王古城调查简报》，《文物》1962年第4期。

② 陶正刚、叶学明：《古魏城和禹王古城调查简报》，《文物》1962年第4期。

③ 中国科学院考古研究所山西工作队：《山西夏县禹王城调查》，《考古》1963年第9期。

④ 中国科学院考古研究所山西工作队：《山西夏县禹王城调查》，《考古》1963年第9期。

⑤ 陶正刚、叶学明：《古魏城和禹王古城调查简报》，《文物》1962年第4期。

⑥ 中国社会科学院考古研究所山西工作队：《晋南二里头文化遗址的调查与试掘》，《考古》1980年第3期。

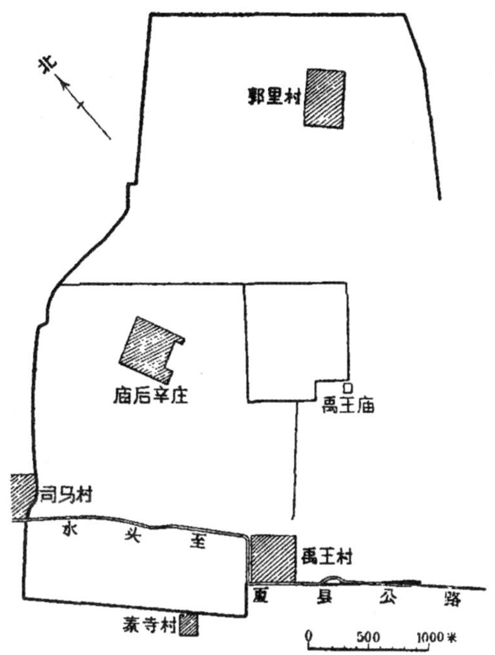

图 2-1 禹王城址平面图①

献上所说“夏墟”的区域内。值得注意,东下冯遗址的“二里头文化”遗存,直接叠压在二里岗商文化层之下,同时,放射性碳元素年代也与河南境内“二里头文化”遗存相当或接近;通过对这个遗址出土遗物(主要是陶器)所做的初步分析,则可进一步看出:它与偃师二里头遗址为代表的河南境内二里头文化遗存,文化面貌大同小异,我们暂称它为“二里头文化东下冯类型”。② 夏县东下冯遗址 1974 年秋季开始发掘,遗址位于夏县埝掌公社东下冯村北,青龙河两岸台地上,总面积约 25 万平方米,文化层厚 2—3 米,整个遗址分为东、中、西、北四个区域。北区在河的北岸,其他三区在河的南岸,其中东区位于村东北 600 米,文化内涵主要是商代前期遗存和“二里头文化东下冯类型”。③ 在东下冯遗址中区第Ⅴ期文化遗存中曾发现过城址一座,考古人员大体查明了此城址的南城墙、东城墙和西城墙的南段。为了解该城址的结构,考古人员还在南城墙西南端拐角处开探沟一条,探沟编号为 T5500,在此城墙西南端的拐角处地层显示为五层:第 1 层为耕土,厚

① 中国科学院考古研究所山西工作队:《山西夏县禹王城调查》,《考古》1963 年第 9 期。

② 中国社会科学院考古研究所山西工作队:《晋南二里头文化遗址的调查与试掘》,《考古》1980 年第 3 期。

③ 东下冯考古队:《山西夏县东下冯遗址东区、中区发掘简报》,《考古》1980 年第 2 期。

0.4—0.7米;第2层为战国至元代逐渐形成的山洪冲积层,厚0.1—2.6米;第3层又分为四个小层:3A层为商代二里岗上层,3B层为商城城濠的上层堆积,3C层为保护城墙的斜坡,3D层为城墙夯土;第4层厚0.1—0.8米,土色紫褐,和第3层不类,无遗物,时代不明;第5层为庙底沟第Ⅱ期文化层,厚0.1—0.9米,土色紫红,和第4层有很多相似之处。(图2-2)简言之,城墙筑在时代不明的第4层和属于庙底沟第Ⅱ期文化的第5层之上,保护城墙的斜坡被城濠的上层堆积3B层破坏或覆盖,斜坡和3B层都被压在属于商代二里岗期上层的3A层之下(个别地方直接压在第2层下)。[①] 东下冯类型与二里头类型不仅是同一文化的两个不同类型,而且东下冯第Ⅰ期至第Ⅵ期是一脉相承的。其中,除第Ⅰ期和第Ⅱ期之间有缺环、第Ⅳ期还可能进一步细分之外,余皆紧密衔接。Ⅰ至Ⅳ期(东下冯类型)与偃师二里头Ⅰ至Ⅳ期为代表的二里头类型大同小异,Ⅴ期和Ⅵ期与郑州二里岗的下层和上层基本相同。[②] 而从东下冯城址南城墙T5500文化层中“斜坡和3B层都被压在属于商代二里岗期上层的3A层之下”的情况来看,我们初步推断,此城的使用时间与东下冯类型的相对年代应大体一致,即大致为公元前19世纪至公元前16世纪。这一时期正值夏末商初之际。不仅如此,东下冯中区城址南城墙西南拐角处地层中第2层为战国山洪冲积层,其上便是耕土层,而夏县禹王城遗址的使用时间属于战国至汉代,张彦煌、徐殿魁先生曾在此做过考古调查,从他们采集的标本来看,这些标本都是属于战国至汉代的,这也指出此城的时代和文献记载的古安邑的时代基本相合。因此,张彦煌、徐殿魁先生认为:禹王城即古安邑,亦即春秋—战国的魏国都城,秦汉及晋的河东郡治。[③] 因此,我们主张若能将东下冯中区第Ⅴ期城址(图2-3)与夏县禹王城相联系,那么两城之间一衰一兴的嬗递关系则是相当清楚的。东下冯中区第Ⅴ期城址东北距夏县战国安邑故城,即禹王城址仅13公里,而且两城都在文献中所说“夏墟”的范围之中。因此,历史上东下冯遗址中区第Ⅴ期城址很可能就是文献中所说的“桀都安邑”,它与其西南13公里外战国“禹都安邑”之间很可能是前后相承继的关系。不仅如此,东下冯遗址位于夏县的东北,也在战国安邑城的东北。商代前期文化遗存与二里头文化东下冯类型共存,这种共存现象在35处遗址中只有在东下冯村有

① 中国社会科学院考古研究所、中国历史博物馆、山西省考古研究所:《夏县东下冯》,文物出版社1988年版,第148页。

② 中国社会科学院考古研究所、中国历史博物馆、山西省考古研究所:《夏县东下冯》,文物出版社1988年版,第214页。

③ 中国科学院考古研究所山西工作队:《山西夏县禹王城调查》,《考古》1963年第9期。

所发现,这一现象当可证明商汤灭夏很可能是在此区域内进行的。

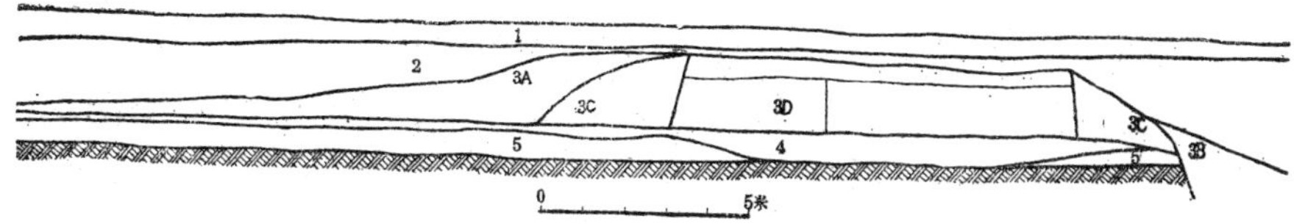

图 2-2　第 V 期商代城墙(T5500 东壁)剖面图①

[1. 耕土,2. 红褐色土,3A. 料姜石,3B. 黄沙土(壕沟堆积),3C. 夯土(护墙坡),3D. 夯土(城墙),4. 紫褐色土,5. 紫红色土]

应该特别指出的是东下冯类型的文化内涵和形成时间问题。20 世纪 80 年代李伯谦先生曾撰文对此问题进行过阐述。李先生认为东下冯类型的文化内涵,有许多是与二里头类型相同或相近的,从陶器来看,两者均以泥质和夹砂灰陶为主,流行绳纹、附加堆纹以及器口饰花边和鸡冠形鋬耳作风,在二十多种器物中,有三分之二以上是与二里头类型共有的,这些器物有深腹罐、花边罐、鼎、大口尊、小口尊、瓮、盆、甑、平底盘、盉、爵、四足方鼎等。② 除了陶器外,生产工具、建筑遗迹和埋葬习俗方面也有许多一致之处,

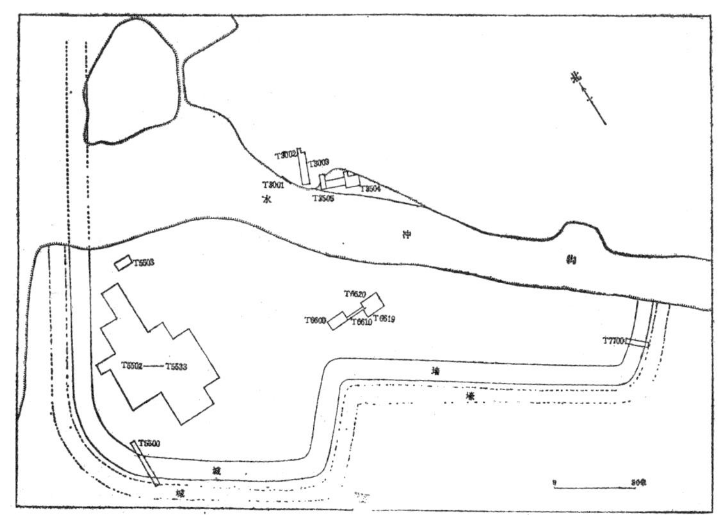

图 2-3　东下冯遗址中区第 V 期商代城墙平面图③

① 中国社会科学院考古研究所、中国历史博物馆、山西省考古研究所:《夏县东下冯》,文物出版社 1988 年版,第 149 页。

② 李伯谦:《东下冯类型的初步分析》,《中原文物》1981 年第 1 期。

③ 中国社会科学院考古研究所、中国历史博物馆、山西省考古研究所:《夏县东下冯》,文物出版社 1988 年版,第 149 页。

由此可见，东下冯类型文化内涵中的主要因素与二里头类型基本一致，它们之间的共性是主要的，差别是次要的。这就决定了其文化性质应和二里头类型一样属于同一个文化系统，即二里头文化，而不是另一个文化。① 关于东下冯类型的形成时间问题，李先生认为东下冯类型开始形成的时间要晚于二里头类型形成的时间，东下冯类型是在二里头类型发展到一定阶段向晋南地区传播并与当地原居文化逐渐融合而形成的。如果说二里头类型是

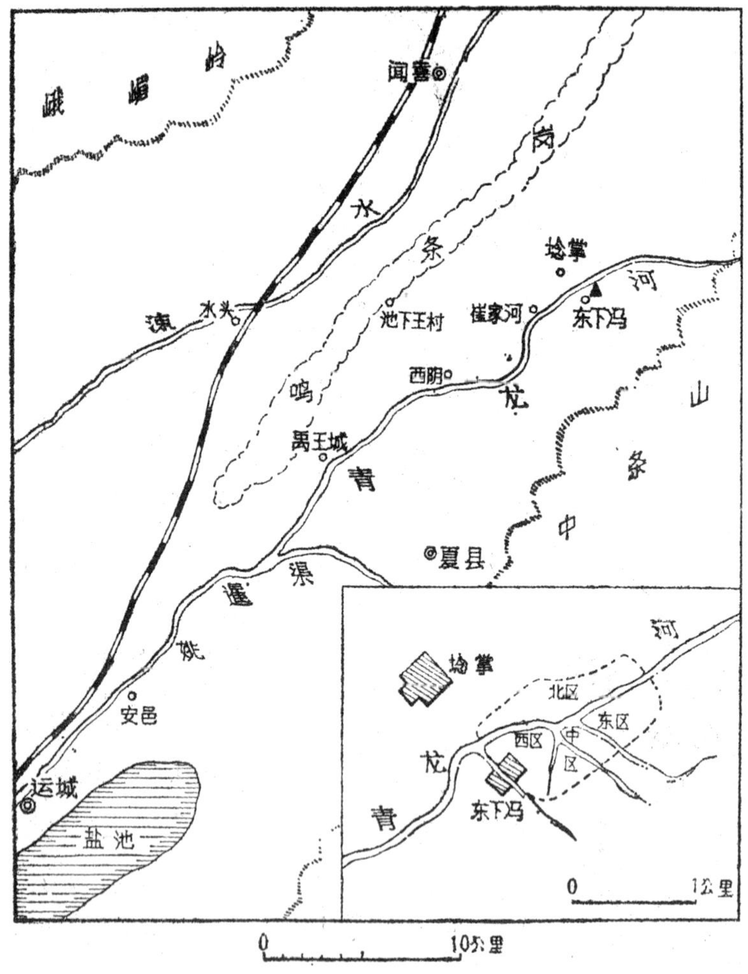

图 2-4 东下冯遗址位置图②

① 李伯谦：《东下冯类型的初步分析》，《中原文物》1981 年第 1 期。

② 中国社会科学院考古研究所、中国历史博物馆、山西省考古研究所：《夏县东下冯》，文物出版社 1988 年版，第 2 页。

二里头文化的原生类型，那么，东下冯类型则是二里头文化的派生类型。①因此，我们认为东下冯类型的形成，很可能就是以豫西为中心分布区域的二里头类型发展到一定阶段，向晋南地区传播发展并和当地文化逐渐融合的结果。② 这个分析是正确的，以此为依据，我们认为商汤伐桀与桀都安邑地望不仅都应在古代文献所记载的晋南"夏墟"区域内，而且东下冯类型与豫西二里头文化的密切关系，也从另一个侧面证实，夏桀晚期很可能有一次迁都之举，而《今本竹书纪年》中所谓帝桀"十三年，迁于河南"的记载则很可能就是"十三年，迁于河东"的误记。

在夏县东下冯遗址东、中区"东下冯类型"遗存中共发现墓葬 11 座（图 2-4），均为小型土圹墓，随葬陶器 1—3 件，墓穴狭窄，未发现葬具，除 M401 为双人合葬外，其它均为单人葬。除了 10 座单人墓外，另外"还发现十余具人骨架被分别弃置在灰层、灰坑中，多数圹边不清，有的尸骨不全，这种草率掩埋当是死者生前社会地位低下的具体反映"③。《简报》中对东下冯遗址中人骨架资料的整理过于简单，但在我看来，这种人骨架被分别弃置在灰层、灰坑中且尸骨不全的现象很可能与商汤伐桀的战争有关，东下冯遗址距禹王城 31 里，这里很可能作为战场发生过激烈的战斗，尸骨不全的人骨架是否是在战后"草率埋葬"的，这些人骨架的发现为我们在晋南寻找桀都安邑，提供了可靠的考古证据。

第二节　韦、顾、郕三蘖地望与商汤向东方的战争

从历史地理学角度，考察文献所涉及的商汤伐桀战争路线中的历史地名，其中有许多问题值得深入研究。我认为若以今垣曲盆地为坐标中心，历史上成汤灭桀建商的战争是从东、西两个方向展开。

《诗经·商颂·长发》是商人称颂追怀祖先之作，其中称商汤为武王，言"武王载旆，有虔秉钺。……苞有三蘖，……韦顾既伐，昆吾夏桀。"朱熹曰："苞，本也。蘖，旁生萌蘖也。言一本生三蘖也。本则夏桀，蘖则韦也，顾也，昆吾也，皆桀之党也。言汤既受命，载旆秉钺，以征不义。桀与三蘖，皆不能遂其恶，而天下截然归商矣。初伐韦，次伐顾，次伐昆吾，乃伐夏桀，

---

① 李伯谦：《东下冯类型的初步分析》，《中原文物》1981 年第 1 期。

② 李伯谦：《东下冯类型的初步分析》，《中原文物》1981 年第 1 期。

③ 东下冯考古队：《山西夏县东下冯遗址东区、中区发掘简报》，《考古》1980 年第 2 期。

当时用师之序如此。”①按照《诗经·长发》的说法，韦、顾、昆吾皆为夏桀的“一本三蘖”，商汤用兵征伐的顺序是先韦，次顾，再昆吾，最后乃伐夏桀。

对于商汤所伐韦、顾的地望，我在相关文章中已作讨论，这里再作引述。韦即豕韦，夏代彭姓国。《路史·后纪八》曰：“夏之中兴，别封其（彭祖）孙元哲于韦，是为豕韦，迭为夏伯。”豕韦的地域，在今河南省滑县一带。滑县古称白马县，县治在今滑县东18公里的固留镇白马墙。豕韦建都韦城，位于白马墙之东南。皇甫谧《帝王世纪》载：“白马县南有韦城。”《左传·襄公二十四年》杜预注：“豕韦，国名。东郡白马县东南有韦城。”《水经·河水注》曰：“白马有韦乡、韦城，故津亦有韦津之称。”《水经·济水注》云：“濮渠又东迳韦城南，即白马县之韦乡也。”《后汉书·郡国志》载曰：东郡“白马（县）有韦乡。杜预曰：‘县东南有韦城，古豕韦氏之国。’”隋开皇六年（586）分白马县南境置韦城县。《元和郡县图志》河南道曰：“韦城县，本汉白马县地，殷伯豕韦之国也。”陈奂《毛诗传疏》卷三十谓：“今河南卫辉府滑县东南五十里有废韦城。”《重修滑县志》亦云：“韦城废县在滑县东南五十里。”沈钦韩《春秋左氏传地名补注》也说：“豕韦氏《续志》东郡白马有韦乡。《汇纂》、《隋志》置韦城县全废为镇，今在卫辉府滑县东南五十里。”黄盛璋先生曾做出调查，认为韦城即今滑县的妹城。《诗经·商颂·长发》中的韦即豕韦，其地在今河南滑县东南五十里，这在古今学术界已趋共识。②

顾，夏商时的己姓国。《左传·文公七年》：“秋八月，齐侯、宋公、卫侯、陈侯、郑伯、许男、曹伯会晋赵盾盟于扈。”此扈的地望，杜预注云：“郑地，荥阳卷县西北有扈亭。扈与雇古通。”又曰：“雇与顾乃一字之繁简，故扈、雇、顾三字通。”作为夏商己姓国的顾地望在何处？目前存在两种看法：一为在河南原阳，一为在河南范县。主张河南原阳说的是王国维先生。王先生最早在《殷墟卜辞中所见地名考》中说：“雇字古书作扈。《诗经·小雅·桑扈》、《左传》及《尔雅》之‘九扈’，皆借雇为扈。然则《春秋》庄公二十三年盟扈之扈，殆本作雇。杜预云：荥阳卷县北有扈亭（今怀庆府原武县）。”陈梦家《殷墟卜辞综述》根据《卜辞通纂》中743庚甲卜辞上雇、劼等地名的记载认为：“雇即自雇，与劼、来相近，来即清水注所记修武县之勑丘。自沁阳至雇，是东南向大河而行。河水注卷五‘河水又东北经卷之扈亭北，春秋左传文公七年晋赵盾与诸侯盟于扈，竹书纪年晋出公十二年河水绝于扈，即于是也’。今原武县西北有扈亭故址，当郑县之北。庚甲卜辞粹300和前

① （宋）朱熹集注：《诗集传》卷20《商颂·长发》，中华书局1958年版，第246页。

② 陈隆文：《中原历史地理与考古研究》，中国社会科学出版社2016年版，第232—234页。

2.4.8 并有'才雇卜'之辞而后者'才雇卜''才河卜'相次,故知雇、河皆滨河。雇为夏代的诸侯,商颂长发'韦顾既伐,昆吾、夏桀',所伐之韦、顾皆在黄河以北的豫北地区,韦在滑县东镜,而顾即世本'有扈氏与夏同姓'之扈。雇至殷降而为伯,武丁卜辞云'贞乎取雇白'(北京图书馆何遂藏骨)"。陈梦家先生认为韦、雇应在黄河以北的豫北地区。李学勤先生在《殷代地理简论》也说:

□□卜在㔁贞,□□八月敦□,[王]受祐?不[𢀛𢦔]?王𠀠曰:"大吉。"[在]□月。萃1296(京5633)[五]

同时它也是一个田猎地区:

丁亥卜在𣇍贞,王步,亡灾?擒?兹御。獲犴五。续3,30,2[五]

㔁近于河,所以在㔁向河行祭:

□□[卜]在㔁贞,其……河,叀牛?[在]□月。前2,7,6[五]

据此,雇和㔁都是滨于黄河的地名

根据卜辞地名排比,李学勤先生认为雇是滨于黄河的地名,其地近于清怀庆府,正好与王说吻合。①

陈梦家、李学勤先生所提出的顾地在黄河以北的豫北地区的看法,其方向大致不误,但此说并无具体方位可言。杨伯峻在《春秋左传注》曰:"据《读史方舆纪要》,顾即《诗经·商颂》'韦,顾既伐'之'顾国',在今河南范县旧治东南五十里,齐地。"沈钦韩《春秋左氏传地名补注》:"《左传·哀公二十一年》:公及齐侯、邾子盟于顾。《注》:顾,齐地。《一统志》:顾城在曹州府范县南三十里。《通志》云:县南五十里。"因此,文献上顾地的地望应在河南、山东交界的范县才较为准确。②

我之所以将古顾国的地望推定在河南范县周边一带,主要是依据历史文献的记载。按《左传·哀公二十一年》曰:"公及齐侯、邾子盟于顾。"杜注曰:"齐地。"③《元和郡县图志》卷十一云:"故顾城,在范县东南二十八里,夏之顾国也。"④《太平寰宇记》、《毛诗地理考》、《毛诗传疏》和《路史》等书均主张此说。由于唐宋时期的范县在今河南范县东南,治所在今河南范县

① 陈隆文:《中原历史地理与考古研究》,中国社会科学出版社2016年版,第236—237页。

② 陈隆文:《中原历史地理与考古研究》,中国社会科学出版社2016年版,第237页。

③ 杨伯峻:《春秋左传注》,中华书局1981年版,第1717页。

④ (唐)李吉甫撰,贺次君点校:《元和郡县图志》卷11《河南道七·密州》,中华书局1983年版,第297页。

旧城，明代因黄河迁至山东莘县古城，故称旧城，则顾在范县东南二十八里，是以唐时县治所旧城而言，以方位与距离来说，古顾国则已在今山东鄄城东北。所以准确地说古顾国故城应在今范县东南十八里之山东省鄄城县境，《清一统志》谓“顾在范县南三十里，诗颂韦，顾既伐，《元和志》故顾城在范县东二十八里，夏之顾国也”。若以方位求之，范县南顾也应在今山东鄄城县境。但《续修范县县志》曰：“范县，商为顾，陆终之第五子，已姓，高阳之后也，都于范。”由于历史上行政区划的变迁，历史上该地应属范县，而今则属于山东鄄城县。所以殷代卜辞中有地名曰雇，董作宾云：“雇，古顾国，故地在今山东范县东南五十里。”①郭沫若先生亦主张此说。② 此说除里数有些不确切，其具体地理位置应是正确的。

郕。商汤伐郕见于《吕氏春秋·简选》：“殷汤良车七十乘，必死六千人，以戊子战于郕，遂禽推移、大牺。”③商汤在戊子那天在郕抓住了桀的推移、大牺。由此可见郕地之战是商汤灭夏战争中的一次重要战役。古郕地望有二说：一、山东汶山说；二、山东汉成阳说。《史记·田敬仲完世家》：“宣公四十八年，取鲁之郕。”《正义》引《括地志》云：“故郕城在兖州泗水县西北五十里。”④即今大曲阜西北的汶上、宁阳一带。顾祖禹《读史方舆纪要》与顾栋高《春秋大事表》并谓古郕国在今山东省汶上县西北二十里。按山东汶上说郕之地望距离商汤伐顾的今河南、山东交界的范县一带较远，实属不可能。因此，我认为只有山东汉成阳说比较可靠。古郕国也应在今河南、山东交界的范县、鄄城一带。《史记·秦本纪》：“城阳君入朝。”《正义》引《括地志》曰：“濮州雷泽县，……迁城之阳也。”⑤李吉甫《元和郡县志》也主此说。汉代郕阳县，在今山东鄄城县东南，西南距菏泽县六十里。谭其骧先生考证认为：周武王封弟叔武于成，在县治北，其后南迁于此，故称成阳。⑥ 1975年陕西省岐山县董家村发现成伯孙父鬲，此成伯孙父鬲，束颈，平裆，……其下端略呈蹄形，三足之上各有一道扉棱，肩饰重环纹，腹饰直线纹，裆部积结一层烟炱，应为实用之器。这件鬲是成伯孙父为亡妻所作的祭器。成国的铜器属首次发现。⑦《左传》中对郕的记载分别见于隐公五年、

① 董作宾：《殷历谱下·帝辛日谱》，中国书店1945年版，第63页。

② 郭沫若：《十批判书·古代研究的自我批判》，人民出版社1954年版，第1—62页。

③ 张双棣等：《吕氏春秋译注》，吉林文史出版社1987年版，第217页。

④ （汉）司马迁：《史记》卷46《田敬仲完世家》，中华书局1959年版，第1886页。

⑤ （汉）司马迁：《史记》卷5《秦本纪》，中华书局1959年版，第215页。

⑥ 侯仁之等：《中国古代地理名著选读》，科学出版社1959年版，第72页。

⑦ 庞怀清、镇烽、忠如、志儒：《陕西省岐山县董家村西周铜器窖穴发掘简报》，《文物》1976年第5期。

文公十一年和文公十二年，杨伯峻先生说："或疑郕本封于西周畿内，东迁后即封于山东。《元和郡县志》、《太平寰宇记》、《路史・国名记》、王应麟《诗地理考》并云东汉郕阳县为古郕伯国。则郕故城当在今山东濮县废县东南。"①此说大体不错。由于历代行政区划的变化，山东濮县已并入河南范县，所以古郕国很可能就在今河南范县以南、山东鄄城以北的地区。现在的黄河从其间流过，可是在成汤伐夏建商之际，顾、郕相邻不必相去太远，郕地在成汤灭顾的必经之路上，汤先灭郕，后灭顾，最终完成了在东方的战争，剪除了夏桀在东方的羽翼。

商汤在东方对韦、顾、郕的战争深入人心，所以皇甫谧《帝王世纪》中载："成汤，……有圣德，诸侯有不义者，汤从而征之，诛其君，吊其民，天下咸悦，故东征则西夷怨。"②此说可信。

第三节　昆吾、有娀、鸣条、陑地望与商汤向西方的战争

昆吾。昆吾地望自古以来有三说：一说在许，二说在卫，三说在今山西古魏都安邑附近。邹衡先生认为："顾在怀庆府原武县境，昆吾应在新郑、密县一带。"③《国语・郑语》韦昭注曰："封于昆吾，昆吾卫是也，其后夏衰，迁于旧许。"《传》曰："楚之皇祖伯父昆吾，旧许是宅。"韦注之《传》曰：即指《左传》昭公十二年楚灵王在乾溪对子革语云："昔我皇祖伯父昆吾，旧许是宅。"④说明昆吾本在帝丘，后乃迁至许国。故有的学者认为昆吾既在许，而汤师灭顾，兵已临桀都不远，溯河而上即抵达，似不应又释桀而长驱南下伐昆吾。……当桀都吃紧，昆吾往卫，当有可能。⑤ 因此，又有学者主张古昆吾应在今河南濮阳古之帝丘。⑥ 应该强调说明的是，在古代文献中关于古昆吾居于东方的记载的确较多。《左传》哀公十七年"卫侯梦于北宫，见人登昆吾之观"。杜注："卫有观在古昆吾之墟，今濮阳城中。"⑦《世本》曰：

① 杨伯峻：《春秋左传注》，中华书局1981年版，第40页。

② 徐宗元辑：《帝王世纪辑存》，中华书局1964年版，第64页。

③ 邹衡：《郑州商城即汤都亳说》，《文物》1978年第2期。

④ 徐元诰撰，王树民等点校：《国语集解》，中华书局2002年版，第466—467页。

⑤ 杨升南：《汤放桀之役中的几个地理问题》，胡厚宣主编：《全国商史学术讨论会论文集》，《殷都学刊》(增刊)1985年版，第289页。

⑥ 杜金鹏：《商汤伐桀之史实与其历史地理问题》，《史学月刊》1988年第1期。

⑦ 杨伯峻：《春秋左传注》，中华书局1981年版，第1709页。

“昆吾者,卫是也。”①《括地志》亦云:“濮阳,古昆吾国也。”②此外,《后汉书·郡国志》、《晋书·地理志》、《水经·瓠子水注》等书也都说古昆吾在濮阳。《汉书·地理志》曰:“帝丘,今之濮阳是也。本颛顼之虚,故谓之帝丘,夏后之世,昆吾氏居之。”③《括地志》濮阳县条曰:“(昆吾)故城在县西三十里,昆吾台在县西百步颛顼城内,周回五十步,高二丈,即昆吾墟也。”④对此应如何看呢?这应该是一个值得深入研究的问题。《诗经·商颂·长发》明言“韦、顾既伐,昆吾、夏桀”。商汤伐桀战争进程中,昆吾与夏桀是同时灭亡的。昆吾地望似不应与韦、顾同在东方,而应与夏桀位处西方并且相距不远。因此我主张古昆吾最早居地应在山西安邑附近,商汤灭夏后被迫东迁,到卫地濮阳,以后又南迁至许。关于昆吾的迁徙,我有专文讨论,在此不赘述。总之,商汤伐桀灭夏的古昆吾国,应在古代安邑即今天山西垣曲以西的夏县、平陆一带。

第一,《国语·郑语》曰:“祝融……其后八姓,于周末有侯伯,佐制物于前代者,昆吾为夏伯矣。”⑤《世本》曰:“昆吾,古己姓国,夏时诸侯伯。”⑥《今本竹书记年》记帝癸(桀)二十八年“昆吾伐商”,说明昆吾是站在夏王朝一边反对商族的,所以此时昆吾,不应在商的东方,而应在“始居亳”的亳都以西。

第二,从昆吾部落的特点看,昆吾部落是中原地区华夏族中最先发明铜器的部落,昆吾部落居住的地域和昆吾名称的含义与来源可证,昆吾部落最早的居地应在山西南部且与夏比邻,不应在卫地(今河南濮阳)。

《墨子·耕柱篇》曰:“昔者夏后开使蜚廉采金于山川,而陶铸之于昆吾”⑦。《逸周书·大聚解》也说周武王“乃召昆吾,冶而铭之金版”。⑧

《尸子》记载有“昆吾之金”。⑨

《列子·汤问篇》曰:“周穆王大征西戎,西戎献锟铻之剑。”⑩(锟铻即

---

① (汉)司马迁:《史记》卷40《楚世家》,中华书局1959年版,第1690页。

② (唐)李泰撰,贺次君辑校:《括地志辑校》卷3《濮州·濮阳县》,中华书局1980年版,第148页。

③ (汉)班固:《汉书》卷28下《地理志》,中华书局1962年版,第1664页。

④ (唐)李泰撰,贺次君辑校:《括地志辑校》卷3《濮州·濮阳县》,中华书局1980年版,第148页。

⑤ 徐元诰撰、王树民等点校:《国语集解》,中华书局2002年版,第466页。

⑥ 刘晓东等点校:《二十五别史·世本》,齐鲁书社2000年版,第34页。

⑦ 吴毓江撰、孙启治点校:《墨子校注》卷11《耕柱》,中华书局1993年版,第656页。

⑧ 黄怀信:《逸周书校补注译》,西北大学出版社1995年版,第208页。

⑨ 李守奎、李轶:《尸子译注》卷上《劝学》,黑龙江人民出版社2003年版,第1页。

⑩ 景中译注:《列子·汤问篇》,中华书局2007年版,第175页。

昆吾之繁体,为冶金的部落。)

以上文献材料可证,昆吾不仅是当时中原地区与夏关系密切的一支,而且该部族擅长冶炼和铸造。

昆吾族名之由来,有的学者认为"可能与铸器的坩埚有关"①,昆吾族所居之地由族名而地名化,地望当在今晋南。② 此说可信。故《说文》曰:"壶,昆吾圜器也"。这是一种厚胎的圜底陶器,在晋西南晚期龙山文化中最为常见。③ 王克林先生谈到厚胎圜底陶器在晋西南东下冯龙山文化遗址中较为常见。相关考古发掘报告将其称为厚胎圜底瓮(图 2-5)。这种圜底瓮泥质红陶、胎厚,呈黑色,有的内外均呈黄色。直口,窄方唇,深腹,圜底。饰竖细绳纹,近口部弦纹二周。口径约 30、高约 40 厘米。④ 王克林先生认为由于这种厚胎的陶器能耐高温,当是熔铜的理想器皿。⑤ 不仅如此,从二里头文化东下冯类型的文化遗址来看,东下冯龙山文化遗存大致可以分为早、晚两期。早、晚两期虽有差异,但仍有若干共同因素。以陶器而言,如罐类的折沿、筒形、鼓腹、平底、器表饰篮纹、绳纹、方格纹、鸡冠形耳、带状堆纹等作风,基本上是相承而发展的。又如折沿深腹罐、敛口钵、大口碗等,也都具有早期同类器形的共同因素。其他如石器、骨器等,早晚的器形也是基本相同的。⑥ 这些物证说明居于此地的部落,如果不是一个独立的部族或方国,那么无疑是与夏人同盟的一个民族,这也是昆吾族应在这一地区的佐证。⑦

因此,我认为从文献与考古材料相印证,说明古昆吾部落兴起于晋南,它曾与夏结成巩固的部落联盟,商汤伐桀灭夏战争时,昆吾的居地应在山西南部安邑即今天夏县、平陆一带。

第三,我国最早的地理文献《山海经》中对产铜之山记载很多,晋南、豫西是铜矿资源分布较为集中的两大区域。这两大区域产铜之山有九处。出

① 王克林:《中国古代文明与龙山文化》,田昌五主编:《华夏文明》,北京大学出版社 1987 年版,第 137 页。

② 王克林:《中国古代文明与龙山文化》,田昌五主编:《华夏文明》,北京大学出版社 1987 年版,第 138 页。

③ 王克林:《中国古代文明与龙山文化》,田昌五主编:《华夏文明》,北京大学出版社 1987 年版,第 137 页。

④ 黄石林、李锡经、王克林:《山西夏县东下冯龙山文化遗址》,《考古学报》1983 年第 1 期。

⑤ 王克林:《中国古代文明与龙山文化》,田昌五主编:《华夏文明》,北京大学出版社 1987 年版,第 138 页。

⑥ 黄石林、李锡经、王克林:《山西夏县东下冯龙山文化遗址》,《考古学报》1983 年第 1 期。

⑦ 王克林:《中国古代文明与龙山文化》,田昌五主编:《华夏文明》,北京大学出版社 1987 年版,第 139 页。

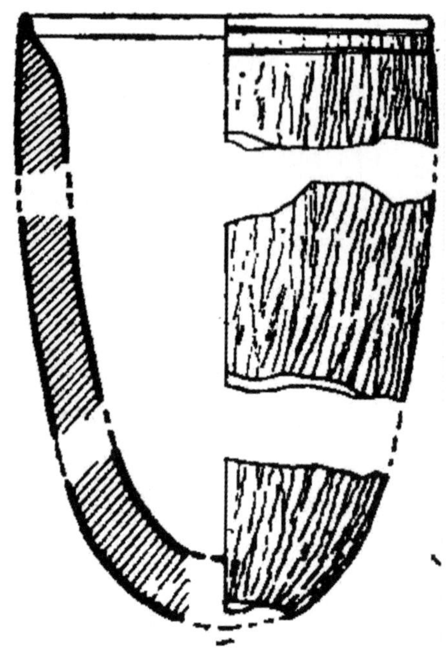

图 2-5 圜底瓮(H221)①

金之山有五十余处。而铜古人也往往称之为金。其中晋南的山有昆吾山。《中山经》云:“中次二经之济山,西二百里曰昆吾之山,其上多赤铜”②,此地为夏人故地,故史籍称为夏墟。

王克林先生依据《帝王世纪》“舜嫔于虞,虞城是也,亦谓吴城”③的记载,认为《帝王世纪》中所说的吴城,应当是由昆吾山递变而来的。……吴、虞字同,音亦相通。从音韵声读考之,吴城之吴,实昆吾字之急读。所以,昆吾故地当即吴山所在,……昆吾之虚,其地就在当今晋西南之夏县、平陆一带。④ 其说可信从。按照文献上所记昆吾族的地理位置,据《山西历史地名录》谓:“据《左传》称:僖公五年,晋献公灭之。按周武王克殷,求太伯、仲雍之后,得虞仲,封之故夏墟,是为虞公。故址在平陆县北张店镇附近,一名吴城,今称古城。”⑤《汉书·地理志》注大阳县吴山:“上有吴城,周武王封太

① 黄石林、李锡经、王克林:《山西夏县东下冯龙山文化遗址》,《考古学报》1983 年第 1 期,第 76 页。

② 袁珂译注:《山海经全译》,贵州人民出版社 1991 年版,第 121 页。

③ 徐宗元辑:《帝王世纪辑存》,中华书局 1964 年版,第 44 页。

④ 王克林:《中国古代文明与龙山文化》,田昌五主编:《华夏文明》,北京大学出版社 1987 年版,第 138 页。

⑤ 山西省图书馆编印:《山西历史地名录》,1979 年,第 251 页。

伯后于此，是为虞公。为晋所灭。”①《括地志》曰：“故虞城在陕州河北县东北五十里虞山之上。”②其说可信。又据《山海经·大荒南经》曰：“又有白水山，白水出焉，而生白渊，昆吾之师所浴也”③，白水即在晋南，说明昆吾也应在晋南地区，当属无疑。故《拾遗记》卷十说：“昆吾山，其下多赤金，色如火。昔黄帝伐蚩尤，陈兵于此地，掘深百丈，犹未及泉，惟见火光如星，地下多丹，炼石为铜，铜色青而利。”④这是昆吾山名从昆吾族名而来之明证。由于昆吾部落世代聚居在这个地区并进行手工业生产活动，因之后人便称为“昆吾之丘”（《海内经》）或“昆吾之墟”。

第四，至清代中期，昆吾旧地仍有遗迹可寻，这在山西地方文献中有明确的记载。据晋皇甫谧《帝王世纪》云：汤伐夏，“桀败于鸣条之野。……今安邑见有鸣条陌、昆吾亭，左氏以为昆吾与桀同以乙卯而亡。韦、顾亦尔，故《诗》曰：‘韦顾既伐，昆吾夏桀’。”⑤故《大清一统志·山西·解州直隶州》“昆吾亭”下载：“昆吾亭，在安邑县西南一里，宋永初山川记，安邑县有昆吾亭。古昆吾国也。《寰宇记》、《旧图经》云，在县西南十里。”历史上安邑县行政区划屡有变迁，西汉置，曾作为河东郡治的安邑县故治在今夏县西北十五里之禹王乡；隋改南安邑县为安邑县，宋、元、金、明、清、民国县名不改，故治在今运城市安邑镇。⑥ 昆吾亭应该在山西夏县南，这里曾为古昆吾族居地。

有娀。有的学者在研究商汤伐夏桀的进军路线时，避而不谈有娀的地望，这是很不恰当的。《史记·殷本纪》说：“桀败于有娀之虚，桀犇于鸣条，夏师败绩。”⑦从《殷本纪》的记载来看，夏桀先败于“有娀之虚”后又奔于鸣条，有娀之虚与鸣条相距很近。有的学者认为：“据此，鸣条近有娀，甚或即有娀之地，即有娀在鸣条一带或距鸣条不远。《殷本纪》又云：‘殷契，母曰简狄，有娀氏之女，为帝喾次妃。’据载，帝喾居地近今濮阳一带。那么帝喾即娶有娀氏女，必距有娀未远。据《国语》桀拒汤于莘之墟，遂战于鸣条，将其与《殷本纪》对照，推知有娀当即有莘，盖娀、莘古时相通。考诸文献，汤娶有莘氏女而得伊尹，是商、娀世代通婚。前已考明，莘在陈留东北三十余

① （汉）班固：《汉书》卷28上《地理志》，中华书局1962年版，第1550页。

② （汉）司马迁：《史记》卷1《五帝本纪》，中华书局1959年版，第31页。

③ 袁珂译注：《山海经全译》卷15《大荒南经》，贵州人民出版社1991年版，第285页。

④ （晋）王嘉撰，孟庆祥、商微姝译注：《拾遗记译注》卷10《昆吾山》，黑龙江人民出版社1989年版，第284页。

⑤ 徐宗元辑：《帝王世纪辑存》，中华书局1964年版，第60页。

⑥ 刘纬毅编著：《山西历史地名通检》，山西人民出版社1990年版，第197页。

⑦ （汉）司马迁：《史记》卷3《殷本纪》，中华书局1959年版，第96页。

里，即有娀在陈留东北一带。”[①]杜金鹏先生认为有莘即有娀，其说值得进一步探讨。

首先，《史记·殷本纪》载：“殷契，母曰简狄，有娀氏之女，为帝喾次妃。”《集解》引《淮南子》曰：“有娀在不周之北。”《正义》按，《记》云：“桀败于有娀之墟，有娀当在蒲州也。”[②]有学者从有娀氏居地、共工氏、《吕览》高诱注、《山海经》记载、古音韵、考古材料等几个方面论证了《史记集解》所引《淮南子》“有娀在不周之北”的不周山应该是今天晋西南永济市境内，靠近黄河弯曲处的蒲山，这一区域是一个高度发达的农业区，历史上的“不周之粟”即指此地而言。[③] 由于古不周山在黄河弯曲处，在晋南，而有娀氏又在不周山北的山西南部一带。故清《蒲州府志》曰：“有娀国，《史记》：汤母简狄，有娀氏女，《正义》云：按记，桀败于有娀之墟。有娀之墟，在蒲州也。”[④]《山西历史地名通检》曰：“有娀，殷初部落名。在今永济县蒲州老城。《史记·殷本纪》记：‘殷契，母曰简狄，有娀氏之女，为帝喾次妃。’《正义》：‘按《记》云：桀败于有娀之墟，有娀当在蒲州也’。”[⑤]由此看来，夏桀所败的有娀之虚应该在古不周山即今蒲山以北的晋西南地区，而不可能在河南陈留东北一带。

其次，据《元和郡县志》引《国语》：“汤伐桀，桀与韦、顾之君等拒汤于莘之墟，遂战于鸣条之野”。[⑥] 此莘，更不是在今开封陈留，莘城即伊尹的生地，认为娀、莘古相通，似乎缺少音韵学上的证据。根据近年来有关学者的研究成果可知，伊尹生地与耕于有莘之野，其地望应在河南栾川一带才较为可信。[⑦] 娀，古音在冬部，心纽。莘，古音在真部，生纽。怎么能相通假呢？所以《元和郡县志》把“有娀之墟”与“莘之墟”联系在一起，是错误的，不可信的。

鸣条。《史记·殷本纪》曰：“桀败于有娀之墟。桀犇于鸣条，夏师败绩。”[⑧]《尚书·汤誓》说：“伊尹相汤伐桀，升自陑，遂与桀战于鸣条之

---

① 杜金鹏：《商汤伐桀之史实与其历史地理问题》，《史学月刊》1988年第1期。

② （汉）司马迁：《史记》卷3《殷本纪》，中华书局1959年版，第91页。

③ 郑贞富：《不周山即蒲山考》，《河南大学学报》1993年第1期。

④ （清）周景柱：《蒲州府志》卷1《地表》，乾隆二十年（1755）刻本，第4页。

⑤ 刘纬毅编著：《山西历史地名通检》，山西人民出版社1990年版，第210页。

⑥ （唐）李吉甫撰，贺次君点校：《元和郡县图志》卷7《河南道三·汴州·陈留》，中华书局1983年版，第177页。

⑦ 徐宣武：《伊尹生地和躬耕地何在》，《中原文物》1992年第4期。

⑧ （汉）司马迁：《史记》卷3《殷本纪》，中华书局1959年版，第96页。

野，作《汤誓》。"[①]《楚辞·天问》曰："何條（鸣条）放致罚，而黎服大说（悦）。"[②]皇甫谧《帝王世纪》曰："将伐桀，先灭韦、顾、昆吾，遂战于鸣条之野。"[③]由上可见鸣条当为汤伐桀的重要战场。鸣条地望自古以来有四说：一说在山西安邑西，伪《孔传》曰：地在安邑之西。二说在南夷，《史记·夏本纪》《集解》引郑玄曰：南夷，地名。[④] 三说在东夷，《孟子·离娄》曰："舜生于诸冯，迁于负夏，卒于鸣条，东夷之人也。"[⑤]四说在今开封陈留。《竹书纪年统笺》引《困学纪闻》以舜卒鸣条，在今陈留之平丘。[⑥] 近人也有主张此说的。孙作云《天问研究》一书中主张鸣条在"今河南开封陈留一带"，杜金鹏先生也说："《尚书正义》曰：'《孟子》云舜卒于鸣条，东夷之地，或云陈留平丘县，今有鸣条亭是也。'据《元和郡县志》卷七'故莘城在（陈留）县东北三十五里，古莘国地也。《国语》汤伐桀，桀与韦、顾之君拒汤于桀之墟，遂战于鸣条之野。'则鸣条近于或曰属于莘地，约在陈留东北一带。清以来学者多主鸣条在陈留说。"又说"（陈留说）与陑在宋地、莘在陈留东北等相吻合，应以此说为是"[⑦]。

以上有关鸣条地望的诸多观点，以陈留东北说影响最大。如果对陈留东北说稍作历史地理学的考察，我认为此说难以成立。若以今天开封市陈留镇为坐标，陈留东北的兴隆镇、八里湾、杜良、袁坊一带是黄泛的沉积平原，地势低平，夏商之际尤多湖泊，豫东地区二里头文化遗址主要发现在陈留镇的东南一带而非东北区域，具体地讲豫东二里头文化遗存主要发现于杞县境内的段岗、牛角岗、朱岗等遗址中，段岗、牛角岗、朱岗等遗址的二里头文化，其陶器的种类和形制同豫西的二里头文化相比，都具有明显的一致性。大致属于二里头文化二期偏晚到三期阶段，但两者不同的是，这里的二里头文化中还发现有某些先商文化和岳石文化的因素，如少量的细线纹、类似橄榄形的缸等。[⑧] 而先商文化遗存主要发现于鹿台岗遗址，鹿台岗遗址在龙山文化层之上，其上又被岳石文化叠压。[⑨] 鹿台岗遗址在陈留镇东南的杞县境内，并不在陈留东北。因此，古鸣条在开封陈留东北之说，无法从

① （清）曾运乾：《尚书正读》卷3《汤誓》，中华书局1964年版，第91页。
② 林家骊译注：《楚辞》，中华书局2009年版，第82页。
③ 徐宗元辑：《帝王世纪辑存》，中华书局1964年版，第62页。
④ （汉）司马迁：《史记》卷2《夏本纪》，中华书局1959年版，第88页。
⑤ 杨伯峻编著：《孟子译注》卷8《离娄章句下》，中华书局1960年版，第184页。
⑥ （清）徐文靖：《竹书纪年统笺》卷2，上海图书集成局1897年版，第13页。
⑦ 杜金鹏：《商汤伐桀之史实与其历史地理问题》，《史学月刊》1988年第1期。
⑧ 刘春迎：《浅谈开封地区的早期考古学文化》，《中原文物》1993年第4期，第61页。
⑨ 刘春迎：《浅谈开封地区的早期考古学文化》，《中原文物》1993年第4期，第61页。

考古学上找到证据。

鸣条在山西安邑，即今夏县境内则有充分的根据：

皇甫谧《帝王世纪》曰：“桀败于鸣条之野，……今有鸣条亭在安邑之西。”（《太平御览》卷一百九十四引）①

《史记·殷本纪》《正义》引《括地志》云：“高涯原在蒲州安邑县北三十里南阪口，即古鸣条陌也。鸣条战地，在安邑西。”②

皇甫谧《帝王世纪》又曰：“按《孟子》桀卒于鸣条，乃在东夷之地。或言陈留平丘，今有鸣絛也。唯孔安国注《尚书》云，鸣条在安邑西。考三说之验，孔为近之。……今有鸣条亭，在安邑西。”③又说：“今安邑县有鸣条陌、昆吾亭，左氏以为昆吾与桀同以乙卯日亡。”④

清《蒲州府志》曰：“鸣条岗在猗氏县南二十里，冈自安邑西南入县境，屈绕其南，盖县治之外街也。俗传有舜陵焉。《书命》汤升自陑与桀战于鸣条，或言在安邑也。”⑤《元和郡县志》曰：“高堠原（即高涯原）在县北三十里。原南阪口，即古鸣条陌也。汤伐桀战于此。”⑥《大清一统志·山西·解州直隶州》“鸣条岗”曰：“鸣条岗，在安邑县（今安邑县）北，与夏县接界。一名高侯原，《尚书·伊训》：造攻自鸣条。《书序》汤伐桀，升自陑，战于鸣条之野。《孔传》安邑县西有鸣条岗，《括地志》高涯原，在蒲州安邑县北三十里，其南坂口，即古鸣条陌也。《元和志》高侯原，在县北三十里，《寰宇记》鸣条陌，在县东北十五里。”⑦

在今夏县西北15公里就有鸣条岗，此岗在青龙河与涑水之间，中条山的西北方向。禹王城，即古安邑城就位于鸣条岗的东南，东下冯遗址东倚中条山，北枕鸣条岗，处在山麓下的平原地区，再向北就是文献中的“夏墟”。春秋时，此地为条戎所居。刘纬毅先生《山西历史地名通检》载：“条，即条戎，春秋时部落名。故地在今运城市安邑镇北三十里。《史

① 徐宗元辑：《帝王世纪辑存》，中华书局1964年版，第60页。

② （汉）司马迁：《史记》卷3《殷本纪》，中华书局1959年版，第96页。

③ 徐宗元辑：《帝王世纪辑存》，中华书局1964年版，第60页。

④ 徐宗元辑：《帝王世纪辑存》，中华书局1964年版，第60页。

⑤ （清）周景柱：《蒲州府志》卷2《山川》，乾隆二十年（1755）刻本，第12页。

⑥ （唐）李吉甫撰，贺次君点校：《元和郡县图志》卷6《河南道二·陕州·平陆》，中华书局1983年版，第160页。

⑦ （清）穆彰阿等撰：《嘉庆重修一统志》卷154《山西·解州·山川·鸣条岗》，中华书局1986年版，第7207页。

记·晋世家》:‘七年,伐条,生太子仇。《集解》引杜预注:条,晋地。’《读史方舆纪要》解州安邑县:‘鸣条岗,在县北三里,即古条戎之地。’”①现代地理著作中也有关于“鸣条岗”的记载,鸣条岗又名高侯原,在运城市北部,东起闻喜县香山庄,大致与涑水河平行,向西南蔓延,经夏县西北部到运城市北部,为一条海拔600米上下的串珠状黄土丘陵,属中条山脉北支(图2-6)。碳酸盐褐土层深厚,尽辟为梯田果林。相传成汤伐夏桀,战于鸣条之野,即此。②

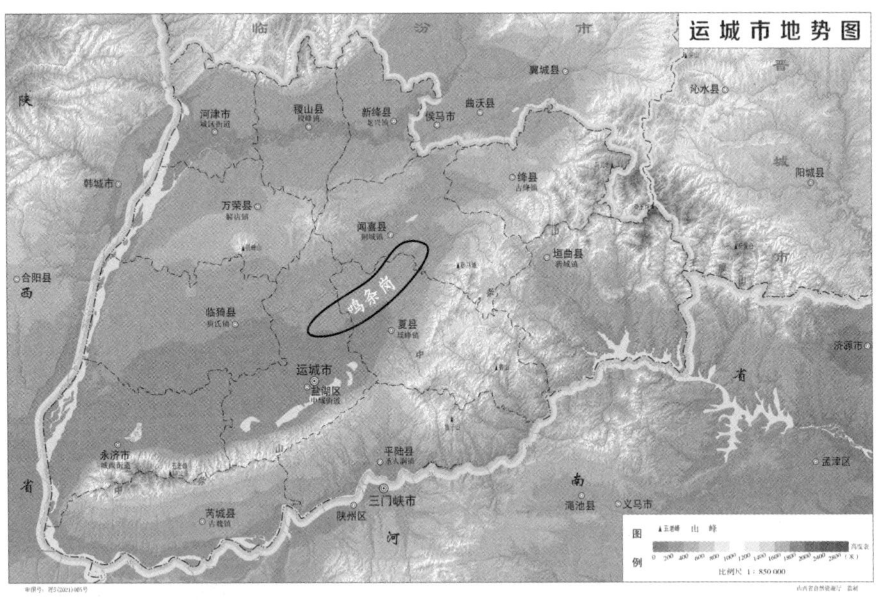

图2-6　鸣条岗位置图(据“运城”地势图“改绘”)

陑。《尚书·汤誓》曰:“伊尹相汤伐桀,升自陑,遂与桀战于鸣条之野。”陑之所在,一说在陕西潼关附近。伪《尚书孔传》曰:“陑在河曲之南。”《正义》曰:“盖今潼关左右。”二说在宋地。据雷学祺《竹书纪年义证》考证:“陑,地名,后为宋臣陑班之采。”三说在永济雷首山。《太平御览·地部》引《隋图经》云:“雷首山在河东界,此地九名,谓历山、……陑山等名,又汤伐桀,升自陑之所。”③杜金鹏先生认为:按前二说,当系出自桀都安邑说,不可取。而末说虽晚出,然于理为通。时夏在西而商居东,陑自当在二者之

① 刘纬毅编著:《山西历史地名通检》,山西人民出版社1990年版,第211页。

② 王铭等编著:《山西山河志》,山西科学技术出版社1994年版,第230页。

③ (宋)李昉等撰:《太平御览》卷45《地部·河北诸山·三山》,中华书局1960年版,第216页。

间,即汤毫与鸣条间近鸣条处。[①] 曾运乾先生认为“陑,晚出孔传云,在河曲之南,则今山西永济县地。以地势测之,汤伐桀自今风陵渡济。升自陑者,自风陵登岸也。”[②]总之,对于陑的地望,学术界存在着分歧。

我认为根据汤都垣曲与桀都安邑的地理位置来考察陑山地望,陑山即雷首山,中条山较为确切。故《太平寰宇记》曰:“尧山在河东县南二十八里”,[③]即雷首山,汤伐桀,升自陑,即此。《括地志》曰:“蒲州河东县雷首山,一名中条山……亦名薄山,亦名吴山,此山西起雷首,东至吴坂,乃十一名,随州县分之。”[④]《太平御览·地部》引《隋州即图径》云:“雷首,在河东界,此山有九名,谓历山、首山、薄山、襄山、甘枣山、渠猪山、独头山、陑山等之名,又汤伐桀升自陑之所。”[⑤]今天垣曲、夏县之间横亘着中条山,中条山东东北—西南方向阻断了垣曲、夏县之间的交通,以汤伐夏桀的地理形势来看,汤都垣曲商城正在桀都安邑之东,汤灭夏桀必须要翻越中条山才能从正面进入位于夏县东下冯一带的二里头文化区,所以文献上称“汤伐桀,升自陑”,此陑正是指今天垣曲、夏县之间的中条山而言。故《大清一统志·绛州直隶州》“中条山”条下载:“中条山在垣曲县西,接夏县界。下临黄河,迤逦至县南里许。为条山之尾。”[⑥]汤伐夏桀正是需翻越此段中条山之后,才能够达到兵临夏县安邑禹王城的目的。

第四节 夏桀的北逃、南徙与江淮间的二里头文化

夏朝末年政治腐败,民心离散。《吕氏春秋·古乐》说:“夏为无道,暴虐万民,侵削诸侯,不用轨度,天下患之。汤于是率六州以讨桀罪。”[⑦]《史记·殷本纪》曰:“自孔甲以来而诸侯多畔夏,桀不务德而武伤百姓,百姓弗堪。乃召汤而囚之夏台,已而释之。汤修德,诸侯皆归汤,汤遂率兵以伐夏

① 杜金鹏:《商汤伐桀之史实与其历史地理问题》,《史学月刊》1988 年第 1 期。
② (清)曾运乾:《尚书正读》卷 3《汤誓》,中华书局 1964 年版,第 91 页。
③ (宋)乐史撰,王文楚等点校:《太平寰宇记》卷 46《河东道七·蒲州·河东县·尧山》,中华书局 2007 年版,第 945 页。
④ (汉)司马迁:《史记》卷 1《五帝本纪》,中华书局 1959 年版,第 33 页。
⑤ (宋)李昉等撰:《太平御览》卷 45《地部·河北诸山·三山》,中华书局 1960 年版,第 216 页。
⑥ (清)穆彰阿等撰:《嘉庆重修一统志》卷 155《山西·绛州直隶州·山川·中条山》,中华书局 1986 年版,第 7287 页。
⑦ 张双棣等:《吕氏春秋译注》,吉林文史出版社 1986 年版,第 141 页。

桀。"①汤伐夏桀，桀先败于有娀之虚，后又奔于鸣条，夏师败绩，后来夏桀北逃、南徙，商王朝建立。与夏桀北逃、南徙有关的地名有三朡、鲁、历山、南巢、大水。

三朡当为地名，朡在古代文献中又有嵏、崣、嵕、朡、鬷之别，当为一字。《尚书·汤誓》曰："夏师败绩，汤遂从之，遂伐三朡，俘厥宝玉。"②《史记·殷本记》亦云："夏师败绩，汤遂伐三嵏，俘厥宝玉。"③伪《尚书孔传》、《史记·殷本纪·正义》引《括地志》、《元和郡县图志》卷十一等均认为三朡在定陶东，然而许多学者都认为不可信。《尚书正义》引皇甫谧曰："三朡在定陶，于义不得。"曾运乾《尚书正读》曰："传云，三朡，国名。桀走保之，今定陶也。桀自安邑，东入山，出太行，东南涉河，汤缓追之不迫，遂奔南巢。"④

有的学者认为三朡为朡夷所建之国。《清一统志》湖阳条曰"故城在今唐县南八十里"，今河南省唐河县南仍有湖阳镇，当即廖国之旧地。廖国为飂叔安之后所建的国，其后裔封于鬷川，为鬷夷，故汤伐的三朡，当即廖国。⑤ 在此观点影响下，有的学者认为："《晋太康地记》亦云：'蓼国先在南阳，廖、飂、蓼三字通用。'故高士奇《春秋地名考略》认为飂叔安之所封，即后世之廖，在今河南唐河县湖阳镇。则董父祖居今唐河一带。与唐河毗邻的南阳，古今盛产青玉，证诸文献言三朡富有玉产，故推测三朡或当在今南阳、唐河一带，应大致不误。定陶东之三朡，或系伐而迁之者。"⑥把三朡与古廖国联系起来，认为汤伐三朡即伐今之南阳、唐河一带，可能性不是很大。古代南阳虽然以产玉著称，可是唐河一带并不产玉，将三朡推定在南阳唐河一带有难解之处。首先，以古廖国、鬷川、鬷夷氏来附会三朡地名，在地理方位上就有扞格难通之处，三朡在西，廖国、鬷川、鬷夷氏在南、在东，所以南阳说和定陶说都不可靠。其次，鬷，古音在东部，精纽。翏、寥、蓼、廖，古音在幽部来纽。鬷与翏、寥、蓼、廖是不能相通假的。至于鬷与嵏，古音虽同在东部，可以相通假，但含义不相同。《说文》曰："鬷，鬴属，从鬲，嵏声。"朡或作嵏，《说文》曰："嵏，九崣山也，在左冯翊谷口。从山，嵏声。段注曰：今在西

① （汉）司马迁：《史记》卷2《夏本纪》，中华书局1959年版，第88页。

② （清）曾运乾：《尚书正读》卷3《汤誓》，中华书局1964年版，第93页。

③ （汉）司马迁：《史记》卷3《殷本纪》，中华书局1959年版，第96页。

④ （汉）司马迁：《史记》卷3《殷本纪》，中华书局1959年版，第93页。

⑤ 杨升南：《汤放桀之役中的几个地理问题》，胡厚宣主编：《全国商史学术讨论会论文集》，《殷都学刊》（增刊）1985年版，第290页。

⑥ 杜金鹏：《商汤伐桀之史实与其历史地理问题》，《史学月刊》1988年第1期，第8页。

安府醴泉县东北七十里，九嵕山，今在县东北五十里有九峯俱峻。”①《尚书序》、《三朡》、《史记·殷本纪》作“三㚇”，说明朡与㚇相通，其本字应为㚇，或写作峻、㚇，其意为聚意。《汉书音义》曰：“三㚇，三成之山。”故《山西通志》谓：嵕、㚇本一地，特当有繁省耳。所以“三朡”或作“三㚇”，其意为三峯相聚也。其地应在山西屯留县。故《山西历史地名录》曰：“三嵕山，在屯留县西北，接沁源县界。一名徐陵山，一名麟山，一名灵山。按数峰并峙曰嵕，三嵕即三峰所聚之意。”②汤伐三嵕即此。值得注意，《尚书序》谓“夏师败绩，汤遂伐三㚇，俘厥宝玉。”有的学者认为今南阳产玉，因此就认为三㚇应在河南南阳、唐河一带。其实产玉地方，古代并不局限在河南南阳，古代的山西地区也是产玉之地。《史记·货殖列传》载“山西多玉石。”《山海经·中山经》曰：“首山（今蒲州中条山）其阳多㻬瑶之玉。”“历山（今中条山）多苍玉。”中条山与三朡是相邻的。《山海经·西山经》“鹿台之山（郭璞注在上党郡），其上多白玉”。钟山（《水经》山即阴山）“瑾瑜之玉为良，坚栗精密，浊泽有光，五色发作，以和柔刚”。《尔雅》曰：“西方之美者，有霍山之多珠玉焉。”所以古代玉石产地，并不唯独河南南阳，山西也是重要产玉之地。因此，三㚇在今山西境内，不必以是否产玉来确定三嵕的地理位置。

根据历史文献和实地考察，汤伐三朡之地望应在山西屯留为宜。因为夏桀在安邑失败后，便向东北逃到屯留三朡，后来又遭到商汤的追击。因此汤伐三嵕之三嵕应即山西屯留县三嵕山。《大清一统志·潞安府》“三嵕山”条下曰：“三嵕山，在屯留县西北，接沁州沁源县界。《唐书·地理志》，屯留县有三嵕山。《县志》高三十里，盘踞三十余里，一名徐陵山，一名麟山，一名灵山。按《说文》峰聚之山曰嵕。今屯留有三嵕山，言三峰聚也。《旧志》谓古三嵕国，引《尚书序》‘汤伐三嵕’为证。”③《读史方舆纪要》曰：“三嵕山在（屯留）县西北三十五里，有三峰高峻。”《逸周书》“汤伐三朡，即其地也”。

鲁。《逸周书·殷祝解》曰：“桀与其属五百人南徙千里，止于不齐，（不齐士）民往奔汤于中野，……桀与其属五百人徙于鲁，鲁民复奔汤。……桀与其属五百人去居南巢。”④《古本竹书纪年》又曰：“汤遂灭

① （清）段玉裁注：《说文解字注》卷17，上海古籍出版社1981年版，第438页下、439页上。

② 山西省图书馆编印：《山西历史地名录》，1979年，第184页。

③ （清）穆彰阿等撰：《嘉庆重修一统志》卷142《山西·潞南府·山川·三嵕山》，中华书局1986年版，第6479页。

④ 黄怀信：《逸周书校补注译》，西北大学出版社1995年版，第413页。

夏,桀逃南巢氏。"①《尚书大传》亦有此类记载。这说明商汤灭夏后,夏桀的最后结局是南徙千里奔于南巢,而据《逸周书·殷祝解》所载,夏桀南徙过程中曾"与属五百人徙于鲁",此鲁地显然是夏桀南徙所经,其地在何处?有的学者认为:"鲁当即汉南阳郡的鲁阳地,其地有山名鲁山。名鲁之地最早当在此,山东之鲁乃是周初搬去的。"②此说可信,不过还应补充说明,鲁山、鲁阳正是从山西经由洛阳盆地向南到南阳去的交通要道,古史上的鲁山即今鲁山县,而鲁阳、鲁关则是指鲁阳关。鲁阳关在今皇路店北八十里。③夏桀南迁所经之鲁,应是指鲁阳关,而不是泛指"今河南鲁山县一带"④。鲁阳关在鲁山县城关镇西南 7 公里,瀼河乡平高城(村)附近。战国时称鲁关。此路是南阳北通临汝至洛阳最近捷的通路,也就是后世称的三鵶路或鸦路,鲁阳关正在古鸦路之要冲,通过鲁阳关即可进入南阳盆地,而南阳盆地所汇南北流向的唐、白河诸水皆为长江之支流。

历山,南巢。《史记·律书·正义》引《淮南子》云:"汤伐桀,放之历山,与末喜同舟浮江,奔南巢之山而死。"按:"巢即山名,古巢伯之国。云南巢者,在中国之南也。"《史记·正义》曰:"南巢,今庐州巢县是也。"《史记·夏本纪·正义》引《括地志》云:"庐州巢县有巢湖,即《尚书》'成汤伐桀,放于南巢'者也。《淮南子》云:'汤败桀于历山,与末喜同舟浮江,奔南巢之山而死。'《国语》云:'满于巢湖。'"⑤杨升南先生认为文献中的历山一为"放"之"历山",一为"败"于"厉山"。引文有小误。⑥ 我认为败于"历山"应是败于"厉山"之误。"汤伐桀,放之历山"。这是说商汤伐夏,桀失败后,汤把夏桀放逐在历山。历山即山西中条山。《括地志》曰:"中条山,亦名历山,……此山西起雷首山,东至吴坂,凡十一名,随州县分之。历山南有舜井。"⑦而"汤败桀于历山"应是指湖北厉山。《括地志》曰:"厉山在随州北百里,以春秋时为厉国。"《元和郡县志》曰:"随州随县条下云厉山,亦名烈山,在县北一百里。"今随县西北有厉山镇,厉、历只能说音相近,不能说相通假。"历"指的"历山"即山西"中条山",而"厉"则是指湖北"厉山"。桀

① 方诗铭、王修龄撰:《古本竹书纪年辑证》,上海古籍出版社 2005 年版,第 20 页。

② 杨升南:《汤放桀之役中的几个地理问题》,胡厚宣主编:《全国商史学术讨论会论文集》,《殷都学刊》(增刊)1985 年版,第 291 页。

③ 王文楚:《历史时期南阳盆地与中原地区间的交通发展》,《史学月刊》1964 年第 10 期。

④ 杜金鹏:《商汤伐桀之史实与其历史地理问题》,《史学月刊》1988 年第 1 期。

⑤ (汉)司马迁:《史记》卷 2《夏本纪》,中华书局 1959 年版,第 89 页。

⑥ 杨升南:《汤放桀之役中的几个地理问题》,胡厚宣主编:《全国商史学术讨论会论文集》,《殷都学刊》(增刊)1985 年版,第 291 页。

⑦ (汉)司马迁:《史记》卷 1《五帝本纪》,中华书局 1959 年版,第 33 页。

败“厉山”之后，才有可能到随，后经安陆，达于“江”，顺江而下“与末喜同舟浮江，奔南巢之山而死”。此江应是古汉江，而不是指长江。① 从南阳盆地的唐白河南下便会进入古汉江，再自汉江向东随水而下自然转入长江，到达巢湖一带。故《括地志》曰：“庐州巢县巢湖，即《尚书》‘成汤伐桀，放于南巢’者也。”②今巢县城东北五里有居巢故址，当即古巢国遗迹。古之巢国濒临长江。此说确切。

根据目前所见到的考古资料来看，桀奔南巢的南巢应该在今安徽境内长江北岸的巢湖周边地区。最早关注到长江下游二里头文化的是邹衡先生，邹先生在谈到上海马桥的二里头文化因素来源和传播途径时就曾指出，马桥第四、五层之间已经发生了质变，这不仅表现在第四层已有了青铜器和大量的印纹陶，而更表现在第四层中突然出现了大批二里头文化因素。那么，这些文化因素是从哪里来的呢？从现有材料看，山东、苏北、苏南、皖南甚至赣北都没有发现二里头文化遗址，因而马桥的二里头文化因素似乎不是从这些地区传来。但是在皖北巢湖地区的肥西大墩孜早商遗址中，却发现了一件与二里头文化相似的铜铃（《文物》1978 年 8 期 2 页图二），说明其与二里头文化一定有了接触，或是受到了二里头文化的影响。这便是目前考查马桥二里头文化因素来源仅有的线索。但是，马桥遗址地处海滨，又怎能与肥西直接发生联系呢？这个问题如果仅从考古材料本身来分析，几乎是无法解释的，因而只有到历史文献中去另找线索。

在古文献中，有“桀与其属五百人去居南巢（今安徽巢湖地区）”或“俱去海外”的记载。这些传说，对照今天的考古发现，的确是值得细细揣摩的。二里头文化既是夏文化，则其影响确实到了巢湖地区。再从巢湖而入江，然后顺江东区而直达上海（即所谓“海外”）不是没有可能的，而所谓夏桀浮将东渡的路线，在这里似乎得到了解说。③ 安徽省博物馆藏有一件出于肥西的青铜斝。关于这两件青铜斝的年代和性质，杜金鹏先生认为细审这两件铜斝，与郑州商城、黄陂盘龙城等地出土的二里岗期铜斝显然有别，如口沿内侧的凸边，钉状下延有尖状凸棱，鋬上有三角形镂孔，腰底呈椭圆形，腰部是弦纹或弦纹夹乳钉，腹部装饰圆形凸饼等，在二里岗下层偏早阶段铜器上虽然也可见到其中的一部分，但集中到一件器物上还罕见。而这些特征在二里头文化铜器上则是典型特征，1984 年在偃师二里头遗址出土

---

① 石泉：《关于“江”与“长江”在历史上名称与地望的变化问题》，《地名知识》1981 年第 2 期。

② （汉）司马迁：《史记》卷 2《夏本纪》，中华书局 1959 年版，第 89 页。

③ 邹衡：《夏商周考古学论文集（续集）》，科学出版社 1998 年版，第 231 页。

的一件属于二里头文化第四期的铜斝(图 2-7),便基本包括有这些造型特征。另外,安徽的铜斝(图 2-8)之口沿、双柱及鋬部之特征,器体横切面呈扁圆形,腰部有凸弦纹、乳钉纹等,与二里头文化铜爵的特征也相同。因此,我们推断其年代约为二里头文化第四期。①

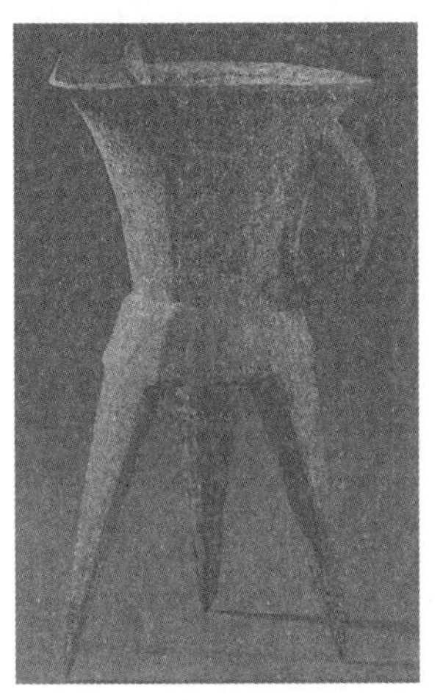

图 2-7　二里头斝②

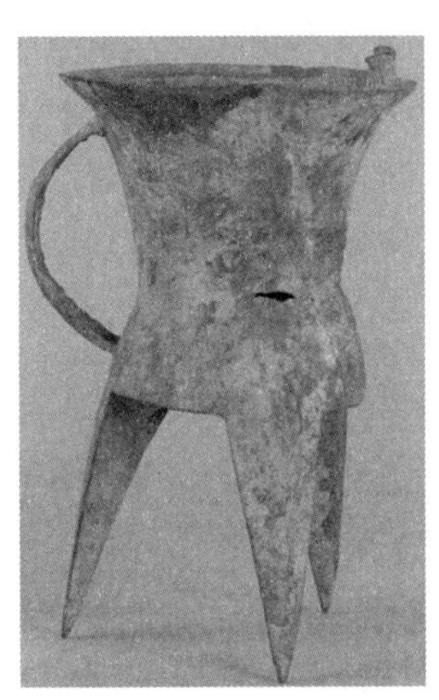

图 2-8　肥西斝③

除此之外,长江北岸潜山薛家冈 H25 中出土的圆腹罐、浅盘豆 H25:93、陶爵 H25:100、陶鬶 H25:97 等陶器都是与二里头文化器物十分接近的陶器。江淮之间发现二里头文化类型器物的除了上述潜山薛家冈外,还有含山大城墩、肥东古城吴大墩,寿县斗鸡台、霍丘小堌堆等遗址。④ 这些遗址中出土的类似于中原二里头文化的陶器和铜器大致都是二里头文化二期或三期的特征,二里头一期、四期器物则较少见。有学者认为把江淮间出现的与二里头文化常见典型器物十分接近甚至雷同的陶器、铜器与桀奔南巢联系起来,就不是一件不可思议的事情了。可以认为,考古资料与文献记载的这种吻合,证实和重现了我国历史上夏末商初重要史实的一个方面。⑤由此来看,今安徽境内淮河南岸向南,长江北岸以北,以巢湖为中心,西至潜山、六安一线,东至含山,北至寿县、肥东应该就是文献中桀奔南巢之"南巢"的地理范围。

---

① 杜金鹏:《夏商周考古学研究》,科学出版社 2007 年版,第 186—187 页。

② 杨国忠、张国柱:《1984 年秋河南偃师二里头遗址发现的几座墓葬》,《考古》1986 年第 4 期。

③ 安徽省博物馆藏,见 https://www.ahm.cn。

④ 杜金鹏、许宏主编:《偃师二里头遗址研究》,科学出版社 2005 年版,第 263—266 页。

⑤ 杜金鹏、许宏主编:《偃师二里头遗址研究》,科学出版社 2005 年版,第 266 页。

总之,根据考古发掘与文献记载相印证,我们基本可以断定夏桀北逃与南徙的路线。大体应是:自山西屯留的三嵕山向南渡过黄河,进入今河洛盆地,这里曾是夏人的故居。自河洛盆地向南翻越伏牛山,过鲁阳关进入今南阳盆地,然后顺南阳盆地之唐、白河南下进入汉水流域,再由汉水转入长江,顺长江而东到达“南巢”,因此,长江沿线应该就是夏末商初二里头文化迅速展开播迁的主要通道。

第三章　黄河古河势与商族起源于晋南

第一节　黄河下游古河势与先商文化分布的关系

商族起源地望是中国先秦史研究中长期争论却没有得到解决的一个重大历史问题，同时也是商史研究中的一个重要课题。解放前后关于商族起源的地望问题，历史学界的讨论可以归纳为：一、东方说，此说以王国维①、郭沫若②、徐中舒③为代表。二、北方说，此说以渤海湾说④、幽燕说⑤。三、西方说，也是传统的说法。《史记·殷本纪》中说商族的始祖契"封于商"，《集解》引郑玄曰："商国在太华之阳。"皇甫谧曰："今上洛商也。"《正义》引《括地志》云："商州东八十里商洛县，本商邑，古之商国，帝喾之子卨所封也。"⑥这就是说商族的居地应在陕西。近年来，张国硕先生又指出商族最早活动于关中东部地区。在龙山时代，这里是客省庄二期文化（客省庄二期文化分布区东部、西部面貌差别很大，可分成东、西两个类型，详见向绪成编著《中国新石器时代考古》（武汉大学出版社 1993 年版）。笔者认为，其东部类型可能为商族契部落文化遗存，而西部类型则为有扈氏文化遗存的分布区。张先生还强调指出，商族最早活动于关中东部地区，昭明时（夏初）迁于晋南、晋中地区，相土时东迁，逾太行，短期到达泰山附近，最终定居、发展于豫北、冀南地区，并以此为基地南下灭夏，建立商王朝。⑦

20 世纪 80 年代，《历史研究》杂志先后发表王玉哲先生《商族的来源地

---

① 王国维：《说商》、《说亳》，《观堂集林》，中华书局 1959 年版，第 516—518、158—522 页。

② 郭沫若：《中国史稿》第一册，人民出版社 1976 年版，第 155—160 页。

③ 徐中舒：《殷商史中的几个问题》，《四川大学学报》1979 年第 2 期。

④ 李亚农：《殷代社会生活》一书中认为："殷人的发祥地是在易水流域和渤海湾。"

⑤ 干志耿等：《先商起源于幽燕说》，《历史研究》1985 年第 5 期；金景芳：《商文化起源于我国北方说》，《中华文史论丛》（第七辑）；张博泉：《关于殷人的起源地问题》，《史学集刊》1981 年复刊号。

⑥ （汉）司马迁：《史记》卷 3《殷本纪》，中华书局 1959 年版，第 92 页。

⑦ 张国硕：《文明起源与夏商周文明研究》，线装书局 2006 年版，第 119 页。

望试探》①、干志耿等先生《先商起源与幽燕说》②和陈昌远先生《商族起源地望发微》③等论文，引起史学界、考古学界的广泛注意与研究，推动了商族起源地望问题研究的深入。学术的发展已经历了近半个世纪的变迁，笔者拟在陈昌远先生山西晋南垣亳说的基础上，联系古黄河河势以及相关历史地理学研究方法，对商族起源于晋南的合理性问题再作论证。

历史地理学是研究历史时期地理环境变迁的一门边缘性学科，同时也是具有悠久历史的年轻学科。在过去，历史地理学常被称为“沿革地理学”，现在已突破“沿革地理学”的研究范围，研究内容不断扩大增新，而今以研究历史时期人类与地理环境关系为核心内容的历史地理学越来越受到学术界广泛的关注。

历史地理学在史学研究中能够发挥重要作用。早年顾颉刚先生在《禹贡》半月刊创刊号上就明确指出：“因为历史是记载人类社会过去的活动的，而人类社会的活动无一不在大地之上，所以尤其密切的是地理。历史好比演剧，地理就是舞台，如果找不到舞台，哪里看得到戏剧！所以不明白地理的人是无由了解历史的，他只会记得许多可佐谈助的故事而已。”④准此，历史地理在史学研究中的重要性也就不言而喻了。现在我们要探讨商族起源的地望问题，不仅要深入研究商族发展史的问题，而且还要研究商人赖以生存与发展的地理舞台，这是我们研究问题的起点。商族起源时的地理环境与现代地理环境有着根本的不同，其中古黄河是我们认识商族起源及其考古学文化的基础。

战国以前，黄河下游河道见于古代文献记载的有《尚书·禹贡》、《山海经·山经》和《汉书·地理志》三种，这三条河道被分别称为禹贡河、山经河和汉志河。《禹贡》是最早的一篇系统全面的记载我国古代地理的专著。其写作年代我们认为不会晚于西周中晚期。⑤《禹贡》中先秦时期的古黄河河道走向是：“导河积石，至于龙门；南至于华阴，东至于厎柱，又东至于孟津。东过洛汭，至于大伾；北过降水，至于大陆；又北，播为九河，同为逆河，入于海。”“河”就是今天的黄河。顾颉刚先生在《尚书校释译论》中认为河

① 王玉哲：《商族来源地望试探》，《历史研究》1984 年第 1 期。

② 干志耿等：《先商起源于幽燕说》，《历史研究》1985 年第 5 期。

③ 陈昌远：《商族起源地望发微——兼论山西垣曲商城发现的意义》，《历史研究》1987 年第 1 期。

④ 顾颉刚：《禹贡半月刊发刊词》，《禹贡》半月刊，1934 年第 1 卷第 1 期。

⑤ 陈昌远、陈隆文：《谈〈禹贡〉古黄河与古济水——读何幼琦〈古济水钩沉〉》，《孙作云百年诞辰纪念文集》，河南大学出版社 2014 年版，第 433—443 页。

即今黄河，汉以前但称河。积石，山名，在西南羌中，河水行塞外，东北入塞内。其山即青海阿尼玛卿山。[①] 沿河顺流而北，千里而先东，千里而南，至龙门山。黄河自龙门南行至晋西南的华阴之东的风陵渡后，折而东行，先东至底柱（即今三门峡市），然后又东至于孟津。孟津，《史记》、《汉志》皆作"盟津"。顾颉刚先生说："今黄河之南，洛阳之北有孟津县，非《禹贡》孟津原地。"[②]顾先生之说是正确的。在这里，值得注意的是古代的大伾山地望。大伾山，顾颉刚等先生在《尚书校释译论》一书中举出三说：一、郑玄河内修武、武德说。二、成皋大伾山说。三、黎阳说。顾颉刚、刘起釪先生认为第三说较为合理。"大抵《禹贡》古河道初循成皋大伾山地东北流，至浚县大伾山之西折而北流，是合于《禹贡》文意及今在卜辞研究中获知殷墟之东大河是北流这一地理情势的。"[③]降水即漳水，降水原为出自山西屯留县西发鸠谷（又名方山、盘秀岭、盘石山、鹿渎山）的一条小水，其上源原名滥水（一作蓝水），至屯留注入自长子县西南来之浊漳水。自是浊漳水亦名降水。东行至林县交漳口与源于山西昔阳自北南来的清漳水合为漳水，出太行山东行，周时以降水之名在今河北肥乡、曲周二县间注入古大河。[④] 大陆，古湖泽名，又称钜鹿泽，在今河北省巨鹿、南宫、冀县、束鹿、宁晋、隆尧、任县间，现今淤为平地。[⑤] "北播为九河"，顾颉刚先生说："播为散布意。九河，河自大陆泽北出后，向东北分散成为九条河道。同为逆河入于海，逆河是指海水涨潮时倒灌入河，使临海口的河段受海水因而成鹹水。……九条河的入海处都叫逆河，取义于海水逆入。……在南起今河北孟村、盐山以东海岸，即宣惠河入海口之地，北至天津市以北，亦即河北省整个渤海西岸数百里地段内，分别入于渤海。"[⑥]以上是禹贡河的大势。

除了禹贡河以外，还有山经河、汉志河。谭其骧先生利用《山海经·北山经·北次三经》中黄河下游河道的记载，复原了山经河故道。山经河大致从今河南荥阳县广武山北麓起，经过新乡、滑县、浚县，沿着太行山东麓北流，东北流至永定河冲积扇南缘，折东而流，经今大清河北一线，至今天津市区入海。《尚书·禹贡》记载的大河，在今河北深县以上（即以南）与《山海经》大河相同，自深县以下河道偏东，流经今冀中平原，在今天津市区南

① 顾颉刚、刘起釪：《尚书校释译论》，中华书局2005年版，第786页。

② 顾颉刚、刘起釪：《尚书校释译论》，中华书局2005年版，第787页。

③ 顾颉刚、刘起釪：《尚书校释译论》，中华书局2005年版，第789页。

④ 顾颉刚、刘起釪：《尚书校释译论》，中华书局2005年版，第790页。

⑤ 顾颉刚、刘起釪：《尚书校释译论》，中华书局2005年版，第790页。

⑥ 顾颉刚、刘起釪：《尚书校释译论》，中华书局2005年版，第797页。

部入海。再一条是《汉书·地理志》里记载的西汉时还见在的大河，实际是一条春秋、战国以来早已形成的大河。其流经在今河南浚县西南古宿胥口以上与《山海经》、《禹贡》大河相同，自古宿胥口以下，东北流经今濮阳西南，折北经馆陶东北，又东经高唐南，北经东光西，又东北流经今黄骅县东入海。[①] 近年来，吴忱先生从古河道及卫星照片影像的角度，综合利用1：50000顺直地形图进一步证明了文献中山经河、禹贡河和汉志河的存在，并进一步研究了三河关系以及在此基础上形成的人地关系的基本特征。由地面古河道、古堤防和遥感影像初步证明，山经河、禹贡河与汉志河同时存在于西汉以前的华北平原上。[②]

在上述三条古河道中，在今河北深县以南，山经河、禹贡河是同一条河道，这条古河道自新乡向东北，经浚县、肥乡、曲周、巨鹿、宁晋、辛集、安平之东，向东北入海。由于这条古道距太行山最近，位于太行山山前洪积扇前缘，所以，它经常受到晚全新世以来太行山前河流的冲蚀与加积，特别是战国以来的又一次冲蚀与加积，使山经、禹贡河经常断流而改走汉志河道，或者二河道并存。直至距今2400年左右的战国中期，终因抵挡不住自然发展规律，在漳河、滹沱河、永定河晚全新世冲积扇地区，首先被埋没断流，全部流入了汉志河。[③] 因此，战国以前的夏商之际，黄河正是循太行山前的山经、禹贡河道行河，山经河、禹贡河之西的太行山山前洪积扇前缘，便成为商人祖先活动的重要舞台（图3-1）。

就山经河、禹贡河以西的地理环境而言，当时的太行山山前是晚更新世晚期黄土状物质堆积的洪积扇型平原，其前缘大致在新乡、安阳、邯郸、邢台、宁晋、藁城、定州、保定一线。该线以东直至海滨是湖泊沼泽平原。湖沼平原中有数条早全新世古河道高地残迹，同时还流淌着蜿蜒曲折的中全新世河流。河流裁弯取直后的牛轭湖中积水成湖。河流挟沙能力较小，颗粒较细。大约在中全新世早期，黄河以流经中支河道为主，在孟村入海形成了三角洲。晚期，黄河又分出两股汊流，先后行北支和南支入海。此时，漳河、滹沱河也行其北支河道向北流。[④] 也就是说在山经—禹河以东直至海滨

① 邹逸麟主编：《黄淮海平原历史地理》，安徽教育出版社1997年版，第88页。

② 吴忱等：《黄河下游河道变迁的古河道证据及河道整治研究》，《历史地理（第十七辑）》，上海人民出版社2001年版，第5—7页。

③ 吴忱等：《黄河下游河道变迁的古河道证据及河道整治研究》，《历史地理（第十七辑）》，上海人民出版社2001年版，第7页。

④ 吴忱等：《黄河下游河道变迁的古河道证据及河道整治研究》，《历史地理（第十七辑）》，上海人民出版社2001年版，第5页。

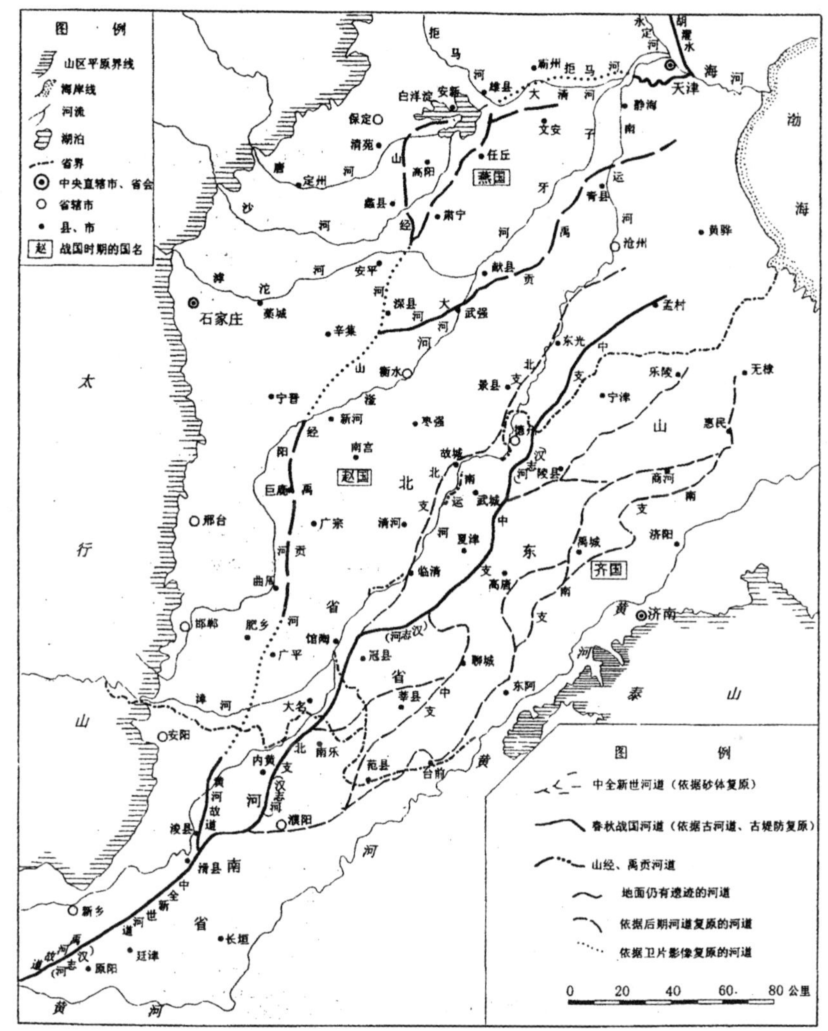

图 3-1　西汉以前黄河下游河道复原图①

区域，不仅有广阔的湖泊沼泽平原，而且还有汉志河及其分出的两股汉流，这样的地理环境决定了在这一大片土地上，既没有这些时期的文化遗址，也没有任何见于可信的历史记载的城邑或聚落。新石器时代的遗址在太行山东麓大致以今京广铁路线为限，山东丘陵西北大致以今徒骇河为限。商周时期的遗址和见于历史记载的城邑聚落多位于太行山东麓，东至今雄县、广

① 吴忱等：《黄河下游河道变迁的古河道证据及河道整治研究》，《历史地理（第十七辑）》，上海人民出版社 2001 年版，第 6 页。

宗、曲周一线，山东丘陵西北仍限于徒骇河一线。春秋时代邯郸以南太行山以东平原西部和泰山以西平原东部的城邑已相去不过七八十公里，但自邯郸以北则平原东西部城邑的分布，仍然不超过商周时代的范围。这种现象充分说明了在这些时期，黄河在平原中部的广大地区内决溢泛滥的经常性和改道的频数性，以致人类不可能在这里长期定居下来。[①] 如果从此角度来看待商人及其祖先的活动范围，那么现在先商文化的分布区域当不会超过太行山以东晚更新世晚期黄土状物质堆积所形成的洪积扇型平原以东的区域太远。也就是说河北深县以南，山经、禹贡古黄河河道以西的辛集、宁晋、巨鹿、曲周、肥乡、安阳、浚县、新乡与太行山之间的山前洪积扇型平原，应该成为我们今后寻找先商文化的首选区域。邹衡先生曾将夏文化区与先商文化区域作一比较，邹先生认为据目前的考古材料得知，先商文化的分布比较集中在太行山东麓一线，也就是战国时期的黄河以北和黄河以西之地。这一地区，不仅没有发现典型的夏文化遗址，而且连文献上有关夏人的传说也很少。尤其是在漳河及其以北，根本找不到有关夏人的记载，……还应该提到的是先商文化南关外型。到目前为止，还仅在郑州市一地发现，因而这可能是先商文化在黄河以南唯一的分布地点。同时，其所包含的年代也较为短暂，说明它是从外地侵入夏文化分布区域的。[②] 由此看来，先商文化不会越过山经、禹贡河古河道向东、向南太远。这是我们对黄河下游古河势与先商文化关系的一个初步推断，从这个意义上说，商族起源的渤海湾说、冀东北说都是很难成立的。

第二节　卜辞中“河”的性质

殷墟卜辞中“河”字的出现频率相当高，历代学者有诸多考证与研究，但见解分歧很大。徐中舒先生《甲骨文字典》中收录“河”字字形有表 3-1 中的数种。

《甲骨文字典》释河中说：“河从水从丂（丂），或从水从何（何），丂、何皆为声符。丂为斧柯之柯本字，何为儋荷之荷本字。柯、荷、河古音皆在歌部，故甲骨文河并以丂、何为声符。《说文》：‘河水，出敦煌塞外昆仑

① 邹逸麟、张修桂主编，王守春副主编：《中国历史自然地理》，科学出版社 2013 年版，第 204 页。

② 邹衡：《夏商周考古学论文集》，文物出版社 1980 年版，第 139 页。

山，发源注海，从水、可声'。"①姚孝遂先生以为卜辞中的河有两种涵义，一是指大河，即黄河；一为先公名。② 我们认为卜辞中的河首先确应是黄河之专名。

表 3-1　《甲骨文字典》所收"河"字

<table>
<tr><td>一期</td><td colspan="3">合集八三二四</td><td colspan="3">合集七七六</td></tr>
<tr><td>二期</td><td colspan="6">前二.二六.二</td></tr>
<tr><td>三期</td><td>甲三九一六</td><td>合四七</td><td>后上一五.四</td><td>甲一八八五</td><td>甲二四九一</td><td>甲二六二二</td></tr>
<tr><td>四期</td><td colspan="6">甲六五一</td></tr>
</table>

商周之际，黄河循山经、禹贡河道行河，这条山经、禹贡河大致自河南浚县向北，经安阳东至河北肥乡、曲周、巨鹿再继续向北行河。这条大河在太行山麓以东，距商王都不远，因此卜辞中多有"往河"、"萑河"的记载：

己未卜：王于河？（《甲》2751）
贞：王萑河，若？（《合集》5159）
贞：王其往萑河，不若？（《合集》5158）
己卯卜，出贞：今日王其往河？（《合集》23786）

郑杰祥先生以为"于"在这里义为前往，《诗经·周南·桃夭》："子之于归"，毛《传》曰："于，往也。"萑，罗振玉《增订殷墟书契考释》云："《说文解

① 徐中舒：《甲骨文字典》，四川辞书出版社 1998 年版，第 1185 页。
② 姚孝遂：《殷墟与河洹》，《史学月刊》1990 年第 4 期。

字》:‘雚,小爵也,从萑,口口声。’卜辞或省口口,借为观字。”观字在此意谓贞问商王前往观察黄河是否顺利。或释为灌,祭名,也可通,意谓贞问商王前往灌祭黄河是否顺利。① 为什么商王要经常“往河”,郑杰祥先生认为进入商王朝后期,黄河流经王畿以内,特别是流经商王朝的主要田猎区和农业区,因此,商王比较关注黄河的泛滥与否是理所当然的。卜辞多记有商王“萑河”、“于河”、“至河”,这些都是商王巡视黄河的活动,这些活动未必都是商王游水观景,其中也应包括着巡视黄河险情从而加以治理的意思。②

因为大河在商人王都以东流过,所以卜辞中常见“河东”的字样,又如:

[illegible]奠即又弜于河东?(殷契佚存六四九)

□来卜,[illegible]□:⧄告曰:马方⧄河东。(《殷虚书契前编》卷四第四十六页)

卓⧄河东?(殷契卜辞六七三)

这里所谓河东,与后来的赵之河东相当。因为从盘庚迁殷后,殷都的东面,距离黄河很近。河东,是指黄河以东的地带而言。况且后来的河东、河内、河南、河外等河字,都是指黄河而言。③ 赵诚先生认为卜辞中有“[illegible]”(涉河)(佚六九九、铁六〇二、佚八六八)之记载,但不多,可能是因为渡河不易。④

从 1∶50000 顺直地形图中可明显地看出,自河南省浚县往北,有一条正北向的古河道,长约 35 公里,宽 1—3 公里,低于西侧地面 1—2 米,东侧地面 2—5 米,标记为“黄河故道”。据历史记载,战国以后的黄河均为流经过此地。从地势上看,该古河道低于东面的战国至宋代的黄河故道。可见该河道要老于战国河道,并未被战国以后的黄河河道全部掩埋。因此,推测其是山经、禹贡河道。⑤ 由现代航拍图片证实,殷都东方的这条古大河的宽度是 1—3 公里,在当时的交通条件下,“涉河”当属不易。

卜辞中的“河”除了作地名专指黄河以外,还有作为先公名的“河”。此

① 郑杰祥:《商代地理概论》,中州古籍出版社 1994 年版,第 340 页。

② 郑杰祥:《商代地理概论》,中州古籍出版社 1994 年版,第 351 页。

③ 于省吾:《甲骨文字诂林·第二册》,中华书局 1999 年版,第 1286 页。

④ 赵诚:《甲骨文简明词典(卜辞分类读本)》,中华书局 1988 年版,第 112 页。

⑤ 吴忱等:《黄河下游河道变迁的古河道证据及河道整治研究》,《历史地理(第十七辑)》,上海人民出版社 2001 年版,第 3 页。

"河"不仅确为商人的先祖,而且是被尊为"高祖"的一位地位重要的先祖,其地位与上甲、王亥相当。① 汤以前的商族先公有十四世,王亥以下殷先公世次卜辞资料与文献都能对应,只是王亥以上的契、昭明、相土、昌若、曹圉和冥,还没有在甲骨文中得到明确证实。杨升南先生认为"河既是商人先公,必是契至冥中六者之一"②。杨先生又据《国语·鲁语(上)》、《礼记·祭法》郑玄注、《左传》杜注、《史记·殷本纪》集解等文献之记载认为,河即为商人先祖冥。

由于冥是商人的先祖,故商人祭河,是当作先祖来祭祀,所以卜辞有"高祖河"之称,河常与先公、先王一起受祭,这显然是不是作为自然神来祭祀。冥死在治河中,所以商人特别用沈祭来作为对他的专祭。③ 需要特别指出的是,祭祀河所用的祭典有报、御、往、告、取、燎、祈、酒、帝(禘)、言、舌、舞、奏、宜、灌、祀等近二十种。其中有些祭典是专门对先祖举行的,如报祭,是报答祖宗恩德的专祭,《国语·鲁语》:"上甲微能帅契者也,商人报焉",韦昭注云:"报,孝养也"。甲骨文中受报祭的皆是商人的先公先王,如王亥、上甲、祖乙、父丁,先妣如高妣己、妣庚等,他们都是对商族和商王朝的发展有大功的人物。④

总之,由卜辞中对"河"的记载来看,自契至汤,以至于商代中后期,黄河中下游地区的左、右两岸应该是商人活动舞台的中心区域,特别是在先商之际卜辞中的殷人先公先王的起源与黄河中下游地区有着密切关系,"河"不仅成为商人的摇篮,而且又是商祖先公先王之一,这是我们对卜辞中"河"的性质的一个基本认识。

第三节　晋南与商族始祖的活动

一、有娀氏地望在不周山(今蒲山)北

文献上记载了许多成汤以前商代先公的传说,这些商人祖先保留下来

---

① 杨升南:《殷墟甲骨文中的河》,《殷墟博物苑(创刊号)》,中国社会科学出版社 1989 年版,第 60 页。

② 杨升南:《殷墟甲骨文中的河》,《殷墟博物苑(创刊号)》,中国社会科学出版社 1989 年版,第 60 页。

③ 杨升南:《殷墟甲骨文中的河》,《殷墟博物苑(创刊号)》,中国社会科学出版社 1989 年版,第 61 页。

④ 杨升南:《殷墟甲骨文中的河》,《殷墟博物苑(创刊号)》,中国社会科学出版社 1989 年版,第 56 页。

的传说，其中有许多历史事实的痕迹，或称为素地。我们从地下发掘的东西，有些中间断了，事实连接不起来，要很好解释这些缺环，传说往往可以给我们诸多启发。太史公写《五帝本纪》把“不雅驯”的东西都删掉。我们现在研究民族学知道，民族继续下来形成的风俗还有他本来的素地，所以仔细观察一下，“不雅驯”的东西中间还有一些可信的东西。① 对于文献中所见到商代世系的记载也是如此。

殷代世系特别是成汤以前的记载，主要见于《史记・殷本纪》、《世本》、《汉书・古今人表》、《竹书纪年》等文献，这个完整的世系是不是可靠呢？自从清末发现甲骨文之后，根据甲骨学专家的研究，卜辞王名与《殷本纪》王名基本上是可以相应对照的。对于卜辞王名与《殷本纪》对应关系的论著，有罗振玉的《殷墟书契考释・帝王第二》，王国维的《殷卜辞中所见先公考》、《殷卜辞中所见先王考》②，吴其昌的《卜辞所见殷先公先王三续考》③，董作宾的《甲骨断代研究例・世系》④，陈梦家《商王名号考》⑤等论著，各家说法基本相同。所以徐中舒先生说：“汤以后，建立了统一的王朝和奴隶主的国家。子孙对于世系的保存较确，所以甲骨文与《殷本纪》基本上是相同的。”⑥

传说中成汤建商以前殷先公有十四代，始祖为契。文献与卜辞对契的记载可以供我们相参证。《国语・周语下》说：“玄王勤商，十有四世而与。”玄王就是契，就是玄鸟生商，燕子是黑色的。《鲁语上》说：“自玄王以及主癸，莫若汤。”主癸在甲骨文上称为示癸，“示”同“主”字形有些相像，文献里就作“主”。“莫若汤”，商朝在成汤以后才兴盛起来，所以都不若汤。《荀子・成相》说：“契玄王，生昭明，居于砥石迁于商，十有四世，乃有天乙是成汤。”成汤第一代祖先契，第二代是昭明，也就有“十四世”。这些都是战国时的传说。《周语》、《鲁语》都是战国时的书，也许比《左传》早一点，《成相》晚一些，是荀子时的书，这个十四代，现在用甲骨文对照一下，契在甲骨文上见过没有呢？有的说契就是甲骨文上的高祖夋。“夋”同“契”是不是相同呢？《说文》十四部“内部”有一个“离”，古文作[illegible]，许慎说：“虫也，从厹，象形，读与偰同。”段注说：“殷玄王以为名，见汉书，俗改用偰契字。”契

① 徐中舒：《先秦史讲义》，天津古籍出版社 2008 年版，第 257 页。
② 王国维：《观堂集林》卷 9《史林》，中华书局 1959 年版，第 409—450 页。
③ 吴其昌：《卜辞所见殷先公先王三续考》，《燕京学报》1933 年第 14 期。
④ 董作宾：《甲骨断代研究的十个标准》，《大陆杂志》1952 年第 4 卷第 11 期。
⑤ 陈梦家：《商王名号考》，《燕京学报》1940 年第 27 期。
⑥ 徐中舒：《先秦史讲义》，天津古籍出版社 2008 年版，第 69 页。

字底下从"内","禹"字、"万"字也是从"内",那个样子前头是一个虫形,底下是一个侧视形,有尾巴有足。万字就是蝎子,禹字也是这样。它的字形说是从甲骨文的"夋"(⿰)变出来,说契就是高祖夋也许是可以的。[①] 因此,契作为商祖在卜辞中是可以找到依据的。

按照文献所载,商的始祖契为有娀氏之子,有娀氏又称简狄,吞玄鸟遗卵始有商祖契,这在文献上有较详尽的记载:

《诗经·商颂·玄鸟》:

天命玄鸟,降而生商,宅殷土芒芒。

郑笺:"天使鳦下而生商者,谓鳦遗卵,娀氏之女简狄吞之而生契,为尧司徒,有功封商。"[②]

《诗经·商颂·长发》:

浚哲维商,长发其祥,洪水芒芒,禹敷下土方,外大国是疆,幅陨既长,有娀方将,帝立子生商。

郑笺:"禹敷下土之时,有娀氏之国亦始广大,有女简狄,吞鳦卵而生契。"[③]

《吕氏春秋·季夏纪·音初篇》:

有娀氏有二佚女,为之九成之台,饮食必以鼓,帝令燕往视之,鸣若谥隘,二女爱而争搏之,覆以玉筐,少选,发而视之,燕遗二卵北飞,遂不反。二女作歌一终,曰"燕燕往飞",实始作为北音。

高注:"帝,天也,天令燕降卵与有娀氏女,吞而生契。"[④]

褚少孙补《史记·三代世表》:

---

① 徐中舒:《先秦史讲义》,天津古籍出版社 2008 年版,第 258 页。

② 李学勤主编:《十三经注疏·毛诗正义》卷 20《商颂·玄鸟》,北京大学出版社 1999 年版,第 1444 页。

③ 李学勤主编:《十三经注疏·毛诗正义》卷 20《商颂·长发》,北京大学出版社 1999 年版,第 1452—1453 页。

④ (战国)吕不韦著,陈奇猷校释:《吕氏春秋新校释》,上海古籍出版社 2002 年版,第 338、348 页。

汤之先为契，无父而生。契母与姊妹浴于玄丘水，有燕衔卵堕之，契母得，故含之，误吞之，即生契。①

有娀氏的地望在何处？《史记·殷本纪》《集解》引《淮南子》曰：“有娀在不周之山。”《正义》按：《记》云“桀败于有娀之虚”，有娀当在蒲州地。②不周即不周山，有娀氏的居地在不周山之北。《山海经》中对不周山的位置记载最为详尽。《西次三经》云：“不周之山，北望诸毗之山，临彼岳崇之山，东望泑泽，河水所潜也，其原浑浑泡泡。”③《西次三经》中说不周山“北望诸毗之山，临彼岳崇之山”，这是讲不周山北诸山毗邻，连绵不断，直至岳崇之山。岳崇相连可称岳崇之山，岳崇之山即今天通称的太岳山系，太岳山在不周山之北，不周山位于太岳山之南。不周山的东边还有泑泽，即所谓“东望泑泽，河水所潜也”。这里的泑泽也就是今天山西南部的涑水，涑水又有雷水、共水、回水、蓼水、寒暑之水等别名，从音韵上看，蓼水同泑水（泑泽、寒暑之水）可通。因蓼、泑古音同为幽部。泑水又名寒暑之水，吴承志《山海经地理今释》认为，寒为寥之误，暑当读渚。按，寥即蓼，渚为河中小洲，把泑水称为蓼鸿，与把泑水称为泑泽，同为水中沙洲众多，二者不谋而合。因此，今涑水（蓼水）就是《山海经》的寒暑之水，即古泑水。涑水的水质很清，当它从晋西南注入黄河时，混浊的黄河水自然要潜于其下，所谓“河水所潜也，其原浑浑泡泡”即此而言也。……因此，泑泽（即涑水）与黄河交汇的蒲山就是不周山。④ 以此推定，有娀氏的居地应在今晋西南永济市，涑水入黄河弯曲处的蒲山周边一带。

正是因为契生长于晋西南的黄河岸边，所以才得以“长而佐禹治水有功。”《史记·殷本纪》载：“殷契，母曰简狄，有娀氏之女，为帝喾次妃。三人行浴，见玄鸟堕其卵，简狄取吞之，因孕生契。契长而佐禹治水有功。帝舜乃命契曰：‘百姓不亲，五品不训，汝为司徒而敬敷五教，五教在宽。’封于商，赐姓子氏。契兴於唐、虞、大禹之际，功业著于百姓，百姓以平。”⑤按《史记·殷本纪》所记契曾“佐禹治水有功”，而且“功业著于百姓，百姓以平”，因此被“封于商，赐姓子氏”。契便是商族的始祖。

---

① （汉）司马迁：《史记》卷13《三代世表》，中华书局1959年版，第505页。
② （汉）司马迁：《史记》卷3《殷本纪》，中华书局1959年版，第91页。
③ 袁珂：《山海经校注》卷2《西山经·西次三经》，上海古籍出版社1980年版，第40页。
④ 郑贞富：《不周山即蒲山考》，《河南大学学报（社会科学版）》1993年第4期。
⑤ （汉）司马迁：《史记》卷3《殷本纪》，中华书局1959年版，第91页。

二、契在晋南"佐禹治水有功"

契为什么能"佐禹治水有功"？这与契生活于晋南一带的黄河岸边有密切关系。如前所述，契母简狄为有娀氏女，有娀氏地望在不周山北不远，不周山即今天晋西南永济市境内靠近黄河弯曲处的蒲山，那么契也应该生活在这一区域内。晋南古称河东，主要位于山西壶口、龙门以下，南至河曲的黄河以东，东面直至重峦叠嶂的、连绵不断的太行山，南面越中条山，与晋豫间黄河毗邻。也就是说晋南的东侧是巍峨的太行山，西侧与南侧都是黄河干流，晋南地区正处在山河之间。从现在的黄河干流与晋南地区的关系来看，黄河在流出河套盆地后，没有再沿鄂尔多斯高原边缘延伸，而是从其中部劈开一条峡谷，这一段峡谷称为晋陕峡谷，晋陕峡谷北起河口镇，南到龙门，全长 726 公里，是黄河干流最长的峡谷。壶口瀑布在晋陕峡谷的南部，它西濒陕西省宜川县，东临山西省吉县。这一河段河床坡降大，河流下切作用强烈，形成侵蚀阶地，河谷断面呈"U"形，并在再侵蚀下切中形成谷中谷。河谷上宽下窄，上缓下陡，中、上部宽 200—300 米，河床底部的凹槽宽仅 30—50 米。壶口上游的龙王坡，河谷相对开阔平缓，黄河河水从这里流至壶口，骤然全部收束到凹槽之中（图 3-2）。凹槽之下是一深约 30 米的陡崖，汇集在凹槽中的河水，跌打在陡坎下的岩石上，从陡崖边缘冲出凹槽，从陡崖边缘倾泻而下，跃入沟底，形成瀑布。① 壶口瀑布之南的龙门是晋陕峡谷的最后一道天险。黄河穿过龙门，就结束了它在晋陕峡谷 726 公里的流程。龙门两岸断壁千仞，鬼斧神工。左岸龙门山和右岸梁山相向突出于半空，隔河对峙，相距仅约百余米，形如蟹螯，状似门阙。大河奔涌，浊浪排空，气势惊险。河水如从门内涌出，龙门由此而得名。龙门峡谷河内曾有两座石岛，黄河水从这里分三股流出，古时称"上三门"，与下游河南境内的三门峡对偶。② 黄河干流由晋陕峡谷出来后，经潼关折转东流，再经灵宝盆地进入古三门湖，其位置相当于现今三门峡水库区的范围。三门湖在第三纪末和第四纪早期为一水域广阔的内陆湖，与西面的灵宝盆地和渭河古湖盆连成一片。第四纪中晚期，三门湖整体隆升，形成地垒，湖泊消亡。黄河从这一带的坚硬地层中切割出弯曲的沟槽，蜿蜒东去。③

环绕晋南的黄河干流左、右两岸地区，历史上流传着大量大禹治水的传

---

① 张宗祜：《九曲黄河万里沙》，清华大学出版社 2000 年版，第 114 页。
② 张宗祜：《九曲黄河万里沙》，清华大学出版社 2000 年版，第 115 页。
③ 张宗祜：《九曲黄河万里沙》，清华大学出版社 2000 年版，第 116 页。

图 3-2　河底凹槽侧视照片

说，《水经注·卷四》：“河水南迳北屈县故城西。西四十里有风山，上有穴如轮，风气萧瑟，习常不止。当其冲飘也，略无生草，盖常不定，众风之门故也。风山西四十里，河南孟门山。山海经曰：‘孟门之山，其上多金玉，其下多黄垩、涅石。’淮南子曰：‘龙门未辟，吕梁未凿，河出孟门之上，大溢逆流，无有丘陵，高阜灭之，名曰洪水。大禹疏通，谓之孟门。’故穆天子传曰：‘北登孟门，九河之隥。’孟门，既龙门之上口也。实为河之巨阸，兼孟门津之名矣。此石经始禹凿，河中漱广，夹岸崇深，倾崖返捍，巨石临危，若坠复倚。古之人有言：‘水非石凿，而能入石。’信哉！其中水流交冲，素气云浮，往来遥观者，常若雾露沾人，窥深悸魄。”①这里所说的龙门上口的孟门山，相传经过大禹的疏通，文中所谓“此石经始禹凿，河中漱广，夹岸崇深，……窥深悸魄。”就是指今天的壶口瀑布而言的。大约是在禹以前龙门还没开辟，吕梁还没有凿通，黄河水在孟门上面流出，“大溢逆流”，没有丘陵高阜来阻挡水势，大禹对此加以疏通，叫作孟门，孟门就是龙门的上口，又是大河上的巨险，又名孟门津（图 3-3）。

① （北魏）郦道元撰，陈桥驿校证：《水经注校证》卷 4《河水》，中华书局 2007 年版，第 102 页。

图 3-3　今日的孟门山

壶口以下就是龙门。《水经注·卷四》河水“又南出龙门口，汾水从东来注之”下载：“昔者，大禹导河积石，疏决梁山，谓斯处也。即《经》所谓龙门矣。《魏土地记》曰：梁山北有龙门山，大禹所凿，通孟津河口，广八十步。岩际镌迹，遗功尚存。”①在郦道元看来，大禹在积石山疏导河水，凿通梁山就是这个地方，晋陕间黄河干流所经的梁山、龙门山都经过大禹的疏凿，郦道元还见到了岩石上疏导河道留下的凿痕，即所谓“岩际镌迹，遗功尚存”。

黄河干流由晋陕峡谷南端折转东流，经灵宝盆地进入古三门湖，《水经注·卷四》“河水又往东流过砥柱之间。砥柱，山名也。昔禹治洪水，山陵当水者凿之，故破山以通河。河水分流，包山而过，山见水中若柱然，故曰砥柱也。三穿既决，水流疏分，指状表目，亦谓之三门矣。”②很显然，晋豫间的黄河干流也是经过大禹疏通的，大禹是在晋南的三门峡段疏通黄河干流的，采取的是凡有山陵阻挡洪水的就都凿掉的办法，即所谓“山陵当水者凿之”，“破山以通河”的方法。

黄河在晋陕与晋豫之间的壶口，禹门口（即龙门口）、三门峡段河道发育明显受新构造时期的断陷盆地所控制，禹门口至三门峡段黄河是在晚更新世后期相继打通，才使一系列内陆湖盆贯通相连，黄河最终形成，并造成三门峡以上至禹门口和三门峡以下的洪水灾害。③ 在黄河中、下游两岸的晋南、豫西一带留下过大量洪水泛滥沉积物。芮城匼河，由离石黄土构成的黄土高原台面上，发现有一层代表突然的高水位沉积的砂及砾石层，其中发

① （北魏）郦道元撰，陈桥驿校证：《水经注校证》卷 4《河水》，中华书局 2007 年版，第 103 页。
② （北魏）郦道元撰，陈桥驿校证：《水经注校证》卷 4《河水》，中华书局 2007 年版，第 116 页。
③ 丁梦林：《古地震与远古时代大洪水传说的起因》，《第三届全国第四纪学术会议论文集》，科学出版社 1982 年版，第 209 页。

现有“新人”下颚骨及石器，其后水位又陡然下跌，形成50—60米的深谷，并在砂及砾石层之上角堆积最新的马兰黄土。类似的剖面也见于河南会兴镇(图3-4)。

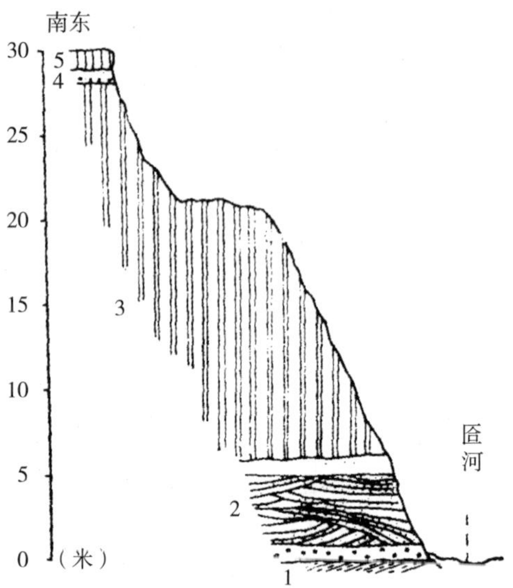

1. 三门组泥灰质粘土（Q）; 2. 匽河组砂砾石层（Q_2^1）; 3. 离石黄土（Q_2^2）; 4. 洪水泛滥沉积，含“新人”化石及石器，距今 1—3 万年; 5. 最新马兰黄土（Q_4）

图3-4 芮城匽河黄土台地上的洪水泛滥沉积剖面①

剖面的地质意义表明在离石黄土堆积后，黄河禹门口以上的湖盆开始相连串通，湖水由禹门口向下溃泄淹没三门峡以上的黄河两岸，形成更大的湖盆。此后，三门峡以上的湖盆又切穿三门峡东流形成黄河。由匽河剖面离石黄土之上的砂砾沉积相当于黄土高原黄土堆积旋迴Ⅰ—Ⅱ间的堆积物，黄土高原黄土旋迴Ⅰ开始的黑垆土底界，洛川剖面C^{14}年龄值为9830年，热发光年龄为8000±400年；旋迴Ⅱ即自上而下的第一层埋藏土，为离石黄土与马兰黄土的分界，其成壤期在距今35000—60000年间。据此推断大洪水的时代在距今10000—30000年间。②

① 丁梦林：《古地震与远古时代大洪水传说的起因》，《第三届全国第四纪学术会议论文集》，科学出版社1982年版，第209页。

② 丁梦林：《古地震与远古时代大洪水传说的起因》，《第三届全国第四纪学术会议论文集》，科学出版社1982年版，第208页。

由于黄河的最终形成与新构造活动的突发事件,即一系列古地震的强烈破坏结果有密切关系,因此,地震活动中的河流堵塞、逆流和水灾等现象会广为存在黄河中游的河道之中。迄至于大禹之际的距今4000—5000年左右,此时黄河沿岸地区不仅还有10000—30000年的大洪水的余患,而且黄河干流,特别是禹门口至三门峡段的河道堵塞、逆流等水文问题,还没有经过人工解决,所以古文献中广泛的见到禹门口至三门峡段黄河干流上有“龙门未辟”、“吕梁未凿”、“山陵当水者凿之”、“破山以通河”的记载。因此,晋南一带的黄河沿岸区域应该就是仰韶——龙山之际先民治水过程中的主要活动地区之一。晋南不仅是殷契之母简狄的居地,而且也是契生活之处。《史记·殷本纪》中说:“契长而佐禹治水有功”,因而受封获姓,被尊为商族之始祖,联系4000—5000年左右晋南到豫西一段黄河干流及其形成,我们认为“契佐禹治水有功”当有其历史的“素地”。

三、“汤始居亳,从先王居”与殷先王故里

“自契至于成汤八迁,汤始居亳,从先王居。”①《尚书·商书》中所说的“汤始居亳,从先王居”应该是指商汤曾以先王居住生活的“亳”地为其立国建都之所在,这一点应该没有疑义。但问题是商汤“从先王居”中的先王究竟是指谁而言,先王的居地又在何处?这是我们探索“汤始居亳”与殷先王活动地域相互关系的关键所在。

《礼记·祭法》载:“殷人禘喾而郊冥,祖契而宗汤。”②《国语·鲁语上》:“商人禘喾而祖契,郊冥而宗汤。”③这里的喾实际上就是舜,故《国语集解》元诰按:“各本喾作舜,今依韦说改。”④殷人用禘祭祭舜而在郊祭天时用冥配祭,用祖祭祭契而用宗祭祭汤。其中禘、郊、祖、宗皆祭名,“郊是祭天礼名;郊某,即祭天而以某配祭之义。禘、祖、宗则皆宗庙祭名。翁方纲曰:‘禘、郊、祖、宗四项,惟郊是配天之祭耳,实则此四者皆言祭其先祖之礼。’”⑤《礼记·大传》载:“礼,不王不禘。王者禘其祖之所自出,以其祖配之。”⑥按照古代礼制的规定,不是天子不得行禘祭礼。天子用禘祭祭祀自

---

① (清)曾运乾:《尚书正读》卷2《商书》,中华书局1964年版,第88页。
② (清)孙希旦撰:《礼记集解》卷45《祭法》,中华书局1989年版,第1192页。
③ 徐元诰撰,王树民、沈长云点校:《国语集解》,中华书局2002年版,第160页。
④ 徐元诰撰,王树民、沈长云点校:《国语集解》,中华书局2002年版,第160页。
⑤ 杨天宇撰:《礼记译注下》,上海古籍出版社1997年版,第788、789页。
⑥ 杨天宇撰:《礼记译注下》,上海古籍出版社1997年版,第577页。

己的始祖所由诞生的天帝，并用自己的始祖配祭。① 《礼记·祭法》与《国语·鲁语》中殷人所祭祀的舜、冥、契、汤四宗，除商汤外，冥、契并非人王，只有舜是《史记·五帝本纪》中与黄帝、帝喾、颛顼、尧并列的上古五位帝王。这样看来，商汤以后殷人奉祭不辍的先王应该就是指虞舜或舜帝而言的。

殷人先王帝舜的故里与活动地域文献上记载很清楚，归纳缕析后大致都在山西南部，即今之晋南一带。《史记·五帝本纪》中说：“舜，冀州之人也。舜耕历山，渔雷泽、陶河滨，……一年而所居成聚，二年成邑，三年成都。”②舜所出生的冀州在《禹贡》“两河之间”，“黄河自胜州东，直南至华阴，即东至怀州南，又东北至平州碣石山入海也。东河之西，西河之东，南河之北，皆冀州也。”③冀州的核心区域，大致在今山西南部地区。舜耕之历山，《正义》引《括地志》云：“蒲州河东县雷首山，一名中条山，亦名历山，亦首阳山，亦蒲山，……亦名薄山，亦名吴山。此山西起雷首山，东至吴坂，凡十一名，随州县分之。”④由于历山又名雷首山，所以雷泽当在今湖泊众多、蒲草丛生的晋南一带，而舜“陶河滨”之地，自然也就同农耕和渔猎之地一样，均在现今晋西南黄河沿岸一线。此外值得注意的是，史书特别提到舜族的“陶河滨”，说明其族制陶业发达，制陶技术当高于邻近同时的其他文化类型，这除文献予以证明外，此地东下冯龙山文化中出土的原始青瓷，也是当时制陶业技术进步的证明。史籍记载，舜部族时代的社会经济生活和生产方式，农业、狩猎和制陶等手工业，都还没有完全从农业中分离出来，尚停留在家庭、家庭和氏族间集体的阶段。⑤ 《尚书·尧典》中有尧使“舜居妫汭”的记载，“釐降二女于妫汭，嫔于虞。”“二女者，娥皇、女英也。见《列女传》。帝曰：‘我其试哉，女于是，观厥刑于二女’，皆记尧言。《正义》云：‘马郑王本说此经，皆无‘帝曰’，当时庸生之徒漏之也。’釐，飭也。降，下也。妫汭，马云：‘水所入曰汭。’妫汭，妫水之曲。段玉裁《古文尚书撰异》云：‘此二句自尧言之，皆记事也。’整治下二女于妫汭，《易》曰：‘自上下下。’《诗序》亦言：‘王姬下嫁于诸侯’也，与《大雅》‘自彼殷商，来嫁于周，曰嫔于京’文法正同。嫔，妇也。妇，服也。”⑥“舜居妫汭”的记载，明确指

① 杨天宇撰：《礼记译注下》，上海古籍出版社 1997 年版，第 577 页。
② （汉）司马迁：《史记》卷 1《五帝本纪》，中华书局 2017 年版，第 34 页。
③ （汉）司马迁：《史记》卷 2《夏本纪》，中华书局 2017 年版，第 52~53 页。
④ （汉）司马迁：《史记》卷 1《五帝本纪》，中华书局 2017 年版，第 33 页。
⑤ 王克林：《华夏文明论集》，山西人民出版社 2006 年版，第 118 页。
⑥ 曾运乾：《尚书正读》卷 1《虞夏书·尧典》，中华书局 1964 年版，第 15—16 页。

出了尧舜部族在“妫汭”一带通婚联姻的史实，然妫水为今哪条河流？其两水合流之“汭”，是今何地？对此今之学者尚无人述及。我们从历史文献的记载，并与今天晋西南黄河北来东折的风陵渡一带地貌相比照，《尧典》中的妫水，当指今永济县西北的涑水。而该水汇入黄河后所形成的“内”三角地带，当即今之芮城地区。而我们又从“内”的启示知晓，今之芮城的得名为芮者，便是两河合流形成之“内”地而来。古妫水地域之认定，为舜部族起源于此提供了重要的确证。① 除文献上的记载以外，有没有考古学文化可以与虞舜部族文化相印证？晋西南地区及其相邻豫西龙山文化三里桥类型的考古学文化也被认为是虞舜部族的遗存。龙山文化的三里桥类型主要分布在豫晋陕之交地区，即渑池以西的豫西地区、汾河以南的晋南地区和关中华山以东地区。这类遗存既与王湾三期文化又与客省庄文化和陶寺文化有密切的关系，文化面貌表现出比较复杂的特征，但总的文化面貌要与王湾三期文化联系更密切一些。经过发掘的主要遗址还有山西平陆盘南村、芮城西王村，陕西华阴横镇村等。② 三里桥龙山文化上接庙底沟二期文化，庙底沟二期文化被认为是龙山文化三里桥类型的直接渊源，三里桥龙山文化还下承二里头文化东下冯类型，其年代经 C^{14} 测年认定在公元前 3000—前 2080 年之间，这一年代框架与“夏商周断代工程”中夏代纪年以前的虞舜时代，即公元前 2500—前 2070 年之间的年代基本一致。③ 在空间上，虞舜部族活动地区的三里桥龙山文化类型分布很广，北至侯马以南的峨嵋岭，东至闻喜以东，西达河西以远，南已逾豫西，中心是在运城盆地的夏县一带。在这个范围内根据多年的考古试掘与调查，遗址众多，遗存丰富，数量约在百处以上。④ 因此，三里桥龙山文化类型的相对年代和所处地区的人们共同体应为虞舜部族所创造的文化。⑤

应该强调说明的是，三里桥龙山虞舜部族的考古学文化分布并非仅限于晋西南的汾涑下游一带，与晋西南汾涑下游毗邻的现在山西南部垣曲、阳城两县在历史上也很可能是舜及其部落分支频繁活动的区域，这在文献与考古学文化上亦可找到直接证据。《太平御览・卷一六三・州郡》引“《墨

① 王克林：《华夏文明论集》，山西人民出版社 2006 年版，第 119 页。

② 中国社会科学院考古研究所编著：《中国考古学・新石器时代卷》，中国社会科学出版社 2010 年版，第 543 页。

③ 王克林：《华夏文明论集》，山西人民出版社 2006 年版，第 120 页。

④ 王克林：《华夏文明论集》，山西人民出版社 2006 年版，第 120 页。

⑤ 王克林：《华夏文明论集》，山西人民出版社 2006 年版，第 120 页。

子》曰舜渔于濩泽。”[①]《大清一统志·山西·泽州府》“濩泽”条下载：“濩泽：在阳城县西，嶕峣山下。深阔盈丈，澄清不竭。《墨子》：‘舜渔于濩泽’，《汉书·地理志》：‘河东郡濩泽县’，应劭曰：‘有濩泽在西北’。《元和志》：‘在阳城县西北十二里’。”[②]《墨子》中所说的“舜渔于濩泽”中的濩泽正在现在垣曲、阳城两县之间。垣曲周边县域内有关虞舜活动的记载还不止濩泽一例。《大清一统志·山西·平阳府》“历山”条下载：“历山：在翼城县东南七十里，相传舜耕于此，上有舜王坪，西北属本县，西南属绛州垣曲县，东属泽州府阳城、沁水二县，为四县之交。”[③]历山又名教山，《大清一统志·山西·绛州直隶州》“教山”条下载：“教山：在绛县东南，一名历山，接垣曲县界。《山海经》：‘教山，教水出焉。’《水经注》：‘教山高三十里，上有泉，不测其深。山周围五六里，少草木。’《寰宇记》：‘教山，今名效山，亦名罩山，在县东南八十五里。’《垣曲县志》：‘历山在诸冯山后，山头平广，相传舜耕处，上有石碌碡数百，下有舜井。’”[④]教山在绛县东南，今垣曲县之北，现在山西省翼城、垣曲、沁水三县交界处历山自然保护区内主峰即是舜王坪，海拔 2358 米，是华北最高的亚高山草甸，草坪周围崇山峻岭，树木茂盛，有华北和黄河中、下游唯一保存完好的原始森林，垣曲县亳清河就位于历山舜王坪西南不远。垣曲县有许多关于舜的历史文物遗迹。《孟子·离娄下》：“舜生于诸冯，迁于负夏。”[⑤]诸冯山位于现垣曲县城东北 40 公里处，相传这里有舜住的石龛，名舜石龛。舜耕田处的历山之巅现有舜王坪和舜庙。明清以来同善镇周围曾修建过舜井亭、舜帝祠，神后村至今保留着明万历三年的“重修舜井亭碑”，上堡村保留着清乾隆十二年的“重修舜帝祠正殿碑”。相传舜帝曾在此定都，历山脚下的同善镇即是舜帝所都负夏。明万历年间，曾在同善修建北门，横匾石刻“帝舜故里”。清咸丰年间，又重修了南门，横匾石刻“古负夏”。[⑥] 垣曲商城所在的古城镇及其周边地区就位于晋南的黄河北岸，流经古城镇西南的亳清河与镇东的沇河在镇东南三公里交汇后注

① （宋）李昉等撰：《太平御览》卷 163《州郡部·泽州》，中华书局 1960 年版，第 792 页。

② （清）穆彰阿等：《嘉庆重修一统志》卷 145《山西·泽州府·山川·濩泽》，中华书局 1986 年版，第 6676 页。

③ （清）穆彰阿等：《嘉庆重修一统志》卷 138《山西·平阳府·山川·历山》，中华书局 1986 年版，第 6228 页。

④ （清）穆彰阿等：《嘉庆重修一统志》卷 155《山西·绛州直隶州·教山》，中华书局 1986 年版，第 7289 页。

⑤ 杨伯峻编著：《孟子译注》卷 8《离娄章句下》，中华书局 1960 年版，第 184 页。

⑥ 中国历史博物馆考古部等：《垣曲商城（1985—1986 年度勘察报告）》，科学出版社 1996 年版，第 1 页。

入黄河，这一区域内分布着仰韶、龙山、夏商周三代的许多聚落遗址，在这些遗址中，古城周围的东关遗址规模最大，延续时间最长。东关遗址位于古城镇东边，在沇河西岸的台地上，总面积约 30 万平方米。1982—1985 年，中国历史博物馆考古部和陕西省考古研究所合作发掘，清理面积约 2700 平方米。共发现庙底沟二期文化时期的遗迹近 200 处，其中大多数是灰坑和窖穴。另外，还有少量房址、陶窑以及灰沟。此期出土各类生产工具 1000 余件，其中石器以磨制为主，少量打制。复原陶器 600 余件。陶质以夹砂陶为主，占 60%以上；陶色多不纯正，以灰陶和灰褐陶为主，占 80%左右，红褐和黄褐陶居次，黑陶较少，红陶则更少。器表以蓝纹为大宗，素面陶器占 1/3 左右，绳纹约占百分之十几，还有少量方格纹。附加堆纹比较发达，彩陶少见。陶器以手制为主，多采用泥条盘筑法，部分陶器经慢轮修整。陶器形制以平底器为主，其次为三足器，圆足器较少，圜底器极少。主要的陶器类型有鼎、斝、釜灶、夹砂深腹罐、小口高领罐、单耳罐、缸、瓮、浅腹敞口盆、宽沿深腹盆、刻槽盆、豆、杯、瓶、甑、箅子、器盖等。① 从东关遗址聚落的演变历史来看，在仰韶早期，原始人类最先聚落在地势较高的古城东北部，即东关遗址区Ⅳ区沇河西岸的第二级阶地上（东关遗址南北长一千米，自南向北划分为Ⅰ—Ⅳ区）。在东关Ⅳ区的发掘中，发现了夹砂弦纹罐、小口平底瓶、宽沿盆、红顶钵、碗等陶器，与关中地区半坡早期遗物十分相像。古城东关Ⅳ区分布着房址、灰坑、窖穴、陶窑等多种遗迹，周围有围村沟壕，已具有较大规模，表明从这一时期开始，人类就选择了自然与地理条件优越的古城地区生活，使这里自古以来便成为垣曲盆地内古代文化发展的中心。② 仰韶早期以后的庙底沟二期阶段，此期遗存在东关遗址的各期文化中是最为丰富的一期，遗迹分布极为密集，常见数十个灰坑相互叠压或打破，出土遗物也极为丰富，以鼎、釜灶、深腹罐等为主，典型庙底沟二期陶器组成的器物群形式多样，种类繁多，可分为早中晚三期，为晋南地区庙底沟二期遗存的分期树立了标尺。这样大量的遗迹遗物表明，庙底沟二期阶段东关遗址在垣曲盆地内占有突出的地位，这一遗址的规模之大与人口之多是周围其他遗址远不能相比的，故东关遗址的庙底沟二期文化已达到了垣曲盆地内古代文化发展的顶峰。③ 进入龙山文化晚期阶段，东关遗址从原来的Ⅰ、Ⅱ、Ⅲ区继续向北扩大到Ⅳ区，遗址规模进一步发展，遗存也较为丰富，但其繁

① 吕东风、吉红菊：《垣曲古文化》，中国社会出版社 2005 年版，第 257 页。

② 吕东风、吉红菊：《垣曲古文化》，中国社会出版社 2005 年版，第 195 页。

③ 吕东风、吉红菊：《垣曲古文化》，中国社会出版社 2005 年版，第 195—196 页。

荣程度已不如庙底沟二期阶段。这里的龙山晚期遗存中出土的夹砂方格纹侈口罐、鬲、双腹盆、蓝纹圆腹罐等与豫西三里桥龙山文化极为接近。这一期遗存在古城周围的宁家坡、上亳城、北河、东寨、塞里等遗址均有存在，但它们只是分布于古城东关这一中心聚落周围的一般村落。① 有关垣曲古城镇东关庙底沟二期文化的年代，考古工作者据碳十四年测定数据推测，东关庙底沟二期文化大约起于公元前 3000 年，止于公元前 2400 年，前后持续约 600 年的时间。另外，通过对东关遗址各时代文化内涵的分析，我们认为：东关庙底沟二期文化的直接前身，是东关仰韶晚期文化。庙底沟二期早期陶器中的夹砂筒形罐、侈口或筒形小杯、喇叭形或齿状花边捉手之器盖、敞口盆、假圆足碗等，都可以在仰韶晚期文化中找到雏形。而东关庙底沟二期文化的直接承袭者，是东关龙山文化。② 这一年代数据与王克林先生推测的虞舜的纪年应在夏代前的公元前 2500 年至公元前 2070 年之间的认识基本吻合。由此，我们可以初步推定文献上所说的“汤始居亳，从先王居”的先王应是指商人远祖虞舜而言的，垣曲古城镇商城周边区域发现的庙底沟二期文化以及后来的三里桥龙山文化很可能就是虞舜部族在此区域内所创造的考古学文化。如果此推论不误，那么“汤始居亳，从先王居”的先王故里不仅应在晋南无疑，而且更准确地讲，山西垣曲亳清河与沇河交汇处的垣曲古城镇周边一带在历史上很可能就是古老的虞舜部族的重要活动区域之一。从先王虞舜以降，经契至于成汤，商族在经历了十四世之后，又在成汤的带领下回到先王曾经所居之处，并在此完成了翦夏大业，所谓“汤始居亳，从先王居”在晋南特别是垣曲商城周边一带，不仅有文献记载可循，同时也有考古学证据可依，因此，商人先王之居也在今山西南部无疑。

---

① 吕东风、吉红菊：《垣曲古文化》，中国社会出版社 2005 年版，第 196 页。

② 吕东风主编：《垣曲古代研究》，中国社会出版社 2009 年版，第 196 页。

第四章　“汤始居亳”在山西垣曲商城

第一节　卜辞亘、亘方地望与“汤始居亳”

一、对垣曲商城性质的不同认识

以山西垣曲古城镇商城遗址为“汤始居亳”的亳都的观点，在学术界颇有异见。邹衡先生在《汤都垣亳说考辨》中认为：“晋西南广大平原虽不是夏朝晚年的政治中心所在，但也是其重要统治地区，商汤灭夏，必然攻占其地。商汤自东西征，欲占领夏之涑浍地区，必先攻下今之古城镇。古城镇既居如此重要的战略地位，因而在此筑城乃理所当然之事。当攻夏之初，古城镇可作为进攻晋西南的军事据点，亦可谓军事后方；即使灭夏之后，仍可作为控制晋西南的军事重镇，必定经常派重兵驻守，所以古城镇商城一直延续至早商晚期。晚商武丁时期，戉、雀、戈、犬曾在亳清河一带的亘方用兵，此地亦当为亘方之属地。传世铜器中，中国历史博物馆藏有一件早商晚期的《亘鬲》，张亚初先生认为是‘亘方所制作的一件铜器’。那么，早在早商时期就已存在亘方，古城镇商城也许就是亘城。因为目前在垣曲县内还只有在古城镇发现早商遗址，更只有在古城镇商城才出土过早商青铜礼器；《亘鬲》虽然不一定在古城镇出土，但古城镇为其原产地并非不可能。”[①]总之，邹衡先生承认垣曲古城镇商城的重要地位，并认为其为晚商武丁亘方的属地。

主持垣曲古城镇商城发掘的佟伟华教授依据相关卜辞材料的记载认为“垣曲商城也可能是一个独立的方国都城，即商代的方国‘亘’所筑之城。‘亘’在武丁时期的甲骨卜辞中多有所见。”佟教授还认为“上述卜辞明确的记载了‘亘’在晋南一带的活动，除了记载‘亘’与商王朝具有十分密切的关系之外，还主要记载了‘亘’与周围邻近诸方频繁进行征伐的情况，既有各邻方征‘亘’，也有‘亘’对邻近各方的征伐。陈梦家先生曾根据武丁时期甲骨卜辞中对‘亘’的记载，推测殷商时期在今垣曲县西二十里曾有‘亘’方。

---

① 邹衡：《夏商周考古学论文集》（续集），科学出版社1998年版，第214页。

如果这一推测能够成立,那么垣曲商城有可能是‘亘’的都城。”①佟教授认为垣曲商城虽有可能是都城,但应该是商代方国的都城。

罗琨教授在《商代亘方考》中对甲骨卜辞做了系统梳理,搜集了117条关于亘、亘方的记载。有7条是作为地名的亘方或亘,有22条是关于伐亘的记载,是作为亘方代表人物的亘,其余大量的均是作为贞人亘的卜辞,共有88条,卜辞内容包括卜祭祀与吉凶祸福、卜征伐与田猎、卜年成与纳贡、卜其他王室活动与贞人职守等,说明贞人亘承担了一系列国之大事的占卜,长期受到武丁的重用,是武丁宾组贞人集团的核心人物。通过对以上卜辞的释读与研究,作者认为亘虽然曾短期被商王朝征伐过,但与商王族具有非同一般的关系,由于在是否有“山它”的卜问对象中有亘,可判断亘是与商王朝有亲缘或血缘关系者,故武丁征伐过的亘并不属于鬼方的方国。亘不仅存在于商代后期,二里岗时期即有铭“亘”的铜鬲发现,说明亘这一国族在商代早期当已存在。商汤灭夏后,将重要王族派驻亘地,逐渐发展成一方诸侯,而商代只有一个亘方,共同的血缘使他们成为商王朝的支柱之一。②

以上对于垣曲古城镇商城遗址性质的不同认识,确是起到了互相启发的作用。邹衡、佟伟华先生所论的垣曲古城镇商城为商代“亘方”都城的观点,是以武丁时期卜辞资料为依据的,而垣曲商城废弃于二里岗上层期,在时代上与卜辞中的记载难以对应,故垣曲商城不太可能是“亘方”。③ 而罗琨教授通过对117条卜辞资料的梳理,虽然明确地指出“可以清楚地看到亘与商王朝、商王族有着极为密切的关系”④,但是由于混淆了亘与亘方的地望差别,所以对于垣曲古城镇商城遗址为“汤始居亳”的重要政治地位并没有深入的阐释,这一点很遗憾。

二、卜辞亘方地望

徐中舒先生《甲骨文字典》中收录“亘”字形大体如表4-1。

---

① 佟伟华:《商代前期垣曲盆地的统治中心——垣曲商城》,《中国历史博物馆馆刊》1998年第1期。

② 罗琨:《商代亘方考》,《21世纪的中国考古学:庆祝佟柱臣先生八十五华诞学术文集》,文物出版社2006年版,第663页。

③ 王睿:《垣曲商城的年代及其相关问题》,《考古》1998年第8期。

④ 罗琨:《商代亘方考》,《21世纪的中国考古学:庆祝佟柱臣先生八十五华诞学术文集》,文物出版社2006年版,第460页。

表 4-1 《甲骨文字典》所收“亘”字

一期・乙 2204	一期・合集 6949	一期・丙 68	一期・合集 6945	篆文

对于“亘”字的解释,《甲骨文字典》说:“、象水中漩涡回转盘旋之形;或于上增短划作、,同。唐兰谓古文演变,凡文字上若下为横划,有往往于其上若下增短横划。孙诒让释亘(《契文举例》)可从。亘字篆文作,与、略同。又《说文》回字古文作,与、略同。且《说文・口部》:‘回,转也’。意与、形合,故回、亘初为一字。《说文》:‘亘,求亘也。从二从。,古文回。象亘回形,上下所求物也’。”①

总之,“亘”在卜辞中一为方国名或地名,一为人名。这与罗琨先生所说“有关‘亘’的刻辞,就其内容可分两大部分:第一,亘方及其代表人物;第二,贞人亘。”的看法是相吻合的。② 但是,仅此还很不够,罗先生虽也意识到了卜辞中的亘与亘方有着明显的区别,提出了“亘与亘方究竟关系如何,亘方的族属及与商王朝关系如何,需要在对甲骨文资料进行辨析的基础上加以探研。”的观点③,但如何区别亘与亘方,并在甲骨文资料进行辨析的基础上深入探研两者之异同,罗先生并无进一步的阐释。

根据目前见到的卜辞与考古资料的印证,我们认为卜辞中的亘与亘方在商代应该是毗邻不远的两个地方,亘与亘方虽然毗邻较近,但在商人生活于政治信仰中的地位有着天壤之别,两地不可同日而语。

甲骨文中以“亘方”并称的卜辞数量很多,不再一一举例,但有一点应该强调说明的是,战国时代,有魏国所铸币面为“垣”字的圜钱,此种圜钱的地望很可能就是从商代亘方演变而来的。根据卜辞记载,亘方有时与商为敌,所以有追、及、伐、卒、𦎫亘方之辞,如“甲申卜,贞,谷及亘方”、“戊午卜,㱿贞,雀追亘,有获”、“伐亘”。有时亘方又臣属于商,所以又有为亘方贞问有无灾祸之辞,如“壬辰卜,贞,亘亡”、“贞,亘其有”。可见商与亘方的关系并不固定。从卜辞“谷追亘方”来看,亘方当在商之西部。从这些记载

① 徐中舒:《甲骨文字典》,四川辞书出版社 1989 年版,第 1449 页。

② 罗琨:《商代亘方考》,《21 世纪的中国考古学:庆祝佟柱臣先生八十五华诞学术文集》,文物出版社 2006 年版,第 448 页。

③ 罗琨:《商代亘方考》,《21 世纪的中国考古学:庆祝佟柱臣先生八十五华诞学术文集》,文物出版社 2006 年版,第 448 页。

来看,商代的亘方确是存在的。① 陈梦家先生在《殷墟卜辞综述》中曾指出:“亘方,‘夕丰亘方’(《粹》193),夕有征伐之义,参《粹》1553 和《库》1117 即知。丰即春秋之琣,《左传·庄廿一》‘虢公为王宫于琣’,今渑池县北,与垣曲接界。亘与诸国的征伐关系,略如下列:

犬→亘(《乙》5311)

戈→亘(《粹》1165,《前 7.12.1》)

戊→亘(《乙》4693)

雀→亘(《乙》4693,《粹》1553)

亘→鼓(《乙》4684,6111)

亘→雀(《库》1117,1151)

亘→妟(《乙》2572)

亘,**叀**→我(《乙》5234)。

卜辞又有宣方,其辞曰:宣方出于卜,尞。(《上》24.7),此卜似是地名,《粹》1253‘其自卜又来祸’,卜或即《逸周书·王会篇》的卜人(或以为《牧誓》之濮)。《逸周书·世俘篇》“百韦命伐宣方”应即卜辞的宣方。又此亘卜辞或作王亘(《前》7.35.2),《魏世家·索隐》引《纪年》‘武侯十一年城洛阳及安邑、王垣’,《史记》作二年。《集解》引‘徐广曰垣县有王屋山,故曰王垣’。王屋即王宣,《说文》‘宣,天子宣室也’,山形如屋如宣,故曰垣。”② 陈梦家先生虽未将亘方与亘做明确的区分,但陈先生明确指出卜辞中的亘或亘方应在今垣曲县西二十里。

陈先生所说的亘或亘方在今垣曲县西二十里的看法,从地理的角度来看并没有给亘地以正确的定位。很显然陈梦家先生所说的今垣曲县西二十里,是以现在垣曲县城为坐标而言的,现在垣曲县治驻地在刘张村,即今新城镇,是 1958 年 6 月才迁至此地的。若以新城镇为坐标向西二十里并没有亘方的旧地可寻。而今垣曲县名由宋代垣县而改,属绛州,金兴定四年(1220 年)割属翼州,元初仍属绛州,至元二年(1265 年)省入绛县,十六年复置,仍属绛州,明因之,清雍正二年(1724 年)改属解州,八年仍属绛州,民国迄今县名不改。故《宋史·地理志》:绛州,领有垣曲县。《元史·地理志》晋宁路:绛县,“至元二年省垣曲县入焉,十六年复立垣曲县。”《山西郡县释名》:垣曲县,“周围皆山,如亘之曲。”垣曲县治在 1958 年 6 月未迁至今址(新城镇)以前,故治所在今垣曲县东南六十里的古城镇。古城镇作为

① 陈隆文:《先秦货币地理研究》,科学出版社 2008 年版,第 174 页。

② 陈梦家:《殷墟卜辞综述》,中华书局 1988 年版,第 276 页。

垣曲县治的所在应始于西魏大统年间，按《太平寰宇记》的记载：“绛州，垣县，西魏大统三年置邵州移于今所，隋大业三年废邵州置垣县，以其地近故垣城，因以名县。”唐《元和郡县志》记载：“垣县，本汉县，属河东郡。后魏献文帝皇兴四年，置邵州及白水县。周明帝武成元年，改白水为亳城县，隋大业三年改亳城为垣县，属绛郡。武德元年属邵州，九年属绛州，贞元三年割属陕州。县枕黄河。”说明唐代时垣曲县治已在今垣曲县东南六十里的古城镇了。①

《元和郡县志·卷六》又说：“垣城，在县西二十里。”也就是说在古城镇西二十里处还有垣城。此垣城与作为唐垣曲县治的垣曲县城应有所区别。西魏唐宋以后的垣曲城，按照《太平寰宇记》的记载是“以其地近故垣城，因以名县”的，所以在唐垣曲县城的附近还应有一个更古老的垣城，这个垣城才是卜辞中的亘方和战国魏国垣字圜钱中所说的垣。② 顾祖禹《读史方舆纪要》卷四十一载：“垣县城，在县西北二十里，故魏邑也。一名王垣。《史记》：‘魏武侯二年城安邑、王垣。’又秦昭襄十五年大良造白起攻魏，取垣，复予之。十八年复取垣。汉置垣县，后汉延平元年垣山崩，即垣县山也。徐广曰：‘县有王屋山，故曰王垣。’亦曰武垣。曹参击魏豹于曲阳，追至武垣，生得豹，遂取平阳。《博物记》：‘山在县东，状如垣，故县亦有东垣之称。’建安十年，寇张白骑之众攻东垣。晋太元十一年苻丕与慕容永战于襄陵，大败，南奔东垣，即此。或曰魏白水县即故垣县也。城东有白水，西南流合清水，故改为白水县，邵郡、邵州皆治焉。西魏大统四年杨标取邵郡，东魏城堡多附于魏，即此。”③顾祖禹所说的故魏邑垣县城，应在今垣曲县古城镇西二十里，即今天垣曲县王茅镇一带。这里不仅是战国时期魏邑的垣地，而且也是商代卜辞中的亘方。这是我们对卜辞亘方地望的基本认识。

三、作为商人祖庭的亘应在何地

卜辞中的亘与亘方并非一地。罗琨教授对甲骨卜辞做了系统梳理，收集了亘与亘方的记载117条，其中有7条是作为地名的亘或亘方，有22条是伐亘方的记载，而其余88条是作为贞人亘的卜辞，因此，我们着重讨论作为地名的亘或亘方为什么不在同一地点。

《商代亘方考》当中列有亘或亘方的地名卜辞，大体有以下数条：

① 陈隆文：《先秦货币地理研究》，科学出版社2008年版，第176页。

② 陈隆文：《先秦货币地理研究》，科学出版社2008年版，第176—177页。

③ （清）顾祖禹撰，贺次君、施金和点校：《读史方舆纪要》卷41《山西三·平阳府·绛州·垣曲县·垣县城》，中华书局2005年版，第1920—1921页。

1. 甲申卜，贞亩及亘方。(沐园藏骨拓本)
2. □□卜，王，贞……亘方……征。(《京津》2981)
3. 一月至亘方。(《合集》33180)
4. 庚寅卜，贞于亘。十月。(《合集》7887)
5. 乙亥[卜]，贞其𠭰衣于亘𦿁雨。十一月在甫鲁。(《合集》7897)
6. 丙戌卜，[在]亘，贞今[日]王步于□亡灾。(《合集》36751)

按罗先生所说，第1、2、3辞是作为亘方的地名，而4、5、6辞是称亘的地名，而且第1辞的“亩”为人名，武丁卜辞曾见亩报告𢀛方动态的内容，当在殷之西北境；《说文》又部“及，逮也”，在此辞中作“追及”或“到达”的意思。该辞为亘方在晋南提供线索。第2辞“征”常用为表示“征伐”、“巡守”、“巡行”等义，该辞已残，但很可能反映与亘方发生了战事。第3辞曾著录为《殷契粹编》193，郭沫若释为“月在亘方”，从全部换了新拓本的《粹编》1965年版看，“在”当为“至”，“月”上还有“一”字。[①] 总之，从卜辞亘方的内容来看，多与亘方征伐的战事联系在一起。

第4、5、6辞中的第4辞为卜问是否在亘行某事的省略句。第5辞中的𠭰或释为奠，衣即殷祭，记十一月武丁在甫鲁命人卜问在亘举行祭祀是否会遇雨。[②] 从卜辞亘的内容来看，涉及到亘的与殷人的祭祀联系在一起。

再从上述6条卜辞的时间来看，以上第1、2、4、5辞为武丁卜辞，第3辞为武乙、文丁卜辞，第6辞为帝乙、帝辛卜辞，可见自武丁至商末亘或亘方不仅一直存在，而且还是商王常常出入往来之地。[③] 特别是第5条卜辞：乙亥[卜]，贞其𠭰衣于亘𦿁雨。十一月在甫鲁(《合集》7897)。此辞与第1、2、4辞都是武丁时代的卜辞，抛开作为亘族或亘方代表人物的卜辞不谈，仅以地名而论，卜辞中的亘与亘方若是同一地点，那么就意味着商王要到一个经常发生战争和叛乱的地点进行衣祭，这种情况似乎不太可能，因此，从武丁卜辞亘与亘方的地名来看，亘与亘方应该是毗邻较近的两地，而非一地。

在这里我们有必要重新认识上述第5条卜辞，对于揭示商族起源在今山西垣曲古城镇商城遗址的价值。

① 罗琨：《商代亘方考》，《21世纪的中国考古学：庆祝佟柱臣先生八十五华诞学术文集》，文物出版社2006年版，第449页。

② 罗琨：《商代亘方考》，《21世纪的中国考古学：庆祝佟柱臣先生八十五华诞学术文集》，文物出版社2006年版，第449页。

③ 罗琨：《商代亘方考》，《21世纪的中国考古学：庆祝佟柱臣先生八十五华诞学术文集》，文物出版社2006年版，第449页。

乙亥(卜),贞其……韬衣于亘,(不)冓雨。十一月才甫鱼[1]。(《合集》7897)

图 4-1 《合集》7897 号甲骨

上条刻辞(图 4-1)中的“[甲骨文]”释为“衣”,“[甲骨文]”像襟衽相互掩覆之形,甲骨文用作祭名。赵诚先生认为衣祭有两种:一种相当于后代的祫祭,即将有关先祖合在一起进行祭祀,如“辛亥卜,贞,王[甲骨文][甲骨文],自至于多毓衣,亡尤。[甲骨文],祭名。多毓即多后”(前 2.25.4)。一种是只对个别先王进行衣祭,如“贞,翌丁巳[甲骨文]于中丁,亡[甲骨文]。中丁即仲丁,商代直系先王。[甲骨文],祭名。亡用作无。[甲骨文],灾害之意。亡[甲骨文]即无灾”(粹 224)。这种对个别先王的祭祀,当然谈不上是合祭。又卜辞另有帝(禘)祭,显然不包括在衣祭之内。[2] 而日人岛邦男氏根据祭祀卜辞“[甲骨文]”的用法,按其使用形式分为四类,除去异类卜辞外,所谓的衣祭就是殷祭,可知“[甲骨文]”是“盛大”意。因此,“殷祭”不是合祀意,而是“大祭”意,“[甲骨文]祀”亦当是举行盛大的祭祀之意,《尔雅》:“禘,大祭也。”(《释天》),郑注:“禘,大祭也。”(《丧服小记注》)“大祭曰:‘禘’”(《大传》注),由此可佐证。如上述“[甲骨文]”是“殷盛”之意,辞(一)的“[甲骨文]自上甲衣”、类(3)的“[甲骨文]于中丁衣”之“[甲骨文]”亦即“殷盛”意,又类(2)的“贞王[甲骨文]自武丁至武乙无尤”是“在武丁庙祭祀,殷祀于下至武乙的先王”之意,“贞王[甲骨文][甲骨文]祖乙、祖丁、祖甲、康祖丁、武乙衣无尤”辞意为祈祀先王,即向先王举行盛大的祭祀之意。然王国维忽视“[甲骨文]”还有专祭的用法,把“自上至于多后衣”、“自武丁至于武乙衣”的“自……至……”,解释为“由……至……”,把郑注的殷祭误解为合祀,认为两者相合,遂得出了“衣者合祭之名”这个错误的结论。[3]《合集》7897 刻辞已经很清楚地说明,武丁时商王在亘曾向先王举行过盛大的祭祀,这种盛大的衣祭之礼只有在“汤始居亳”的商人起源地,即垣曲古城镇商城遗址才可进行。罗琨先生不仅意识到了“亘与商王朝、商王族有着极为密切的血缘关系”,而且还说“卜辞有‘自上甲衣至于多后亡尤’、‘彡于祖乙衣亡[甲骨文]’、‘㞢彡岁自母辛

---

① 《甲骨文合集 · 第四册》,中华书局出版社 1979 年版,第 789 页。

② 赵诚:《甲骨文简明词典(卜辞分类读本)》,中华书局 1988 年版,第 250 页。

③ (日)岛邦男著,濮茅左、顾伟良译:《殷墟卜辞研究》,上海古籍出版社 2006 年版,第 532 页。

衣'、'贞勿衣燎于河',所以衣祭虽然不一定都是诸代先王先妣的大合祭,也是合祭或比较大型庄重的祭祀。殷墟甲骨文中屡见衣祭,但记祭祀地点不多,帝乙、帝辛有在'天邑商公宫'进行衣祭的卜辞,武丁则在亘举行衣祭,无疑反映亘地的重要地位。"①由此看来,武丁时举行衣祭的亘,与后来的帝乙、帝辛在"天邑商公宫"进行衣祭一样,其在商王族心目中的政治地位,绝非一般城邑可比,山西垣曲商城一带不仅是"汤始居亳"之地,同时也是商人兴起之处,后代商王在此举行盛大的衣祭之礼应该是顺理成章的事情。对"畐衣于亘"卜辞的深入阐释,可以从出土文献的角度进一步证明"汤始居亳"在山西垣曲商城,垣曲古城镇之商城当为商人祖庭所在。

第二节　垣曲商城的考古年代与"汤始居亳"

山西垣曲商城的考古年代问题,我们曾有论证。② 根据当时垣曲商城城址的考古资料,我们把垣曲商城的始建期推定在二里岗期下层。二十年来,尽管有些新资料不断发表,但我们对垣曲商城考古年代的看法仍坚持旧说。

对于垣曲商城的年代,《垣曲商城(一)1986—1986年度勘察报告》中称,"综上所述,属于二里岗上层和而二里岗下层的文化层以及这一时期的灰坑、壕沟、墓葬等遗迹叠压或打破南城墙墙体及基槽,南城墙墙体和基槽又叠压和打破二里头晚期的文化层及部分灰坑、房址等,西城墙夯土中还夹杂有二里头晚期的陶片。这些关系都证明了这座城址的年代上限不会早于二里头晚期,下限不会晚于二里岗上层。又从城内的文化层堆积情况看,靠近城垣内侧根基处呈倾斜状直接叠压着城墙的多为而二里岗下层文化层,这一层很少有打破城墙的情况,打破城墙墙体或基槽的遗迹则多属二里岗上层时期。而城址内的而二里岗下层堆积亦普遍存在,属于这一时期的灰坑、房址、墓葬等遗迹分布颇为密集,当然二里岗下层之上亦叠压有较为丰富的二里岗上层文化层及其遗迹。这种情况表明,城垣的建筑年代与二里岗下层文化层堆积在时间上应是紧密衔接的,根据以上推测,城垣当始建于商代二里岗下层时期,并延续使用到二里岗上层时期,与郑州商城和偃师商

① 罗琨:《商代亘方考》,《21世纪的中国考古学:庆祝佟柱臣先生八十五华诞学术文集》,文物出版社2006年版,第463页。

② 陈昌远、陈隆文:《论山西垣曲商城遗址与"汤始居亳"之历史地理考察》,《河南大学学报(社会科学版)》2000年第1期。

城的年代大体相当。”①这个结论现在看来应该是正确的。在偃师举办的“中国商文化国际学术讨论会”上，主持垣曲商城发掘的佟伟华教授对垣曲商城的文化堆积、城墙、布局等做了全面介绍，并判定该城始建于二里岗下层时期而延续使用到二里岗上层时期。她认为这座城址有可能是商王朝建于黄河北岸的军事重镇，也有可能是“亘”方或其它方国的都城。② 这一观点与《1985—1986 年度勘察报告》的观点相一致，即垣曲商城城垣始建于二里岗下层时期。

王睿先生《垣曲商城的年代及其相关问题》一文将垣曲商城中出土的典型器物与二里头文化、东下冯遗址和郑州商城的同类器物相比后，将垣曲商城的延续时代分为三期：一期约相当于东下冯遗址四期，亦与二里岗下层偏早阶段相当；二期约相当于二里岗下层偏晚阶段；三期早段约相当于二里岗上层偏早阶段，三期晚段在时代上则相当于二里岗上层偏晚阶段。由以上分析可以推断垣曲商城的建造、使用和废弃的年代。城墙基槽叠压和打破一期文化，说明城垣的建造年代不早于一期文化，二期遗存在城墙内侧根基处直接叠压着城墙基槽，说明城垣的建造年代不晚于二期文化。那么城垣始建年代就存在两种可能。一为晚于一期，在二期时建造的，二是早于二期，在一期时建造的。从这两期遗存的分布来看，后者的可能性极小。一期遗存相对集中于城址东南一隅，在南城墙附近有零星分布，遗迹很少，遗物也不丰富，与城的规模极不相称。二期遗存在城址内普遍存在，属于此期的遗迹分布密集，遗物丰富。而且，城墙夯土中夹杂一期的陶片，说明建城时挖破了一期的堆积，这些都为城垣始建于二期即二里岗下层偏晚阶段提供了旁证。③ 王睿先生认为垣曲商城的城垣始建于二期，即二里岗下层偏晚阶段。

笔者也曾经谈到过垣曲商城的城墙与宫城的年代问题。我们认为垣曲商城遗址城墙建筑的年代与城内宫城建筑使用年代应有所不同，这样的情况与偃师商城的宫城年代相仿佛。即宫城建筑的年代早于城墙的建筑，垣曲商城遗址也是如此。④ “西城墙与宫殿区的西墙皆跨沟而过，叠压在沟的

① 中国历史博物馆考古部、山西省考古研究所、垣曲县博物馆：《垣曲商城（一）1985—1986 年度勘察报告》，科学出版社 1996 年版，第 274 页。

② 《考古》杂志特约记者：《中国商文化国际学术讨论会述要》，《考古》1995 年第 9 期，第 858 页。

③ 王睿：《垣曲商城的年代及其相关问题》，《考古》1998 年第 8 期。

④ 陈昌远、陈隆文：《论山西垣曲商城遗址与“汤始居亳”之历史地理考察》，《河南大学学报（社会科学版）》2000 年第 1 期。

上面，沟内堆积，最下面属二里头晚期，往上依次为二里岗下层，二里岗上层时期。”考古工作者指出：“沟的形成时期早于建城的年代，当在二里头晚期，东西沟与南北向沟（西城墙外护城壕）相连，共同构成了一个二里头文化晚期的环壕聚落，到二里岗下层时期，城始建。利用了南北向壕沟作护城壕，而将东西沟填至大半，作为城内一条贯通东西的大路使用。”①这个判断应该说是正确的。这个事实非常重要，它说明垣曲商城的始建不应在二里岗下层偏晚阶段到二里岗上层偏早阶段。我们还注意到在《垣曲商城（二）（上）1988—2003 年度考古发掘报告》中，佟伟华教授对此观点曾持有异见，佟先生认为“垣曲商城的始建年代早不到而二里岗下层早段，而偃师商城与郑州商城的始建都应早于垣曲商城，因此，我们同意邹衡先生的意见，‘垣亳说’难以成立”②。对于佟先生所论，我们反复讨论、思考，再联系垣曲商城所出土的其他考古遗存，以出土陶器为例。垣曲商城出土的陶器多为粗绳纹灰陶，有尖足鬲、大口尊等，这些与郑州二里岗下层出土的陶器相同，同时还出土有铜灼无凿的卜骨。在南墙还发现一座打破城墙夯土的墓葬，此属于二里岗时期，因此，陈昌远先生曾经初步判断其上限可以早到成汤开国之时。③ 不仅如此，邹衡先生调查后认为：“此城的南墙下压有属于二里头文化三、四期的灰坑，可见此城的始建期有可能早到二里岗期下层。再从几年来出土的陶器来看，虽然属于二里岗期上层者居多，但属二里岗期下层者亦不少，由此可以旁证二里岗下层的绝对年代一般属早商早期，也可到夏代末年，应该包括成汤在内。”④邹衡先生的这个看法是值得我们思考的。

不仅如此，根据《垣曲商城（二）1988—2003 年考古发掘报告》（上册）记载，考古工作人员虽然将垣曲商城的始建年代定为二里岗下层偏晚，但对叠压于南城墙下的第一期遗存年代的推断似嫌偏晚。我们（指考古工作人员，笔者注）认为这一期遗存是以深腹、圆腹罐为主要炊器的夏文化遗存，应属二里头文化三至四期，相当于东下冯三期，与出卷沿薄胎细绳纹鬲的二里岗下层早段判然有别。这一期遗存并非仅存在于城址东南部，分布极少，

① 戴向明：《垣曲商城发掘获重要成果》，《中国文物报》1998 年 9 月 6 日。

② 中国国家博物馆田野考古研究中心等：《垣曲商城（二）（上）1988—2003 年度考古发掘报告》，科学出版社 2014 年版，第 662 页。

③ 陈昌远：《商族起源地望发微——兼论山西垣曲商城发现的意义》，《历史研究》1987 年第 1 期。

④ 邹衡：《汤都垣亳说考辨》，《国学研究·第一卷》，北京大学出版社 1993 年版，第 437—438 页。

而是普遍存在于城址内，也就是说，城址始建前，这里曾是二里头晚期的大规模聚落。事实上，这种意见所分的三期在时间上并非紧密链接，在一、二期之间，就存在着二里岗下层早段的缺环，虽然这一期遗存在与南城墙有直接关系的单位中未见，但在城内东南部却发现了10余个单位或不连续分布的地层。这一期遗存以卷沿薄胎细绳纹鬲、弧颈大口尊、小口罐等为代表，与郑州商城H9出土物极像，相当于二里岗下层早段，晚于这里分期中的第一期。① 这一点很重要，尽管在南城墙下的一、二期之间，存在着二里岗下层早段的缺环，但在城东南部发现了10余个单位或不连续分布的地层，这一期遗存以卷沿薄胎细绳纹鬲、弧颈大口尊、小口罐为代表，与郑州商城H9出土物极像，相当于二里岗下层早段。② 这样的考古事实提醒我们，尽管考古工作人员所解剖的南城墙地层资料可以为我们提供垣曲商城“始建于二里岗下层晚段的佐证”，但是在除南城墙以外，垣曲商城其它区域的地层或考古资料中，不仅存在着卷沿薄胎细绳纹鬲、弧颈大口尊、小口罐等与郑州商城H9出土物极相像的二里岗下层早段的遗存，而且还提醒我们进一步思考在垣曲商城中是否存在着没有二里岗下层早段缺环的地层资料。而这一所谓“没有二里岗下层早段缺环”的地层资料可能未被我们所解剖和认识，因为我们仅解剖了南城墙的地层资料就确定了“垣曲商城始建于二里岗下层晚段”的结论。这种情况，正仿佛我们对偃师商城始建年代的认识。考古资料显示，偃师商城最早建造的是第一号、二下号、三下号、四号宫殿和宫城，因此考古界主张应当把宫殿和宫城的始建当作偃师商城建立的标志，商人是在先建宫城之后，以此作为商王起居生活和处理朝政的地方，然后再去建小城，其后伴随着国势发展又去建造大城。③ 偃师商城的建造经历了宫殿、宫城、小城、大城的顺序，这是与商人当时的政治、经济条件分不开的。反观垣曲商城的结构与偃师商城颇有相似之处，垣曲商城中宫殿区中发现过夯土台基两座，也有左右对称的庭院式建筑群，两座台基南小北大，沿同一中心线南北向排列，布局东西对称，宫殿区四周有长方形的围墙，考古发掘报告将其称为宫城，宫城以外才是垣曲商城。由此来看垣曲商城也是由宫殿、宫城（小城）、大城构成，垣曲商城不排除存在有与偃师商城同样的修筑顺序，因此，我们在确定垣曲商城始建年代问题上必须占有和分析更多的

① 中国国家博物馆田野考古研究中心，山西省考古研究所，垣曲县博物馆编著：《垣曲商城（二）1988年—2003年度考古发掘报告上册》，科学出版社2014年版，第657、658页。

② 中国国家博物馆田野考古研究中心，山西省考古研究所，垣曲县博物馆编著：《垣曲商城（二）1988年—2003年度考古发掘报告上册》，科学出版社2014年版，第657、658页。

③ 赵芝荃：《赵芝荃考古文集》，科学出版社2008年版，第211页。

考古资料,这样才能使我们的认识接近历史的真实。

笔者反复翻检《垣曲商城》(一、二卷)与《文物》、《考古》各期所载垣曲商城的相关考古资料,发现垣曲商城的遗存器物中属于二里头三、四期和二里岗下层时期为数颇为不少。如《1988—1989年发掘简报》中称,“垣曲商城二里头文化陶器的陶质、陶色及其变化与东下冯是一致的,早期褐陶数量较多,晚期以灰陶为主,褐陶占一定比例,二里头类型以灰陶为主,有一定数量的黑陶,褐陶数量一直较少。器类上,两个类型的炊器均以形态各异的圆腹罐、深腹罐为主,鬲、鼎、甗、甑居次要地位。……垣曲既有较多二里头特有的刻腹盆,又有少量东下冯特有的蛋形瓮,并和东下冯一样缺少二里头的常见器三足皿、平底盘、觚和鬶等。垣曲的二里头文化遗存和位于黄河对岸与之邻近的郑窑遗址一样,既有自身特点又融合了两个类型的因素,但各有侧重,它究竟属于何种类型,还有待于今后对材料进行细致的研究和分析。其时代,根据器物形制推断大致相当于二里头的三、四期。”①在《垣曲商城遗址的发掘与研究》一文中,王月前,佟伟华教授又称“根据地层和遗迹间的层位关系并通过陶器的类型学分析,可将商城遗址内的文化遗址分为仰韶文化晚期、二里头文化晚期、二里岗下层文化、二里岗上层文化和宋代五个时期。其中,二里头文化晚期与而二里岗文化时期遗存的关系尤为密切。”②“从整体上观察,这一时期的遗存应属二里头文化,年代大体相当于二里头文化类型的第三期,少数单位可能属第四期。值得注意的是,垣曲在豫西二里头与晋南东下冯两个类型的相互影响和文化交流中起到了重要的桥梁作用。”③而垣曲商城二里岗文化时期的遗存系城址建造和使用时期的遗存,以城址的东半部和南半部最为密集。遗迹中最主要的发现当属城址本身及宫殿区等大型建筑,其次是灰坑,而墓葬、陶窑等仅有零星发现。在年代上,二里岗上层文化时期遗存又多于二里岗下层文化。④ 发掘报告所载,二里岗上层文化遗存虽多于二里岗下层文化遗存,但二里岗下层文化遗存共发现2座房址、13座墓葬、4座陶窑和180余个灰坑,出土遗物有陶器、

① 王睿、佟伟华:《1988—1989年山西垣曲古城南关商代城址发掘简报》,《文物》1997年第10期。

② 王月前、佟伟华:《垣曲商城遗址的发掘与研究——纪念垣曲商城发现20周年》,《考古》2005年第11期。

③ 王月前、佟伟华:《垣曲商城遗址的发掘与研究——纪念垣曲商城发现20周年》,《考古》2005年第11期。

④ 王月前、佟伟华:《垣曲商城遗址的发掘与研究——纪念垣曲商城发现20周年》,《考古》2005年第11期。

铜器和卜骨等。[①] 垣曲商城中这些二里头三、四期和二里岗下层时期的遗存提醒我们在看待垣曲商城的考古年代问题上，不仅要依据已解剖过的南城墙及西城墙的地层叠压关系，而且还要综合地考察垣曲商城各出土遗存及文献记载的对应关系。确定一座城址的始建年代是一件相当复杂的事情，并非挖几条探沟就能得出正确结论的。况且由于材料所限，垣曲商城的建筑基址也未展开讨论。[②] 因此，对于垣曲商城考古年代的认识还需深入的工作来揭示其与商族起源地的密切关系，在这个问题上，我们不能一叶障目。

如果将垣曲商城始建于二里岗下层偏晚的年代结论，与垣曲盆地内仰韶中、晚期，二里头早、晚期，二里岗上、下层期不同阶段的聚落演变大势与城址结构特征作一比较，我们就发现垣曲商城始建于二里岗下层偏晚的结论存在许多可商榷之处。

首先，垣曲商城是直接营筑于二里头晚期大型聚落遗址之上，二者均偏居高台地东南缘，位置也基本重合。也就是说，“二里头晚期聚落的存在成为商城建筑的基础。”[③]而在垣曲商城营建之时，“二里头聚落的许多壕沟、灰坑、房址等较大的遗迹尚存，并未废弃。”[④]所以说垣曲商城是在二里头晚期聚落基础上持续发展，正如考古报告所强调的，垣曲商城不过是以四面闭合的高大夯土城垣替代了二里头时期西北两面的沟池和东南两面的天然河岸，并在原有聚落基础之上将范围进一步扩大，北城墙越过二里头聚落的北围沟向北移动了约 150 米，使整个城址的面积向北扩大了约 3 万平方米。西城墙沿二里头聚落的西部壕沟内侧修建，利用这条沟作为西墙外的护城壕，在壕沟内侧距沟 6—8 米处修建了双道夹墙，从地下基槽到地上墙体均为新筑。并修筑了西城门和西南夹墙的出口。其余的东南两面墙的位置沿原开放的河岸边修建，与二里头晚期聚落的范围大致相当（图 4-2、图 4-3）。[⑤] 不仅如此，在修建商城的过程中，无论是修筑夯筑城垣还是兴建夯土基址，都需要夯筑地基，这些工程凡需越过二里头时期遗留的壕沟、灰坑、房址等较大的遗迹时，不论有多深，均从其底部开始向上夯筑，如西城墙基

---

① 王月前、佟伟华：《垣曲商城遗址的发掘与研究——纪念垣曲商城发现 20 周年》，《考古》2005 年第 11 期。

② 王睿：《垣曲商城的年代及其相关问题》，《考古》1998 年第 8 期。

③ 中国国家博物馆田野考古研究中心，山西省考古研究所，垣曲县博物馆编著：《垣曲商城（二）（上）1988—2003 年度考古发掘报告》，科学出版社 2014 年版，第 771 页。

④ 中国国家博物馆考古部编著：《垣曲盆地聚落考古研究》，科学出版社 2007 年版，第 379 页。

⑤ 中国国家博物馆考古部编著：《垣曲盆地聚落考古研究》，科学出版社 2007 年版，第 379 页。

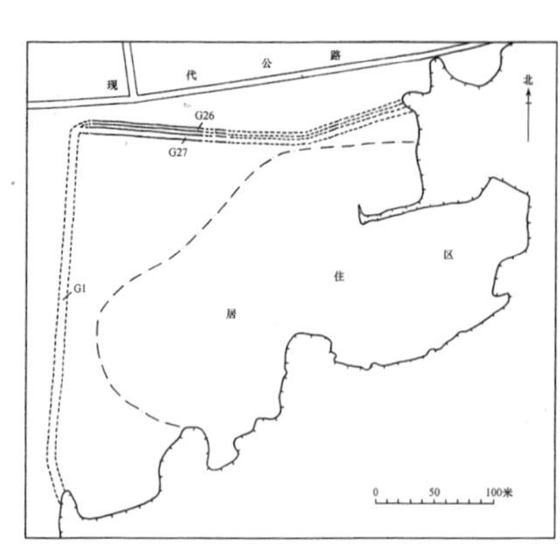

图 4-2 垣曲县古城南关遗址二里头文化晚期聚落布局示意图①

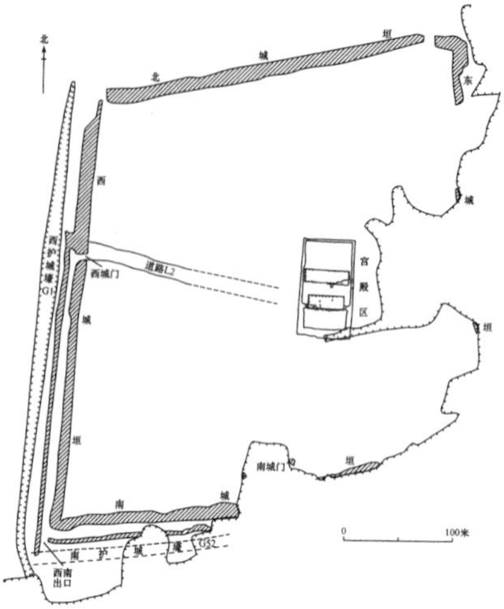

图 4-3 垣曲商城城址总平面图②

垣曲县古城南关遗址二里头文化晚期聚落布局与垣曲商城城址比较

槽和宫殿区西围墙基槽在越过二里头北部围沟时，就直接将夯土筑进这一围沟之中。自沟底向地面夯筑，大大地增加了基槽的深度，这种方法保证了所有夯土建筑基础的坚固，也表明商人在这一城址建设中精心的策划设计和严密的组织施工。③ 由此看来，垣曲商城是在二里头晚期环壕聚落的基础上经过精心策划设计和严密组织施工后发展而来的，这座商城的复杂性提醒我们不能仅仅以城墙修筑的年代来判定垣曲商城的始建年代，并以此为确定垣曲商城性质的唯一年代依据。

其次，若将垣曲盆地内二里头晚期与二里岗上、下期两个时期聚落的数量增减作一比较，也有助于我们进一步的理解垣曲商城的建筑年代及其与“汤始居亳”的关系。与仰韶文化中、晚期，龙山文化，二里岗早、晚期各文化阶段相比，垣曲盆地内聚落数量最多的是在二里头晚期，考古工作人员调查获得属于这一时期的聚落数量共有 47 处。④ 考古工作者还以豫西二里头文化二里头类型和晋南二里头文化东下冯类型四期为标尺，把垣曲盆地二里头遗物分为二里头文化早期和二里头文化晚期两大阶段，这一时期的

① 中国国家博物馆考古部编著:《垣曲盆地聚落考古研究》,科学出版社 2007 年版,第 360 页。

② 中国国家博物馆田野考古研究中心等:《垣曲商城(二)(上)1988—2003 年度考古发掘报告》,科学出版社 2014 年版,第 5 页。

③ 中国国家博物馆考古部编著:《垣曲盆地聚落考古研究》,科学出版社 2007 年版,第 379 页。

④ 中国国家博物馆考古部编著:《垣曲盆地聚落考古研究》,科学出版社 2007 年版,第 343 页。

聚落分布数量多、密度大，是垣曲盆地内自史前至夏商阶段数量最多的一个时期，亦即盆地内古代文化最为繁盛的时期。[①] 具体地说，二里头文化早期之际，垣曲盆地内仅口头、涧溪、万家窑、石家岭、古城西关、河堤 6 处聚落，数量极少，但到了二里头文化晚期之际，聚落数量明显增加达 47 处之多，这四十余处二里头文化晚期聚落分别为黄河北岸的河堤、白泉、板家河、北关家、西滩、寨里、古城南关、东寨、芮村、南关家等 10 处，亳清河流域的清源、后湾、口头、龙王崖、硖里、东交斜、文家湾、西王茅、北河、上亳城、丰村、小赵、宁家坡等 13 处，沇河流域的河西、刘村、河北、西沟、北羊堡、柏沟（北）、丁家庄、东石、沇东、柴家沟、峪子、南堡头、北窑庄等 13 处，韩家河流域南蒲 1 处，西阳河流域河东、荀古垛、堤沟、硫磺沟等 4 处。[②] 这些二里头晚期的聚落以亳清河流域为中心向四周大为扩张，并遍布于黄河、亳清河、沇河、韩家河、西阳河等呈放射状分布的干支流水系之上。由于地理地貌环境的制约和人们的社会组织机构的关联，这些聚落可因所处的不同地域范围和相互联系而区分为不同的聚落群。从目前的资料看，可分为龙王崖、丰村、古城南关、芮村 4 个大的聚落群，分别以龙王崖、丰村、古城南关和芮村为中心聚落，这 4 处中心聚落面积较大，规格较高，显著区别于那些中小型聚落。[③] 垣曲盆地内的这些聚落群均呈现以大型聚落为中心，中小型聚落散布在周围的基本布局，显示了各聚落群内部的大、中、小型聚落之间极其密切的联系。[④] 这样的聚落分布特征，与古代文献上所说的“汤地七十里”[⑤]的地理范围非常吻合。作为中心聚落的垣曲商城之下就是古城南关的二里头晚期聚落，两者早晚相叠压，由古城南关二里头晚期聚落发展而来的垣曲商城，无论布局、功能、规模、地位都是垣曲盆地内二里头晚期其他聚落无法比拟的，因而这一聚落不仅是本聚落群的中心，而且是整个盆地内的社会组织核心，亦即垣曲盆地内的最高政治中心。同时，古城南关聚落也在农业、渔猎、家畜饲养以及制陶、制石、冶铜手工业等生产领域处于领先地位。[⑥] 垣曲商城毫无疑问就是二里头晚期以来垣曲盆地诸多中小型聚落的核心。

垣曲盆地内二里头晚期聚落的繁荣至二里岗期发生了显著的改变。根

---

① 中国国家博物馆考古部编著：《垣曲盆地聚落考古研究》，科学出版社 2007 年版，第 343 页。

② 中国国家博物馆考古部编著：《垣曲盆地聚落考古研究》，科学出版社 2007 年版，第 344—346 页。

③ 中国国家博物馆考古部编著：《垣曲盆地聚落考古研究》，科学出版社 2007 年版，第 354 页。

④ 中国国家博物馆考古部编著：《垣曲盆地聚落考古研究》，科学出版社 2007 年版，第 354 页。

⑤ 徐宗元辑：《帝王世纪辑存》，中华书局 1964 年版，第 66 页。

⑥ 中国国家博物馆考古部编著：《垣曲盆地聚落考古研究》，科学出版社 2007 年版，第 362 页。

据目前的调查资料，二里岗时期的聚落数量从二里头时期的47个骤然减少到22个。① 二里岗下层时期，垣曲盆地内聚落的数量开始减少，计有河堤、白泉、北关家、西滩、寨里、古城南关、东寨、硖里、宁家坡、古城西关、南堡头(南)、堤沟等12处。聚落的分布范围主要集中于黄河沿岸，而亳清河、沇河与西阳河都只有零星分布。② 到了二里岗上层时期，聚落数量较二里岗下层时期又有所减少，其繁荣程度更远不如二里头晚期之际。垣曲盆地内二里岗上层时期的聚落，目前只发现了古城南关、陵上、南村、宁家坡、小赵、西沟、柏沟(北)、南堡头(南)、北窑庄、峪子等10处。此期聚落的分布与二里岗下层有所不同，……黄河岸边二里岗下层时期原集中分布的7个聚落减少到只有古城南关、南村、陵上3个聚落。③ 总之，从以上二里岗下层至二里岗上层时期聚落的分布状况看，这一时期聚落的分布没有二里头时期密集，聚落的数量与规模也都比不上二里头时期。二里头时期聚落的分布遍布整个垣曲盆地及四周，而二里岗时期聚落的分布范围主要集中在盆地的南部，各支流的中上游地区分布很少。④ 从垣曲盆地二里头晚期以来的聚落发生演进的历史来看，作为垣曲盆地内聚落群的中心，同时也是整个盆地内社会经济组织的核心，垣曲商城没有选择在二里头晚期盆地内聚落发展呈明显繁荣和扩张趋势时期，修筑城墙、扩展城邑，而是在垣曲盆地内数量大大减少，盆地内聚落发展出现衰退和萎缩之际，才动用大量人力、物力修筑城墙，建造宫殿，开辟道路，这一现象恐有违古今城镇发展、演变的一般规律。因此，我们对垣曲商城始建于二里岗下层晚段的年代结论，存有疑议。

最后，从二里头晚期至二里岗上、下层时期垣曲盆地内聚落群分布和移动的空间轨迹来看，垣曲商城的始建年代也不太可能是在二里岗下层偏晚阶段。考古资料显示，二里头晚期是垣曲盆地内聚落分布范围较大的一个时期，这一时期聚落的北限向亳清河中上游扩展。这一阶段内，垣曲盆地中的聚落和人口迅速膨胀，聚落的等级复杂，区域组织的规模不断壮大，可是至二里岗下层阶段，这一趋势发生了明显的改变。二里岗下层聚落的数量明显减少，其分布以古城南关(即垣曲商城，笔者注)为中心，主要收缩于黄河一线及古城南关周围不足10平方公里的地区，盆地北部和东部只见零星聚落分布。二里岗上层时期聚落的分布范围与二里岗下层时期差别不大，

---

① 中国国家博物馆考古部编著:《垣曲盆地聚落考古研究》，科学出版社2007年版，第366页。

② 中国国家博物馆考古部编著:《垣曲盆地聚落考古研究》，科学出版社2007年版，第366页。

③ 中国国家博物馆考古部编著:《垣曲盆地聚落考古研究》，科学出版社2007年版，第368页。

④ 中国国家博物馆考古部编著:《垣曲盆地聚落考古研究》，科学出版社2007年版，第370页。

仍以古城南关为中心，只是黄河沿岸的聚落数量减少，少数到达沇河中游地区。二里岗上、下层时期，聚落的分布范围比二里头时期大大缩小。[①] 由此看来，垣曲盆地内聚落的空间分布轨迹是在二里头晚期与二里岗下层之间发生根本性变化的，这一根本性的变化反映在两个方面，其一，二里岗上、下层时期垣曲盆地内的聚落数量较二里头晚期已明显减少；其二，盆地内聚落的空间变化分布轨迹由二里头晚期沿亳清河中上游向北扩大而转变为向南收缩于黄河一线，垣曲盆地内聚落收缩于黄河一线的时间应始于二里头晚期末段与二里岗下层时期之间，至二里岗上层时期盆地内黄河沿岸的聚落数量更为稀少。这是我们依据垣曲盆地内聚落空间变迁轨迹所得出的一个基本认识，如果将盆地内聚落空间变迁轨迹再与偃师商城的修建时间作一联系、比较，那么垣曲商城与偃师商城之间的兴替关系便一目了然。偃师商城发现于 1983 年，对于偃师商城的性质，很多学者都认为是汤都西亳，我们也赞同此说。杜金鹏、王学荣先生强调指出偃师商城应是商灭夏以后建造的最早的具有都城性质的城邑，偃师商城可作为划分夏、商文化的界标。[②] 因此，偃师商城的始建应该是在商汤灭夏之后。考古工作者在对偃师商城宫城北部灰沟的发掘过程中，在灰沟的底部发现了目前所知偃师商城最早的商文化遗存，它一方面具有鲜明的商文化特点，另一方面包含有浓厚的二里头文化因素。这类文化遗存的发现，使我们有充分的理由把商文化的上限推定至二里头文化第四期的时候。这是因为，在这里发现的纯粹的商文化遗存，虽然在数量上不占优势，但是它在河洛地区的出现，在曾经是夏王朝都城的二里头遗址之近旁出现，就应当标志着商人在当地的立足，亦即夏、商王朝已经更替。[③] 这一结论与孙华先生所持二里头文化前三期为夏文化，第四期为早商文化的看法相吻合。[④] 据此我们可把商文化的年代上限推进至二里头文化第四期。依此推定，二里头文化的主体是夏文化，唯其末段在时间上已进入商代早期，其内涵则以商代初年夏遗民的文化遗存为主。[⑤] 在这一前提下，垣曲盆地内二里头晚期聚落数量的大幅度减少，以及聚落空间轨迹由北向南收缩于黄河一线的变化，都很可能与此段时间内商

---

① 中国国家博物馆考古部编著：《垣曲盆地聚落考古研究》，科学出版社 2007 年版，第 390 页。

② 杜金鹏、王学荣：《偃师商城考古新成果与夏商年代学研究》，《光明日报》1998 年 5 月 15 日第 7 版。

③ 杜金鹏、王学荣：《偃师商城考古新成果与夏商年代学研究》，《光明日报》1998 年 5 月 15 日第 7 版。

④ 杜金鹏、许宏：《偃师二里头遗址研究》，科学出版社 2005 年版，第 103—108 页。

⑤ 杜金鹏、王学荣：《偃师商城考古新成果与夏商年代学研究》，《光明日报》1998 年 5 月 15 日第 7 版。

人南下河洛平原占领夏人的旧地并开始营建偃师商城有关。作为“汤始居亳”之“始居亳都”地位的变化与偃师商城，特别是商城中小城的兴建是前后紧密关联或几乎同时进行的，其中亦不排除偃师商城小城已开始修建，但汤仍居于垣曲商城的可能性，以此而论，垣曲商城距偃师商城地图上测算的直线距离为96.9公里，但揆诸实际，两地濒黄河与高山而邻，其间自垣曲盆地至河洛平原较为近捷的道路仅有东向和南向的两条。若从垣曲商城向东经河南济源再沿古轵关道南下过黄河到偃师商城，仅有147公里；若从垣曲商城直接向南经今济民渡一带过黄河到河南渑池、新安再向东至偃师商城，这条大道约有170公里，此路较古轵道稍显迂远，但不论沿上述哪条道路南下，商人都必须由垣曲盆地向南收缩于黄河一线，因为商人一旦越过黄河就可达到夏禹的旧地。从这个角度来看，垣曲商城作为“汤始居亳”之“始居之亳都”，其都城地位与性质的变化不仅与偃师商城，特别是商城中小城的兴建前后紧密关联，而且还与二里岗下层以前垣曲盆地内聚落数量与空间分布轨迹转折性的变化存在着因果关系。由此看来，垣曲商城的上限应不早于二里头四期，下限也不会晚于二里岗下层结束之际，这是我们结合二里头晚期至二里岗上、下层期之间垣曲盆地内聚落数量与空间演变轨迹对垣曲商城使用时间与性质的一个基本判断。

总之，将垣曲商城的营建年代上限推定在二里岗下层早段，即成汤开国之时，始于20世纪80年代。当时，垣曲商城的城址详细资料与垣曲盆地聚落演变资料尚未完全发表。通过对目前所见到的垣曲商城城址结构特征资料以及盆地内聚落演变历史的再考察，我们将垣曲商城的年代推定在二里头晚期与二里岗下层晚段之间，即盆地内聚落繁荣与衰退之间，这样的结论主要是基于垣曲商城城址结构特征与盆地内聚落演变的时代特点而获得的，这一结论与陈昌远先生所提出的垣曲商城始建于二里岗下层早段的看法，并不矛盾。也就是说，在垣曲商城始建年代的问题上，我们仍然坚持旧说。

第三节　垣曲商城的朝向、布局与“汤始居亳”

垣曲商城发现于1984年秋，以现存地面上长300余米的北城墙为线索，经过持续数十年的发掘，其城址布局的结构与特征，已基本揭示清楚。综合考古发掘的垣曲商城城址布局资料，我们认为这是一处具有王都性质的商代城址，其性质应为“汤始居亳”之“亳”都所在。

一、城址的朝向与夏商对峙

垣曲县北倚太行山，南据黄河，西以中条山为屏障，东接王屋山，三面群山环绕，中部低凹。在垣曲县东南，亳清河与沇西河交汇形成了一处低平的冲积扇，古城镇及其周边地区就位于这一冲积扇的肥田沃土上，垣曲商城（图 4-4）所在的古城镇一带与垣曲其他地区相较，地势虽低，但此城的选址位于古城镇南亳清河与黄河之间陡起的黄土台地上，台地高出亳清河河滩约 55 米，高出黄河河滩约 50 米，海拔高度约在 240—250 米左右。台地之上北高南低，西部略平坦，与鸡笼山等丘陵相连。其余三面环水，东北部有亳清河，东部有沇西河，南部紧濒黄河。① 垣曲商城虽紧濒黄河南岸河南渑池县陡立的狮子山、黛眉山，但黄河北岸河滩却极为平坦宽阔，南关台地南缘距现黄河河谷就有 500 余米。现存的商城南城墙悬挂于台地南部断崖边，部分段落已被黄河冲毁，根据这种情况推测，黄河在这里不断向北摆动，因而北岸河滩不断加宽，而南关台地受黄河侵蚀不断北退，致使南城墙外露并被部分冲毁。亳清河与沇西河两岸均发育有三级阶地，一级为全新世，二

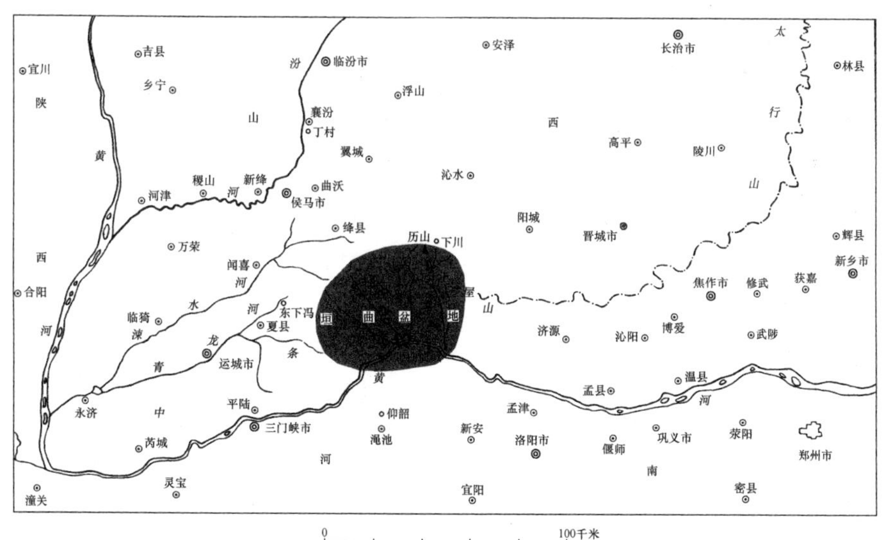

图 4-4 垣曲商城城址位置图②

① 中国历史博物馆考古部、山西省考古研究所、垣曲县博物馆：《垣曲商城（一）1985—1986 年度勘察报告》，科学出版社 1996 年版，第 4 页。

② 中国国家博物馆田野考古研究中心等：《垣曲商城（二）（上）1988—2003 年度考古发掘报告》，科学出版社 2014 年版，第 4 页。

级为中更新世末到晚更新世，三级为中更新世，基座部分为三门系，黄河亦发育在三门系上。南关高台地对于亳清河与黄河均为三级阶地，而南关商城便建筑在这一犹如天然屏障的高台地上。①

垣曲商城城址虽选择在垣曲东南亳清河下游的高台地上，但其防御的指向与重心毫无疑问是在西北方向。对此主持垣曲商城发掘的佟伟华教授曾有较为详尽的论证。佟教授认为商城城垣是顺台地西北高东南低的地势修建的，据解剖各面城墙的探沟所知，城垣修建时北墙 T5 所在的地面高程是海拔 260 米，南墙 T1 所在的地面高程是海拔 247. 5 米，南北高差 12. 5 米。城垣的高度也同样是西北高东南低，特别是在西部，更是专意挖了深池筑起高墙。此外，城址精心修筑的西南夹墙将出口朝南，设在城西南角，若站在黄河南岸略高一点的位置向北窥视，城内布局和各种防御工事一览无余，很容易败露。同时城址在整个台地上的位置偏于东南，紧濒亳清河和黄河河滩，北城墙距台地北部断崖边尚有约 300 米的距离，断崖之下即为低平的盆地，与台地的高差约 50 米，若从北部瞭望城址，恐怕连北城墙都难以望及。据此分析，这座城址坐落在黄河北岸，面向南部开放，对西北方向则尽量隐蔽，故防御的重点无疑是在西北方向（图 4-5）。② 这一看法，我们认为对认识垣曲商城的性质有着非常重要的价值。这座商城面向南开放，对西北方向则尽量隐蔽的态势，实际上反映了当时商汤灭夏前，夏、商两股政治势力在晋南隔中条山东、西对峙的真实情况。

根据现有考古资料，我们将二里头文化分为二里头、东下冯、牛角岗、杨岗、下王岗五个类型，这五个类型的二里头文化以二里头类型为主体，分布地域广阔，文化内涵丰富。除二里头类型外，东下冯类型的文化内涵仅次于二里头类型。东下冯类型以山西夏县东下冯遗址为代表，主要分布于晋南汾水下游及其支流浍水流域的临汾盆地和涑水流域的运城盆地，主要遗址有冀城感军、夏县东下冯、襄汾大柴、垣曲古城南关等。③ 东下冯类型陶器群，总体上说以夹砂陶和泥质灰陶为主，陶色不纯正的深、浅褐陶占有相当的比例（第一期时褐陶占陶器总数一半以上，从二期开始灰陶数量上升，褐陶日渐减少），黑皮陶的数量一直低于褐陶，三、四期见有极少红陶，未见白

① 中国历史博物馆考古部、山西省考古研究所、垣曲县博物馆：《垣曲商城（一）1985—1986 年度勘察报告》，科学出版社 1996 年版，第 6 页。

② 佟伟华：《商代前期垣曲盆地的统治中心——垣曲商城》，《中国历史博物馆馆刊》1998 年第 1 期。

③ 中国社会科学院考古研究所编著：《中国考古学·夏商卷》，中国社会科学出版社 2003 年版，第 91 页。

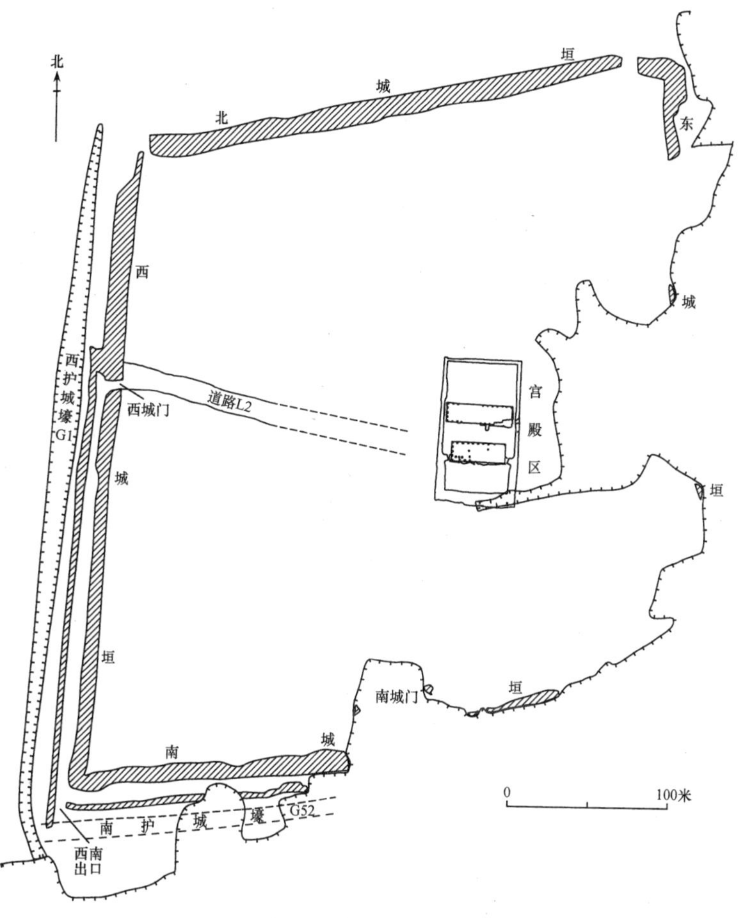

图 4-5 垣曲商城城址总平面图①

陶。纹饰自始至终以绳纹为主,此外还有弦纹、附加堆纹、拍印几何纹,罕见篮纹和方格纹。炊具有鬲、甗、斝、深腹罐、圆腹罐、鼎、甑;盛储器有高领折沿罐、大口尊、敛口瓮、蛋形瓮(分空足、平底、圈足三种)、缸、侈口深腹盆、卷沿敛口深腹盆;食器有浅腹平底盆、钵、豆,水器有双耳(或四耳)壶、捏口罐;酒器有爵、盉。其他有方杯、器盖、器座等。其与二里头类型的差别主要表现在以下方面:就陶质陶色来说,夹砂和泥质褐陶比例较大,黑皮陶数量较少;就器类来说,炊具中鬲、甗多而鼎少,酒器中未见觚、鬶,始终存在蛋形瓮,但不见三足皿,罕见刻槽盆;就器形来说,圆腹罐多设单耳、双耳或双鋬,

① 中国国家博物馆田野考古研究中心等:《垣曲商城(二)(上)1988—2003 年度考古发掘报告》,科学出版社 2014 年版,第 5 页。

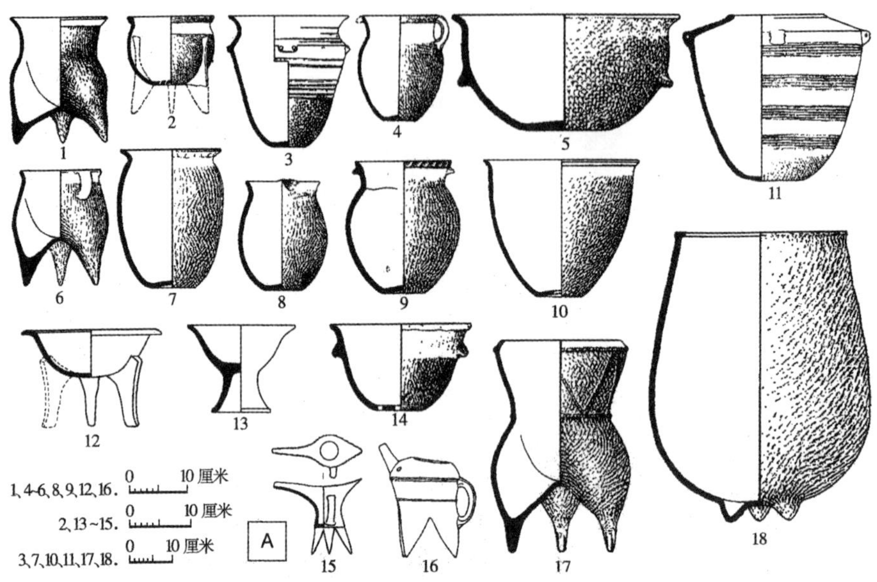

图 4-6　二里头文化东下冯类型陶器①

1. 鬲(H61:2);2. 鼎(H1:10);3. 大口尊(H418:34);4. 圆腹罐(H402:23);5. 侈沿盆(T5514④b:24);6. 鬲(H41:40);7. 深腹罐(T5532④:8);8. 捏口罐(F591:1);9. 圆腹罐(H402:1);10. 深腹盆(H528:8);11. 敛口瓮(H42:3);12. 鼎(M5:1);13. 豆(M515:1);14. 甑(H402:2);15. 爵(M401:2);16. 盉(M401:3);17. 斝(H535:15);18. 蛋形瓮(H23:2)

深腹罐、圆腹罐、盆类器一般多是底心内凹,平底或圜底的深腹罐极少,盆的口沿多翻侈而不见折沿(图 4-6)。

发掘者指出该类遗存文化面貌与二里头类型大同小异,据以提出“二里头文化东下冯类型”的命名,为考古学界所普遍接受。② 而就垣曲以西的二里头文化遗址分布而言,二里头文化主要分布在运城阎家村,夏县小王村,闻喜大泽村,河津庄头村、燕掌村,稷山西社村,新绛祁郭村、泽掌村,绛县赵村,襄汾上毛村、吉柴、北张、陈果、刘村、柴村、南村、下梁村、清储镇、单家庄、上鲁村、陈郭村,侯马乔山底、东阳呈、西阳呈、小韩、驿桥、东山底、乔村、西高,临汾大苏村、小苏村,曲沃安吉村、卫村、里村东沟、曲村、东白冢、西白集东、东容裕、南柴、西明德、安泉、东下环、东堡,翼城天马、苇沟、南石、张桥村、西王村、北木坂、马册、凤家坡、东石桥、西石桥、郭家坡、牛家坡、清

① 中国社会科学院考古研究所编著:《中国考古学·夏商卷》,中国社会科学出版社 2003 年版,第 92 页。

② 中国社会科学院考古研究所编著:《中国考古学·夏商卷》,中国社会科学出版社 2003 年版,第 91 页。

流西堡、北梁比、西王、西沟、开化、东午寄南、东午寄北、南丁、古署、南橄、贯上堡。[①] 这些遗址都分布于垣曲县中条山以西及西北区域。因此,就晋南夏、商文化的分布而言,虽然垣曲商城西隔中条山与东下冯类型的二里头文化遥相对峙,但直线距离仅有200公里,这样的对峙态势决定了垣曲商城在防守上应尽量在西北方向采取隐蔽态势。

除了东西方向的夏商对峙因素外,垣曲商城以西北方向为防御重心还受制于中条山东西垣曲盆地与运城盆地之间的交通条件。垣曲盆地内的二里岗早期商文化与运城盆地内的东下冯遗址群隔古陑山形成对峙局面。陑山,大致是指垣曲至平陆东北—西南走向的中条山段落,由于陑山山势高峻,很难翻越。若自垣曲商城为中心的垣曲盆地向西,必须沿西北—东南走向的亳清河谷,或其东侧的坂涧河谷向西北行,才能够翻越古陑山,而若将亳清河、坂涧河这两条西北—东南走向河谷走廊相比较,亳清河这条河谷走廊尽管也是西北—东南走向,但此道从垣曲县北部经横岭关、冷口沿涑水南下至夏县这个早商文化遗址集中区,则过于迂回遥远。[②] 因此,商汤灭夏桀的战争虽不选此路线行军,但作为防御方向和防御重心的确定,这条西北—东南走向的河谷通道是不能不考虑的。

坂涧河位于亳清河之西约60里,其与亳清河走向几乎完全平行,亦作西北—东南走向,发源于闻喜县石门乡上阴,入垣曲县境经毛家湾、解峪入黄河,东距垣曲商城仅17里,它是垣曲商城西又一条西北—东南走向的河谷廊道,如果从东下冯遗址的地理位置观察,其位于青龙河上游、中条山山前地带,似乎控青龙河之要段,而垣曲盆地的坂涧河源头与青龙河上源均出于一山的东、西,十分接近,所以将这两条河流源头相连接,很有可能在历史

① 中国社会科学院考古研究所编著:《中国考古学·夏商卷》,中国社会科学出版社2003年版,第86页。1. 中国社会科学院考古研究所山西工作队:《晋南二里头文化遗址的调查与试掘》,《考古》1980年第3期。2. 中国社会科学院考古研究所山西工作队:《晋南考古调查报告》,《考古学集刊》(第6集),中国社会科学出版社1989年版,第1—52页。3. 北京大学考古专业商周组、山西省考古研究所、河南省安阳、新乡地区文化局、湖北省孝感地区博物馆:《晋豫鄂三省考古调查简报》,《文物》1982年第7期。4. 北京大学历史系考古专业山西实习组、山西省文物工作委员会:《翼城曲沃考古勘察记》,《考古学研究(一)》,文物出版社1992年版,第124—228页。5. 张文君、高青山:《晋西南三县市古文化遗址的调查》,《考古与文物》1987年第4期。6. 侯马市博物馆:《山西侯马市古文化遗址调查报告》,《文物季刊》1992年第1期。7. 山西省考古研究所:《翼城四遗址调查报告》,《文物季刊》1992年第2期;山西省考古研究所编:《山西考古四十年》,山西人民出版社1994年版,第119、125页。8. 山西省考古研究所侯马工作站:《山西侯马乔山底遗址1989年Ⅱ区发掘报告》,《文物季刊》1996年第2期。

② 马保春:《由晋南二里岗期早商文化的分布论及其进入、传播》,《中原文物》2004年第6期。

时期曾经作为垣曲盆地与东下冯遗址群之间便捷的通道。因为在高山地带,这种连接山脉相对两坡源头相近的河流,然后循其基本走向形成道路的情况十分常见,比如秦岭西段的褒斜道,就是以岭北斜谷水和岭南褒河两河的走向分布的一条翻越秦岭的道路。而且,垣曲盆地的坂涧水之取名,也可以看出这条河水分布的地区,似乎有道路存在的可能。坂,为坡地,通阪,这种坡形的地貌通常是道路分布的最好选择区。羊肠坂,就是有羊肠道分布的坡地。所以,坂和道路的关系是非常密切的。① 从这个角度来看,夏县青龙河与垣曲坂涧河联接而形成的翻越古陑山即今中条山的河谷走廊,不仅承载了夏商之际,垣曲盆地与东下冯遗址间的考古学文化交流,而且汤灭夏桀军事行动也很可能选择此路线行军。因此,对亳清河西且与其平行的西北—东南走向的坂涧河谷的控制,更应是垣曲商城防御不能不加以重点关注的问题。

二、垣曲商城遗址中的宫殿区布局

自 1985 年垣曲商城遗址发现以来,经过二十年的考古发掘工作,垣曲商城的布局结构已基本搞清。

1986 年在对垣曲商城试掘以后,考古工作者首先试掘了城内东南部的居民区,居民区的发现为了解城址内各期文化遗存的面貌特征与文化分期提供了最早的一批资料。1992 年垣曲商城南部的制陶作坊区被发掘,制陶区的发现为了解当时手工业发展状况提供了宝贵资料。自 1993 年开始,考古工作人员开始对城内的大型遗址进行揭露,先后发掘了西城门、通往宫殿区的大型路沟、城内西南部的陶窑区、宫殿区西南围墙、宫殿区南部的 2 号夯土基址西北角、城址的西南出口、宫殿区北部的 3 号宫殿基址、宫殿区北半部围墙及其夯土基址。至此,垣曲商城的城址基本布局、建筑结构等问题不断被认识清楚,特别是宫殿区的发现对于说明垣曲商城的王都性质有着重要价值和特别意义。

《垣曲商城(二)》对于城址内部宫殿区的空间结构布局作了详细的记述,根据现在掌握的考古资料来看,垣曲商城的宫殿区有围墙、宫城门、大型夯土台基、庭院、排水渠等等,从城址宫殿区的整体布局来看,垣曲商城绝非一般城邑可比。垣曲商城的宫殿区南北长约 89. 8 米、东西宽约 49. 3 米,内部布局采取比较严格的左右对称形式,以主体建筑居中,周围环以高大围墙,构成一道围墙、两座台基、三处院落的整体布局,南围墙廊庑建筑正中和

① 马保春:《由晋南二里岗期早商文化的分布论及其进入、传播》,《中原文物》2004 年第 6 期。

北围墙西端各有一处门道。①

首先，宫殿区的整体结构。宫殿区位于城址中部略偏东处，属于城内核心区域，地理位置辐射全城。宫殿区是一组以夯土台基为特征的大型建筑基址群，其为左右对称的庭院式建筑群，以南北并列的两座长方形大型夯土台基建筑为中心、周围环绕高大围墙、廊庑等附属设施。夯土台基是宫殿区内最重要的建筑遗迹，是宫殿区的主体。台基居于宫殿区的中部，分为南、北两座，依排列顺序分别编号为 2 号夯土台基和 3 号夯土台基。2 号台基居前，3 号台基居后，南小北大，沿同一中心线南北向排列，布局东西对称，四周有长方形的围墙环绕。②（图 4-7）

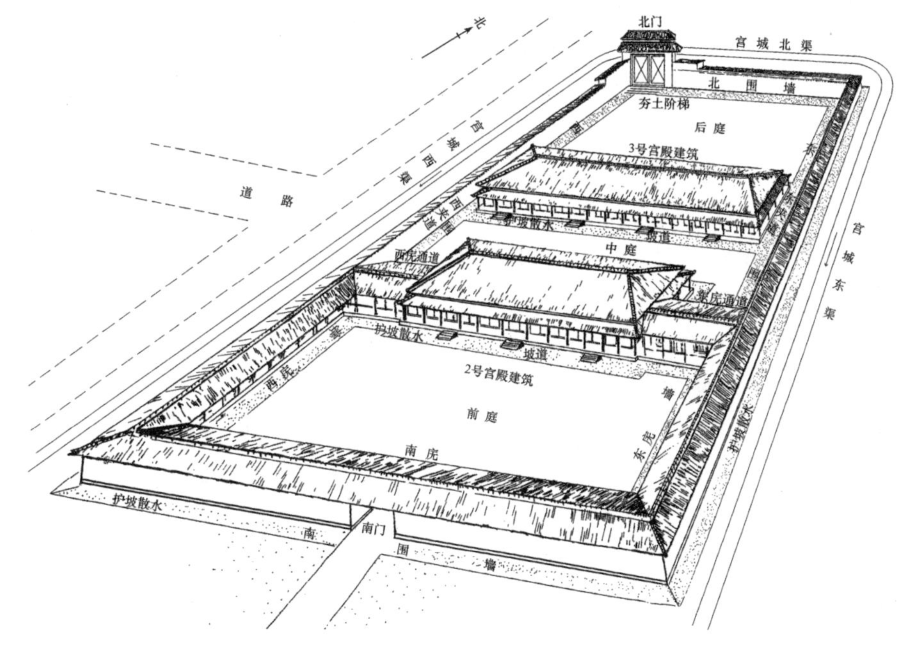

图 4-7　宫殿区建筑复原示意图③

其次，宫殿区环以围墙。围墙环绕于宫殿区外侧，平面呈较规整的长方形，分为东、南、西、北四段。西围墙全长约 87.6 米，东围墙全长约 89.8 米，

① 中国国家博物馆田野考古研究中心等：《垣曲商城（二）（上）1988—2003 年度考古发掘报告》，科学出版社 2014 年版，第 422 页。

② 中国国家博物馆田野考古研究中心等：《垣曲商城（二）（上）1988—2003 年度考古发掘报告》，科学出版社 2014 年版，第 379 页。

③ 中国国家博物馆田野考古研究中心等：《垣曲商城（二）（上）1988—2003 年度考古发掘报告》，科学出版社 2014 年版，第 425 页。

北围墙全长约47.6米,南围墙全长约49.3米,周长274.3米。各处围墙宽度不完全相同,北围墙全部,东、西围墙北段基本相等,宽2—2.5米、局部宽2.7米,南围墙全部及东、西围墙南段三段墙体明显加宽,东、西围墙宽4.7—6米、南围墙宽6—7.7米。东、西两围墙紧贴2、3号台基的东西两端修建,2号台基两侧有夯土通道与围墙相连,南、北两道围墙分别与2号和3号台基之间形成三处长方形庭院空间。① 围墙有南、北二门,此南、北二门即宫城的南、北二门。北门出口位于宫殿区西北角,北围墙西端与西围墙北端接合处,是一处角门形式的通道。南门出口位于南围墙一侧,南围墙在宫殿区的最南端,略呈东西走向,根据宫殿区左右对称布局的基本形式,南围墙中部的通道即为宫殿区的南门。②

再次,有庭院。围墙之内宫殿区2、3号夯土台基外部、围墙与廊庑之间均为平坦地面,构成宽敞规整的庭院,是当时人们室外活动的主要区域。庭院共有两处,均为长方形,南北向排列,大小不一。第一处庭院位于东、西围墙南段,南围墙与2号夯土台基之间,南北长约18米、东西宽约38米,是宫殿区的前庭;第二处庭院位于2号和3号夯土台基之间,两侧有东、西围墙,南北长约11.5米、东西宽约44米,是宫殿区的中庭;第三处庭院位于3号夯土台基与东、西、北围墙之间,南北长约26米、东西宽约43米。是宫殿最北部的一个院子,为后庭。三处庭院地表铺垫均匀并经过长期践踏,局部又多次修整的迹象。构成地面的主要原料为挑选的细白生土与料姜碎块和粉末羼合而成,具有一定的硬度并明显区别于其他土质,一般厚约0.15米。少数地点也有类似夯土的分层结构,可能为不同时期修补的结果。③

又次,有完备的排水系统。宫城使用时期,至少在围墙西、北和东侧三面都应设有专用的排水渠道G47、G49等,包括宫城西渠、北渠和东渠等渠段。雨季来临时,宫城所在之处北高南低的自然地形特征使北来的积水尽数汇聚于北围墙外侧的宫城北渠内,形成了一道有效屏障,阻断了水流南进宫城的趋势。过量的洪水再按渠道走向分别向东、西方向引流,绕经围墙东北角和西北角,由宫城东渠和宫城西渠两道支渠排放到宫殿区以外的地域,

① 中国国家博物馆田野考古研究中心等:《垣曲商城(二)(上)1988—2003年度考古发掘报告》,科学出版社2014年版,第392页。

② 中国国家博物馆田野考古研究中心等:《垣曲商城(二)(上)1988—2003年度考古发掘报告》,科学出版社2014年版,第401页。

③ 中国国家博物馆田野考古研究中心等:《垣曲商城(二)(上)1988—2003年度考古发掘报告》,科学出版社2014年版,第421页。

从而使宫城安全得到有效保证。①

最后,宫殿区内最为重要的建筑遗存是编号为2、3号的夯土台基。2号夯土台基位于宫殿区中部,是两座台基中偏南的一座。台基平面呈长方形,坐北朝南,方向182°。台基东西长约33米、南北宽约11.8米,面积约390平方米。台基南部边缘距南围墙约18米。与东西两侧围墙的间距东侧约5.7米、西侧约5.6米。夯土为深褐色,呈西北高、东南低的缓坡状,表面的夯土凹凸不平。② 2号台基上有隔墙,通过这些隔墙,长方形的大房间被分割,在建筑内构成了三个大小不等的开间,中部为略大的正堂,两侧则为略小的东、西侧室,房间进深均为6.7米,正堂面阔约11米,东、西侧室面阔约8米。③

3号夯土台基位于宫殿区中部,是两座台基中偏北的一座。台基平面为长方形,坐北朝南,方向182°,其南部与2号台基间距约11.5米、距北围墙约26米。台基东西长约41米、南北宽约11.5米,面积约470平方米。台基的东西边缘与东西两侧围墙的间距比较狭窄,东侧宽2.2—2.5米、西侧宽1.5—1.6米。夯土表面呈西北高、东南低的缓坡状,表面的夯土也凹凸不平。④ 考古工作者认为3号夯土台基与2号台基形制接近,进深基本一致,唯面阔略有加宽,属于同一结构的建筑;而且,3号台基南部边缘还有向外伸展的坡道,偏向于东侧,以宫殿区对称布局的特点来推断,台基西侧还应有同类设施。这些现象也都说明,3号台基内部也存在开间的划分。3号台基面阔40余米,以2号台基单个房间面阔8—11米的规模作参考,应划分为四个开间比较合理。⑤

对于垣曲商城宫殿区内的2、3号高台建筑之价值,我们应该有充分的认识。根据现在考古资料来看,夏商周三代宗庙都位于都城的中心位置,是城市聚落的核心,不仅如此,宗庙之设在建筑上都表现为高台建筑,有学者认为宗庙宫室类公共建筑继承了新石器时代的大房子、祭坛、龙山时代的高

① 中国国家博物馆田野考古研究中心等:《垣曲商城(二)(上)1988—2003年度考古发掘报告》,科学出版社2014年版,第422页。

② 中国国家博物馆田野考古研究中心等:《垣曲商城(二)(上)1988—2003年度考古发掘报告》,科学出版社2014年版,第403页。

③ 中国国家博物馆田野考古研究中心等:《垣曲商城(二)(上)1988—2003年度考古发掘报告》,科学出版社2014年版,第410页。

④ 中国国家博物馆田野考古研究中心等:《垣曲商城(二)(上)1988—2003年度考古发掘报告》,科学出版社2014年版,第413页。

⑤ 中国国家博物馆田野考古研究中心等:《垣曲商城(二)(上)1988—2003年度考古发掘报告》,科学出版社2014年版,第416页。

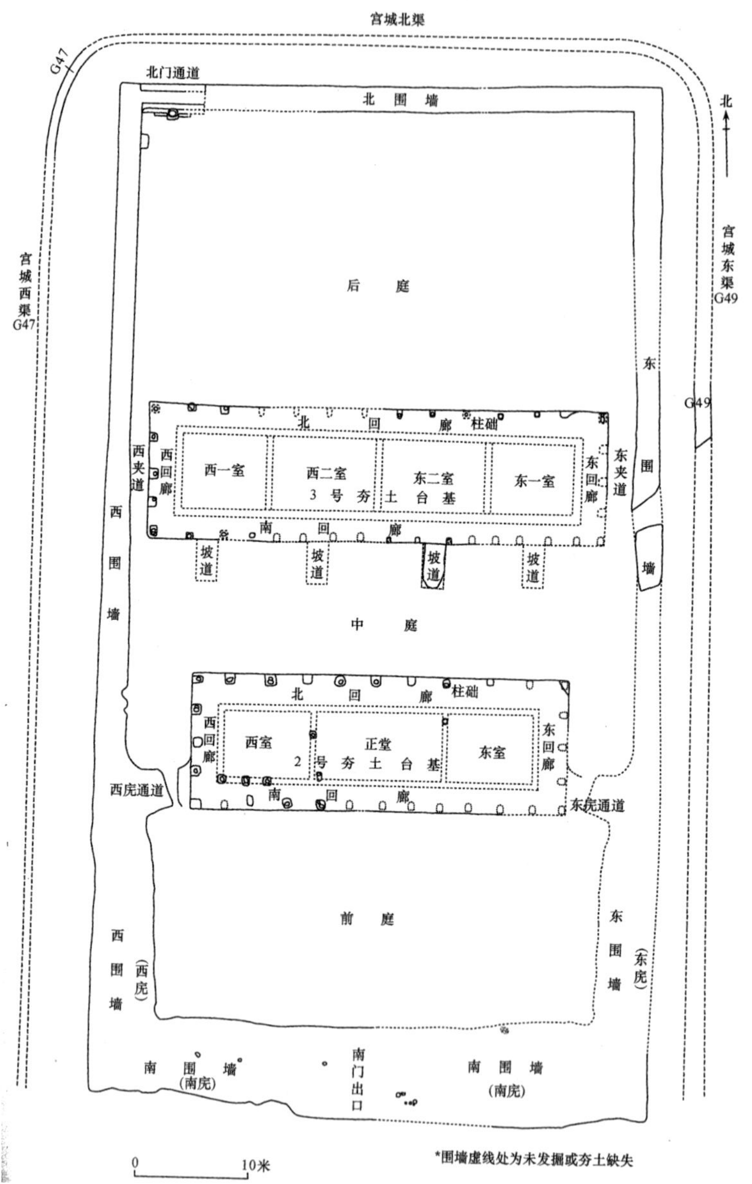

图 4-8　宫殿区建筑布局示意图①

① 中国国家博物馆田野考古研究中心等:《垣曲商城(二)(上)1988—2003 年度考古发掘报告》,科学出版社 2014 年版,第 423 页。

台建筑风格,并向更大、更高、更宏伟的方向迅速发展。这类建筑均建在人工夯筑的巨大台基之上,这种夯土台基一方面具有木构建筑所需要的较为干燥和坚固的基础;另一方面,具有突出高台建筑,形成巍峨壮观的审美效果,强化高台建筑的威严和神圣性。① 垣曲商城宫殿区内的建筑符合这一特点。(图 4-8)

由甲骨卜辞可知,在商代,宗庙不仅是祖先神主所在的祭祀场所及王的住所,它还是行使权力、发布政令的场所。② 因此,有学者认为宗庙在三代不仅是血缘组织内祭祀祖先的中心,是族权的象征,是家族的凝聚力、向心力之所在,还是政权的象征,是族权和政权结合一体的宗法制度的建筑表现形式。以宗庙为核心的城市聚落的主要功能是政治中心和宗教礼仪中心,而不是经济中心。③ 毁灭宗庙就是国家灭亡的代名词。垣曲商城宫殿区中的 2、3 号夯土台基的布局体现了垣曲商城遗址作为都城的政治、宗教礼仪功能。2、3 号台基南北并立,前后相继,特征差异暗示功能上的重大区别。2 号规模虽小但结构复杂,它以通道与周围建筑相连,地缘关系密切。2 号台基两端与围墙形成一组关系紧密的复合体,正中为大型殿堂建筑,两侧及南部与殿堂相连的宽体围墙则属于廊庑性质的设施。殿堂与廊庑建筑之间有通道往来穿梭,重心集中于中部的正殿。这种布局正体现了当时的权力组织形式:处于中央的大型殿堂显然是发布命令的核心,东、西、南庑等皆服务于这个核心区,并保证这种组织形式得以正常运行。3 号台基与 2 号台基相距不过 10 余米,建筑相对独立,以长方形结构居于宫殿区中部。它与围墙之间只有东、西两个狭长夹道,可以从中部庭院通往北部的后庭。2 号建筑居前,是进入宫殿区后的第一个正殿,处理内、外事务应是其功能的重点。3 号建筑居中,规模宏大,更可能是作为控制宫殿区及全城最高权利的首脑的居所。④

综合以上考古资料,我们认为垣曲商城无论是其外部防御态势,还是城址内部结构布局,它都不是一座内涵单一的军事城堡或军事重镇,而是一处具有王都结构、布局、建筑元素与气势的商代都城遗址,其为"汤始居亳"的亳都所在应无太大疑义。

---

① 徐良高:《夏商周三代城市聚落研究》,《三代考古(一)》,科学出版社 2004 年版,第 42 页。

② 徐良高:《夏商周三代城市聚落研究》,《三代考古(一)》,科学出版社 2004 年版,第 48 页。

③ 徐良高:《夏商周三代城市聚落研究》,《三代考古(一)》,科学出版社 2004 年版,第 48 页。

④ 中国国家博物馆田野考古研究中心等:《垣曲商城(二)(上)1988—2003 年度考古发掘报告》,科学出版社 2014 年版,第 424 页。

第四节 “汤亳葛邻”在垣曲古寨里村

“汤始居亳”究竟在何地是学术界聚讼纷纭的难题。在传统的说法中，以陕西关中的杜亳说、陕南的商州说、河南商丘北曹县一带北亳说、商丘东南谷熟一带的南亳说和偃师的西亳说，最有影响。20世纪50年代以来，先后又提出了位于河南内黄县的黄亳说，位于山东泰安市东南的博县说，位于河南郑州的郑亳说，位于山西垣曲的垣亳说，位于濮水流域的濮亳说，位于定陶之东、成武县北境的济亳说，位于商丘以北的蒙泽附近的蒙地说等。①

在上述诸说中，我们以地域为标准，将学术史上有关“汤始居亳”地望的众说之辞归纳为东方说和西方说两大类型，并以之为基础进一步讨论《孟子》“汤居亳，与葛为邻”②的葛国地望问题。

一、东方诸说与“汤居亳，与葛为邻”

丁山先生提倡的博县说，③岑仲勉先生提倡的内黄说，④田昌五先生提倡的濮亳说，⑤杜金鹏先生提倡的济亳说，⑥程平山、周军先生提倡的蒙亳说，⑦大体都可以归入商族起源东方说的范畴，而从学术发展源流的角度来考察，以广域的东方地区即豫东、鲁西南地区为“汤始居亳”所在以及商族起源的地域范围，则最早的提出者为西晋皇甫谧与近代的王国维先生。

西晋皇甫谧首创谷熟南亳说。他在《帝王世纪》中说：“殷有三亳：二亳在梁国，一亳在河南。南亳、偃师，即汤都也。（《太平御览》卷一五五引）”⑧

《史记·殷本纪》：“成汤，自契至汤八迁。汤始居亳，从先王居，作《帝诰》。”⑨

---

① 王震中：《商族起源与先商社会变迁》，中国社会科学出版社2014年版，第40页。

② 杨伯峻编著：《孟子译注》，中华书局1962年版，第147页。

③ 丁山：《商周史料考证》，中华书局1988年版，第27页。

④ 岑仲勉：《黄河变迁史》，中华书局2004年版，第95—102页。

⑤ 田昌五：《先商文化探索》，《华夏文明·第三集》，北京大学出版社1992年版，第1页。

⑥ 杜金鹏：《先商济亳考略》，《甲骨文与殷商文化研究》，中州古籍出版社1992年版，第158页。

⑦ 程平山、周军：《商汤居亳考》，《中原文物》2002年第6期。

⑧ 徐宗元：《帝王世纪辑存》，中华书局1964年版，第62页。

⑨ 司马迁：《史记》卷3《殷本纪》，中华书局1959年版，第93页。

《集解》引皇甫谧曰:“梁国谷熟为南亳,即汤都也。”[①]

《正义》引唐代地理文献《括地志》说:“宋州谷熟县西南三十五里南亳故城,即南亳,汤都也。宋州北五十里大蒙城为景亳,汤所盟地,因景山为名。河南偃师为西亳,帝喾及汤所都,盘庚亦徙都之。”[②]《正义》又说:“亳,偃师城也。商丘,宋州也。汤即位,都南亳,后徙西亳也。”[③]

西晋皇甫谧以豫东商丘南亳为“汤始居亳”的亳都所在。

近人王国维先生以汉山阳薄县,即今山东曹县为北亳。王国维先生《说亳》一文举有三证,其分别为:一,以春秋时宋之亳证之;二,以汤之邻国证之;三,以汤之经略北方证之。[④] 特别是第二条证据:“《孟子》言‘汤居亳,与葛为邻’。皇甫谧、孟康、司马彪、杜预、郦道元均以宁陵县(衡按:今仍名宁陵县)之葛乡为葛伯国。……蒙县西北之薄,与宁陵东北之葛乡,地正相接,汤之所都,自当为此。其证二也。”[⑤]王国维先生以今商丘宁陵县之葛乡为葛伯国的故地,认为“汤居亳,与葛为邻”的葛在河南商丘宁陵县境。

“汤始居亳”东方诸说虽千方百计与《孟子》中所载“汤居亳,与葛为邻”发生联系,但其立论的缺陷确是毋庸置疑的,即东方诸说缺少相应的考古学资料作为支撑。作为南亳、北亳、濮亳、黄亳、济亳等旧地所在的豫东商丘、濮阳和鲁西南等地区,在《禹贡》之中分属豫、兖、徐三州之地,这些地区河湖相间,地势低凹。“《禹贡》说河北以南,河南以东,泰山以西以及淮河一带,有着许多大湖泽,这都是内海还未完全淤塞的现象。兖州有雷夏泽(又名雷泽),在山东濮县南边。徐州有大野泽(又名巨鹿泽),在曹州一带。豫州有荥波泽(又名荥播泽)和孟潴泽(又名明都泽或盟猪泽),在荥阳、商丘一带,冀州有大陆泽在巨鹿一带。这些大的湖泽,都处在仰韶文化和龙山文化的地区之间,也就是说,把这两种文化隔离起来。后来传说黄河河口一带有九河,这就是逐渐淤塞的情况,就兖州的兖字而论,兖本身就是低地的名称。《说文解字》云:‘兖古字作台,山间陷泥地。从口,从水败貌。读若沇州之沇,九州之渥地也。’《禹贡》云:‘济河惟兖州。’这块地方,原来是内海,后来逐渐淤塞成了薮泽地带,成了低地,最后成了肥美的冲积平原。在这个冲积平原之间,形成了两条大河,一是黄河的下游,一是济水。这说明兖州原是内海中的孤岛。开发这个地区,是十分艰巨的事业,也不是一下能

① 司马迁:《史记》卷3《殷本纪》,中华书局1959年版,第93页。
② 司马迁:《史记》卷3《殷本纪》,中华书局1959年版,第93页。
③ 司马迁:《史记》卷3《殷本纪》,中华书局1959年版,第93页。
④ 王国维:《观堂集林》卷12《史林四·说亳》,中华书局1959年版,第518—522页。
⑤ 王国维:《观堂集林》卷12《史林四·说亳》,中华书局1959年版,第521页。

完全开发成功的。所以到了春秋末年，宋郑之间还有六邑的“隙地”存在（《左传》哀公十二年），这就是还没有完全开发的痕迹。”①现代地表可觅的古文化遗址，大多见于突兀隆起的台状高地之上，这些台状高地或孤土堆又被当地人称为堌堆。龙山文化由山东西南部向河南东南及安徽江苏北部发展，在那里遍处出现孤堆或高出地面五六公尺的台地，在这些孤土堆或台地上都出现了类似黑陶文化的遗物，这就说明住在这里的人民已经不再穴居了，他们是适应这个低地环境住在高出地面的孤堆或台地了。春秋时代的宋国、徐国及群舒，他们就是住在这些孤堆或台地的人民。从宋、徐、舒命名的意义看，如宋，《说文》“宋居也”，从宀像屋顶及四周墙壁，从木像屋中支柱之形。又如徐从余，甲骨文作余也正像地上建筑的屋顶及中间支柱之形，又如舒从舍，舍的本义就是屋舍，舍从余与甲骨文余形同，从口正像台地之形。这些地名或国名也就是以降丘宅土得名的。② 总之，战国以前，东方诸说所在的泰山以西，太行山以东黄河下游，淮河以北的地区多为低湿卑下的洼地，这一地区的古文明以地势较高的堌堆为依托，缓慢地发展。

“汤始居亳”东方诸说的核心地区在鲁西南和豫东商丘地区，这一地区自龙山时代以迄夏商时代，考古学文化的面貌、特点和性质基本相同，都包括河南龙山文化造律台类型、岳石文化、商文化等三个大文化期。③ 豫东商丘地区和鲁西南地区继河南龙山文化之后，曾为岳石文化的分布区。在菏泽安丘堌堆、夏邑清凉山及鹿邑栾台等遗址，都发现岳石文化直接叠压或打破河南龙山文化的地层关系。④ 继岳石文化之后，豫东商丘地区和鲁西南地区便成为二里岗上层文化的分布区。梁山青堌堆、曹县莘冢集、菏泽安丘堌堆、柘城孟庄、夏邑清凉山等遗址，都包含有典型的二里岗上层文化遗存。安丘堌堆和清凉山两处遗址，还存在二里岗上层文化直接叠压或打破岳石文化的地层关系。值得注意的是，在鲁西南地区和豫东商丘地区，作为主体存在的二里岗下层文化，迄今未曾见到。⑤ 关于岳石文化的性质，学术界普遍认为应属大汶口文化—山东龙山文化区系，是东夷族的物质遗存。宋豫秦先生依据考古类型学与其他岳石文化遗址的 C^{14} 测年数据认为，豫东商丘地区和鲁西南地区岳石文化的年代上限约当二里头文化第二期或第三期偏早阶段，下限至少晚至二里岗下层偏晚阶段。豫东商丘地区和鲁西南

① 《徐中舒先秦史讲义》，天津古籍出版社 2008 年版，第 16—17 页。

② 《徐中舒先秦史讲义》，天津古籍出版社 2008 年版，第 19 页。

③ 宋豫秦：《现今南亳说与北亳说的考古学观察》，《中原文物》1991 年第 1 期。

④ 宋豫秦：《现今南亳说与北亳说的考古学观察》，《中原文物》1991 年第 1 期。

⑤ 宋豫秦：《现今南亳说与北亳说的考古学观察》，《中原文物》1991 年第 1 期。

地区的二里岗上层文化与郑州商城和郑州白家庄的同期文化面貌基本一致,同属“二里岗型”早商文化。毋庸置疑,前者的二里岗上层文化是郑州二里岗上层文化东向发展的结果。它取代了当地的岳石文化,而绝不是由其发展而来。[①] 因此,从考古资料来看,所谓南亳、北亳旧地所在的豫东商丘地区和鲁西南地区,却是年代虽与二里头文化大体重合,但文化来源、文化面貌及其族属却与之迥然相异的岳石文化的分布区。……准此,豫东商丘地区和鲁西南地区的考古现实,与立足于二里头文化某期为早商之始和汤都偃师西亳学说基础上的河南商丘南亳说和山东曹县北亳说,至少从现阶段来看,显然是难以相合的。[②]

总之,“汤始居亳”东方诸说,由于缺少相应的考古资料作支撑,“汤始居亳”的亳都以及与其相联系的商族起源之地也不应在此区域内寻找。“汤居亳,与葛为邻”的葛地更无由在此区域内寻找了。

二、西方诸说与“汤居亳,与葛为邻”

我们把杜亳说、商州说、垣亳说、西亳说、郑亳说归入“汤始居亳”的西方诸说系统,杜亳说见于《史记·秦本纪》:“宁公二年,公徙居平阳,遣兵伐荡社。三年,与亳战,亳王奔戎,遂灭荡社。”[③]《史记·六国年表》:“夫作事者必于东南,收功实者常于西北。故禹兴于西羌,汤起于亳。”[④]《集解》引徐广曰:“京兆杜县有亳亭。”[⑤]《史记·封禅书》:“于社(杜)亳,有三社(杜)主之祠。”[⑥]《索隐》引徐广云:“京兆杜县有亳亭。则‘社’字误,合作‘于杜亳’。且据文列于下皆是地邑,则杜是县。……按:杜、亳二邑有三社主之祠也。”又引《地理志》曰:“杜祠,故杜伯国,有杜主祠四。”[⑦]《正义》引《括地志》曰:“杜祠,雍州长安县西南二十五里。”[⑧]《说文》五下高部:“亳,京兆杜陵亭也。”[⑨]以上为商汤所都之亳在陕西长安的主要依据,清代学者俞正燮力主此说。[⑩]《史记》以汤都亳地在陕西长安。而皮锡瑞、魏源等认

① 宋豫秦:《现今南亳说与北亳说的考古学观察》,《中原文物》1991年第1期。
② 宋豫秦:《现今南亳说与北亳说的考古学观察》,《中原文物》1991年第1期。
③ (汉)司马迁:《史记》卷5《秦本纪》,中华书局1959年版,第181页。
④ (汉)司马迁:《史记》卷15《六国年表》,中华书局1959年版,第686页。
⑤ (汉)司马迁:《史记》卷15《六国年表》,中华书局1959年版,第686页。
⑥ (汉)司马迁:《史记》卷28《封禅书》,中华书局1959年版,第1375页。
⑦ (汉)司马迁:《史记》卷28《封禅书》,中华书局1959年版,第1376页。
⑧ (汉)司马迁:《史记》卷28《封禅书》,中华书局1959年版,第1376页。
⑨ (清)段玉裁:《说文解字注》卷10,上海古籍出版社1981年版,第227页下。
⑩ (清)俞正燮:《癸巳类稿》卷1《汤从先王居义》,辽宁教育出版社2001年版,第24页。

为商汤所居之亳在今陕西商县,即古商州说。① 对上述商族起源陕西境内的说法,邹衡先生早已作了辨析,他认为从陕西全省来看,早商遗址与早商铜器发现很少,遗址规模不大,找不出商都的任何迹象,同时此说又多与文献抵牾,因此可以肯定,陕西杜亳说是根本不能成立的。②

西亳说认为河南偃师尸乡沟商城遗址是汤都所在。考古发掘资料显示,偃师商城经历了由小到大、由简单到复杂的建设过程,由这座城址的规模、内涵和布局来看,其重心从始至终是屡经扩建、改建的庞大宫殿(宗庙)建筑群,城内中部和北部分布着多处贵族或平民居住址,还有铸铜作坊等重要遗迹,从而毫无疑问地证明,它绝不是存在很短时间的单纯军事据点,也并非王室的离宫别馆,而是一座具有国家政治中心地位的商代早期都城遗址。③ 偃师商城的都城性质是毫无疑问的,但它是否就是“汤始居亳”的亳都呢? 邹衡先生曾举三证驳之,其中第一条证据是:西亳不与葛为邻。的确,在偃师周围百里范围内找不出一个名葛的地点。④ 因此,偃师商城不是“汤始居亳”的所在。

郑亳说的倡导者为邹衡先生。邹衡先生的郑亳说即以考古发现的郑州商城为成汤所居的亳都,其说影响深远,郑杰祥、陈旭、王立新等先生都赞同此说。为说明郑州商城即是成汤所居的亳都,邹衡先生曾举有四证:一,古代文献所见东周时期郑地之亳;二,郑州商城出土的陶文证明东周时期郑州商城名亳、亳城或亳丘;三,汤都亳的邻国及其地望与郑州商城相合;四,郑州商城文化遗址发现的情况与成汤居郑地之亳相合。⑤ 其中的第三条证据,邹衡先生强调说:“汤都亳的邻国及其地望与郑州商城相合。”⑥邹先生所说的“汤都亳的邻国”即指“葛”而言,邹先生以为南亳说和北亳说共同非难西亳说的一个铁证,就是西亳与葛地相距八百里,与孟轲所说的“与葛为邻”不合。今郑州距葛(今河南东部宁陵县)是近多了,但还是有四五百里,若要“使亳众往为之耕”仍然不便。⑦ 既然南亳、北亳、西亳都跟“与葛为邻”不合,那么邹先生所倡之郑亳说是否就能“与葛为邻”发生联系呢? 邹

① (清)皮锡瑞:《尚书大传疏证》卷3《汤誓》,第14页,光绪丙申师伏堂刊;(清)魏源:《书古微》卷6《商书》,第5页,影印光绪四年(1878)刻本。

② 邹衡:《夏商周考古学论文集》,文物出版社1980年版,第187页。

③ 中国社会科学院考古研究所编著:《中国考古学·夏商卷》,中国社会科学出版社2003年版,第217页。

④ 邹衡:《夏商周考古学论文集》,文物出版社1980年版,第191页。

⑤ 邹衡:《夏商周考古学论文集》,文物出版社1980年版,第195—203页。

⑥ 邹衡:《夏商周考古学论文集》,文物出版社1980年版,第200页。

⑦ 邹衡:《夏商周考古学论文集》,文物出版社1980年版,第200页。

先生文中提到:郑地有葛,而且不止一处,例如:

《左传》桓公五年:

战于繻葛。

杜注:“繻葛,郑地。”①

《左传》隐公六年《经》文:

宋人取长葛。

杜注:“长葛,郑邑可知”。②《水经·洧水注》:

又东迳长社县故城北,郑之长葛邑也。《春秋》隐公五年,“宋人伐郑,围长葛”是也。③

《通志略·氏族略》:

葛氏,伯爵,嬴姓,夏时诸侯。今许州鄢城北三十里有葛伯城,即其地也。④

《路史·国名纪卷一》:

葛,《郡国志》:“高阳有葛城”。今郑西北有葛乡城,一名依城⑤。

又《路史·国名纪卷二》:

“葛,……在河内修武有葛伯城,葛伯墓”。《注》:“《九域志》:‘汤始征者。’”⑥

这些葛城,距郑州商城最远的也只有百多里,当然可以“使亳众往为之耕”了。⑦

邹衡先生以文献为依据,列出了郑州周边的繻葛、长葛、郑西北葛乡城、河内修武葛伯城四处“葛地”,并强调说“郑州商城附近这些葛城,其中总或有其一为孟轲所言之葛”⑧。邹衡先生并没有明确“孟轲所言之葛”的准确

① 李学勤主编:《十三经注疏·春秋左传正义》卷6《桓公五年》,北京大学出版社1999年版,第166页。

② 李学勤主编:《十三经注疏·春秋左传正义》卷4《隐公六年》,北京大学出版社1999年版,第101页。

③ 陈桥驿校证:《水经注校证》卷22《洧水》,中华书局2007年版,第521页。

④ (宋)郑樵:《通志二十略·氏族略》,中华书局1995年版,第64页。

⑤ (宋)罗泌:《路史》卷24《国名纪一·黄帝后姬姓国·葛》,《四库全书》,上海古籍出版社1987年版(文渊阁影印本),第383册,第260页下右。

⑥ (宋)罗泌:《路史》卷25《国名纪二·少昊后李姓国·葛》,《四库全书》,上海古籍出版社1987年版(文渊阁影印本),第383册,第278页下左。

⑦ 邹衡:《夏商周考古学论文集》,文物出版社1980年版,第200页。

⑧ 邹衡:《夏商周考古学论文集》,文物出版社1980年版,第200页。

地望。按照邹先生所列的四处“葛地”，其实其与郑州商城的地域关系并非“为邻”。《左传·桓公五年》的“繻葛”与《路史·国名纪卷一》中的“高阳有葛城”，其地在何处很难考证。有明确地望可考的长社县故城北长葛与河内修武葛城虽都在左传商城之南、北地区，但它们也不太可能是“汤居亳，与葛为邻”的葛地。

以郑州商城北河内修武葛伯城而言，此说见于民国(1931年)《修武县志》。《修武县志·卷二·舆地》“周葛伯城”条下载：“周葛伯城，故址无考。《路史·国名纪》：葛，鲁附庸，齐昭公母葛嬴。在河内修武有葛伯城、葛伯墓。《注》：《九域志》：‘汤始征者。’”①河内修武葛伯城说不仅出现很晚，而且即便是《修武县志》的编纂者也认为不可信，“案：王存《九域志》原本无汤始征者语，盖南渡后诸人附以古迹之本。”②若以今郑州商城为坐标，向北到焦作修武县境内，不仅要越过天堑黄河，而且还要经现在武陟县向北行，两地距离七十余公里，不仅与孟子说“与葛为邻”不合，而且要“使亳众往为之耕”几乎仍是不便之事，因此，河内修武葛伯城不太可能是《孟子》中所说的“汤居亳，与葛为邻”③的葛地。

以郑州商城南的长葛而言，《左传》隐公六年《经》文记载“宋人取长葛”。此长葛与古葛伯国很难说是一回事。《通志·氏族略》谓许州郾城北30里有葛乡城，葛伯为夏时诸侯，以此夏时诸侯来讨论商代葛国地望，其本身就很难据地印证孟子所记“汤居亳，与葛为邻”的史实。因为郑州商城到郾州其间还有新郑县，再向南方才是长葛，距汽车考察里程测算，在不绕路的情况下，郑州商城与长葛南北相距68公里。因此，很难说明长葛就是古葛伯国。“长葛，相传为上古葛天氏故址。据考古发现，境内有多处裴李岗文化遗址，早在7000年以前的新石器时代早期，先民已在这里繁衍生息，从事畜牧、农耕等生产活动。长葛其名，始见于《春秋·鲁隐公五年(公元前718年)》‘宋人伐郑围长葛’。战国魏建长社城于其南，秦行郡县制，置长社县。东魏武定七年(549年)迁长社治于颍阴，后改颍川县。隋开皇六年(586年)置长葛县(县城在今老城镇)。唐、宋、元、明、清、民国，长葛建置一直未变。1960年县城迁于和尚桥镇。”④此长葛与孟子所说的葛伯毫无关系。如果此地不是古葛伯国，那么许州南郾城北三十里的葛伯城，《路史》认为是夏时诸侯，恐怕更不能说是孟子所说的与“葛为邻”的葛伯所在。

① (清)蕉封桐修，萧国桢纂：《修武县志》卷2《舆地》，成文出版社1976年版，第60页。

② (清)蕉封桐修，萧国桢纂：《修武县志》卷2《舆地》，成文出版社1976年版，第61页。

③ 杨伯峻编著：《孟子译注》卷6《滕文公章句下》，中华书局1960年版，第147页。

④ 郭宪周总纂：《长葛县志》，生活·读书·新知三联书店1992年版，第1页。

《孟子》书中记载“汤居亳，与葛为邻”，“汤使亳众往为之耕”①。从郑州商城亳地到长葛或郾城北三十里之葛伯，约有百余里，一天的时间是很难走到的，即便是勉强走到又怎么能使亳众往为之耕呢？同时又怎么能去送饭吃呢？而且还有一童子，正把饭和肉送给耕田的人，葛伯把他杀了将饭和肉统统夺去，《书经》所谓“葛伯仇饷”。试想一下这些事实，一个童子怎么能走六十余公里的路程呢？至于《路史·国名纪》谓郑州西北有葛乡城，一名依城，并没有具体的地理方位，也没有更多的材料来说明，因此，更无法使人确信。总之，“汤居亳，与葛为邻”的葛国地望不会在今郑州商城周边，郑州商城也不是“汤始居亳”的亳都所在。

三、“汤亳葛邻”在垣曲古寨里村

“汤居亳，与葛为邻”其说见于《孟子·滕文公下》。孟子曰：“汤居亳，与葛为邻，葛伯放而不祀。汤使人问之曰：‘何为不祀？’曰：‘无以供牺牲也。’汤使遗之牛羊。葛伯食之，又不以祀。汤又使人问之曰：‘何为不祀？’曰：‘无以供粢盛也。’汤使亳众往为之耕，老弱馈食。葛伯率其民，要其有酒食黍稻者夺之，不授者杀之。有童子以黍肉饷，杀而夺之。《书》曰：‘葛伯仇饷。’此之谓也。为其杀是童子而征之，四海之内皆曰：‘非富天下也，为匹夫匹妇复雠也。’‘汤始征，自葛载’，十一征而无敌于天下。东面而征，西夷怨；南面而征，北狄怨，曰：‘奚为后我？’民之望之，若大旱之望雨也。归市者弗止，芸者不变，诛其君，吊其民，如时雨降。民大悦。”②

《孟子·滕文公下》中“汤居亳，与葛为邻”的记载，应该是战国时候孟子的闻见，因此，也是可信的。“汤居亳”，不仅与葛国为邻，而且为助葛伯农耕，汤使亳地的百姓去替葛伯耕种，不仅如此，汤还派老弱的人给耕种者送饭。而葛伯还对送饭者进行了抢夺，杀掉了不肯交出所带酒菜好饭的孩童。这就是文献上所谓的“葛伯仇饷”，所以“汤始征，自葛载”。这些都说明“汤亳葛邻”不应相去太远，否则“老弱馈食”，“童子以黍肉饷”的说法是难以成立的。从这个角度来看，宁陵、长葛与亳相距都在百里以上，“老弱馈食”与“童子馈食”是绝无法做到的。清人已经意识到了此问题，故清代《山西通志·卷五十·古迹考一》“汤都于亳在垣曲”条下指出：“孟子曰：‘汤居亳，与葛为邻。’世传亳州为亳，长葛为葛，固谬妄不足与辨，传记所载称亳者三：谓亳在谷熟者，皇甫谧也；谓亳在蒙县者，杜预也；谓亳在偃师者，

① 杨伯峻编著：《孟子译注》，中华书局1962年版，第148页。

② 杨伯峻编著：《孟子译注》卷6《滕文公章句下》，中华书局1960年版，第147—148页。

郑康成也。称葛者二:一云宁陵有葛伯国;一云郾城有葛伯城。嘻!何亳与葛之多也。盖尝考之谷熟,今夏邑也,然考城亦名谷熟。蒙,大小二,大者在商丘北,小者在商丘南,于彼于此,茫无却指,果可信乎?《归德志》称帝喾都商丘之亳城,汤自商丘迁焉。《河南志》又称偃师县帝喾所都也,成汤居西亳即此。其在《左传》帝喾封其子阏伯于商丘,以主大火。是以有阏伯之台、之墓、之庙。既封其子又作之都,于理非宜,且既都商丘,何为又庙偃师?是二都矣,偃师最西,去景山不远,说者引‘景员维河’以实之。按黄河自潼关而下入阌乡界,经灵宝、陕州、渑池、新安、孟津诸县以达于开封,不闻经偃师也,所谓员河者安在?偃师近景山而不名景亳,蒙城无景山而名景亳,所不解也。若其谓宁陵有葛国者,所以实亳在商丘之说也。然宁陵实宁城,非葛乡,盖说者妄也。郾城去三亳甚远,安得有葛?盖起于好事者欲以葛城在偃师,证成偃师之为亳,而偃、郾音近,讹以传讹,遂蔓及之耳。《括地志》曰汤冢在北亳,《皇览》曰在济阴亳县,而刘向直谓汤无葬处,是皆不可信,则偃师之墓亦为伪也。孔安国以桐为汤葬地,郑康成谓桐地有王离宫,皆不得其实。而晋《太康地记》云尸乡有亳坂,东有城为太甲所放处。信斯言也,若之何其不名桐?而自秦以来,所谓桐乡者乃在逼近垣曲之闻喜耶?”①由此看来,《孟子》中所说:“汤居亳,与葛为邻”的葛国地望不应在宁陵、长葛,也不在郾城、偃师或郑州北,而应在山西垣曲县。

1982年10月4日,邹衡先生带领研究生刘绪沿亳清河东南行,对“汤始居亳”的亳都与垣曲古寨里村进行过考察。在古城镇商城遗址东1.5公里处,有葛伯寨,当地人又称为寨里村、寨子村。邹衡先生在《汤都垣亳说考辨》中称:“至于葛城,即所谓葛伯寨,俗称寨子村,今名寨里村,在古城镇西南约2.5公里,当亳清河入黄河处右岸,东距古城镇商代城址仅约1.5公里,南距黄河岸边约0.5公里,地势较平缓。”②邹衡先生以郑州商城为汤亳,而以距郑州商城68公里以南的长葛为亳邻,那么“这座近在咫尺的寨里村”在邹先生看来则不太可能“是什么葛城”或“亳邻”。在这里我想强调指出的是,如果以垣曲古城镇商城遗址为“汤始居亳”的亳都,那“汤亳之葛邻”就应该在其东1.5公里的垣曲古寨里村。寨里村位于黄河北岸,南与渑池县南村隔河相望,东与东滩村土地相连,西与西滩村为邻,北靠鸡笼山与莘庄村交界,葛伯寨建于高出黄河50多米的黄土悬崖上,东西长2.1公里,南北宽1.9公里,面积4平方公里,由于小浪底水库的修建,此村现已全

---

① (清)曾国荃等纂:《山西通志》卷50《古迹考一》,光绪十八年(1892),第27—28页。

② 邹衡:《夏商周考古学论文集》(续集),科学出版社1998年版,第205页。

部没入黄河之中。2016 年 4 月,我们在此考察,承垣曲王云洲先生惠赐数帧寨里古村的照片,附录于此(图 4-9 至 4-12)。

图 4-9 垣曲县寨里村(一)

图 4-10 垣曲县寨里村(二)

图 4-11 垣曲县寨里村(三)

图 4-12 小浪底水库淹没后的寨里村

早在 1916 年,当时的北洋政府实业部顾问、瑞典科学家安特生(J.G. Andersson)在调查矿产资源时,于垣曲县寨里村附近找到了我国第一块始新世哺乳类化石。1923 年他在地质专报甲种第 3 号上发表题为《中国北部之新生界》的论文,文中对垣曲始新世地层作了详细描述,并绘制了十万分之一的地质图。随后引起不少中外学者的重视。瑞典籍奥地利地质古生物学家丹斯基(O.Zdansky)曾在垣曲盆地进行过始新世哺乳类动物发掘,并于 1930 年发表“中国旧新生代之哺乳类化石”专著,详细记述了山西垣曲和山东蒙阴及新泰发现的始新世哺乳动物。从此,垣曲盆地及其所含的哺乳动物化石即闻名于世,沿黄河北岸测制的“河岸剖面”(River Section)也成为中、晚始新世洲际对比的地质剖面。① 不仅如此,1995 年,中国科学院在寨里村发现了世界上最早的具有高等灵长类动物特征的曙猿化石,这证明人类很可能源于中国,动摇了高等灵长类动物起源于北非的说法,这一重大发

① 吕东风主编:《垣曲古代研究》,中国社会出版社 2009 年版,第 31 页。

现举世震惊,也使寨里村闻名于世。[①] 由此看来,垣曲古城镇商城遗址西1.5公里的寨里村有着悠久的历史,绝非一般聚落可比。

1985年在垣曲寨里村内及村西北的台地上发现一处古遗址。黄河自西向东流经遗址南侧,与垣曲商城遗址位于同一台塬上,属黄河北岸的三级阶地,海拔高度265米,下临黄河河床海拔高度198米,与遗址高差67米。遗址四周为开阔的台塬,西北1公里为鸡笼山,再向西北,地势则逐渐抬升,与起伏的丘陵相连,其间覆盖着大量灌木。遗址的村内部分地势较低,南部紧濒黄河河床,村西部分地表略为平坦,地势高于村内,其西侧下临河漫滩,遗址总面积约3万平方米。2000年10月20日考古人员再次对该遗址进行了调查,亦采用地面踏查的方法,在村内及村西北台地周围追寻能够暴露的遗迹遗物,并在地表进行了钻探,了解了文化层的堆积情况。调查与发掘表明,此遗址内包含仰韶晚期、庙底沟二期、龙山文化、二里头文化晚期、二里岗下层文化各时期遗存,也是一处多重埋藏的遗址,先后有不同时期的先民在这里生活。[②] 特别是考古人员发现的二里头文化晚期至二里岗下层文化时期的聚落对我们确定"汤亳葛邻"在垣曲古寨里村极有价值。

寨里村二里头文化晚期聚落是在仰韶文化晚期、庙底沟二期、龙山文化聚落基础上发展而来的。此期聚落分为东及西北两区,西北区的台地东西约150米,南北约80米,面积约1.2万平方米。东区台地呈东西长条形,东西200米,南北70米,面积1.4万平方米,总面积约2.6万平方米。[③] 发现有侈口盆、陶器、器盖、豆座等遗物。(图4-13)

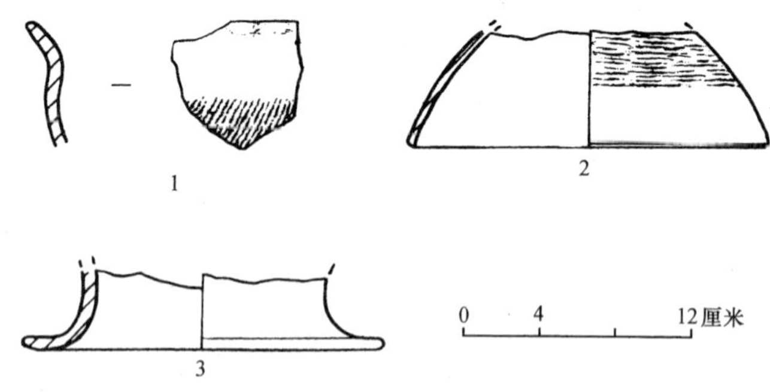

图4-13 寨里遗址二里头文化晚期陶器④

1.侈口盆(ZL:5) 2.器盖(ZL:6) 3.豆座(ZL:4)

---

① 吕东风主编:《垣曲古代研究》,中国社会出版社2009年版,第32页。

② 中国国家博物馆考古部编著:《垣曲盆地聚落考古研究》,科学出版社2007年版,第41页。

③ 中国国家博物馆考古部编著:《垣曲盆地聚落考古研究》,科学出版社2007年版,第43页。

④ 中国国家博物馆考古部编著:《垣曲盆地聚落考古研究》,科学出版社2007年版,第44页。

陶器 以夹砂灰陶和泥质灰陶为主,极少量为夹砂红陶,纹饰主要有绳纹、弦纹和刻划人字纹,主要器形有侈口盆、器盖和豆座。

侈口盆 标本1件。ZL:5,仅余口部。夹砂灰陶,卷沿,鼓腹,饰斜绳纹。

器盖 标本1件。ZL:6,泥质灰陶,腹钵形,顶部残,饰横绳纹,底径19、残高6厘米。

豆座 标本1件。ZL:4,仅余底部。泥质灰陶,素面,底径19、残高4厘米。①

二里岗下层文化时期的聚落与二里头晚期聚落范围大体一致,分为东及西北两区,西北区的台地东西约150米,南北约80米,面积约1.2万平方米。东区台地呈东西长条形,东西200米、南北70米,面积1.4万平方米。地面暴露遗物较少,台地周围有少量灰坑暴露,共采集此期陶片18片,零星散布于西北区地表,另外,在东区的围村北寨墙之内曾出土过完整的二里岗下层陶鬲1件,说明此期聚落以西区为中心,东区村内也有零星分布。(图4-14)

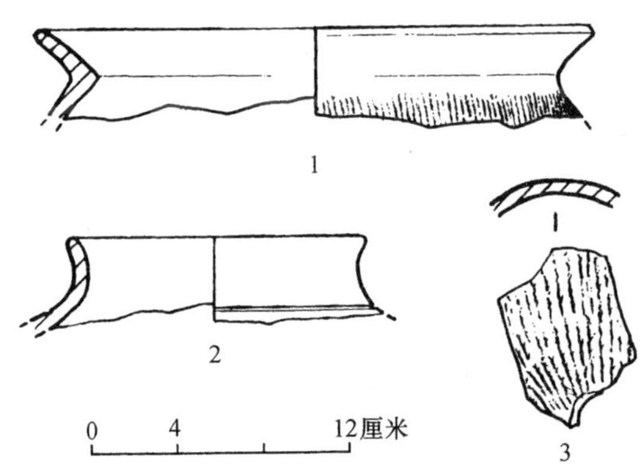

图4-14 寨里遗址二里岗下层文化陶器②

1. 侈口罐(ZL:1) 2. 小口罐(ZL:2) 3. 鬲(ZL:3)

陶器 以夹砂灰陶和泥质灰陶为主,纹饰主要有绳纹、弦纹,少部分为磨光陶。主要器形有鬲、小口矮领罐、敛口罐、侈口罐、豆等。

侈口罐 标本1件。ZL:1,仅余口部。夹砂灰陶,侈口折沿,细绳纹,口径26、残高4.5厘米。

---

① 中国国家博物馆考古部编著:《垣曲盆地聚落考古研究》,科学出版社2007年版,第44页。

② 中国国家博物馆考古部编著:《垣曲盆地聚落考古研究》,科学出版社2007年版,第45页。

小口罐 标本1件。ZL:2,仅余口部。泥质灰陶,矮领,饰弦纹,口径14、残高4厘米。

鬲 标本1件。ZL:3,仅余袋足部分。夹砂灰陶,饰细绳纹。①

垣曲古寨里村二里头文化晚期至二里岗下层文化期聚落遗址中所出土的诸多文物遗迹,为我们确定“汤亳葛邻”之古葛国的地望提供了依据。从时间上来看,垣曲寨里古聚落存续的二里头文化晚期与二里岗下层文化时期正可以与商汤灭夏前的先商文化相联系,而商汤灭夏,正是从灭葛国开始。从空间上来看,“汤亳葛邻”相距仅有1.5公里左右,孟子所说的商汤“遗葛伯牛羊”、“使亳众往为之耕”等诸事都可以合理地落实,不必如宁陵说与长葛说,使亳、葛两地相差百里以外,无从联系。因此,垣曲古寨里村应该就是《孟子·滕文公下》中所说的“汤居亳,与葛为邻”的葛伯国所在。“汤亳葛邻”在今山西垣曲古城镇古寨里村,由于可以找到二里头晚期至二里岗下层文化期的古聚落,因此,又较王国维先生的商丘宁陵说与邹衡先生许昌长葛说更为合理。

以垣曲县古寨里村为“汤亳葛邻”,最早见于《大明一统志》“葛城”条。《大明一统志·卷二十·平阳府》古迹目“葛城”条曰:“葛城,在垣曲县西南五里。汤始征葛,即此。俗名葛伯寨。”②这是文献中“汤亳葛邻”在垣曲古寨里村的最早记载。除此之外,《读史方舆纪要》、《山西通志》、《垣曲县志》等文献中,对此亦有说明:

《读史方舆纪要·卷四十一·绛州》垣曲县“邵城”条曰:“葛城,在县西南夏里,相传汤始征葛,即此。俗名葛伯寨。”③

《山西通志·卷六十·古迹》绛州垣曲县条:“葛城,南五里,距亳十五里。土人名葛伯寨。”④

《山西志辑要》引《一统志》曰:“葛城,(垣曲)县南五里,距亳十五里,土人名葛伯寨。”⑤

《山西通志·卷五十·古迹考一》又曰:“谨案《旧通志》,县南四十

① 中国国家博物馆考古部编著:《垣曲盆地聚落考古研究》,科学出版社2007年版,第44、45页。

② (明)李贤、彭时等纂修:《大明一统志》卷20《古迹》,天顺五年(1461)刻本,第19页。

③ (清)顾祖禹撰,贺次君、施金和点校:《读史方舆纪要》卷41《山西三·平阳府·绛州·垣曲县·邵城》,中华书局2005年版,第1921页。

④ (清)觉罗石麟等纂修:《山西通志》卷60《故迹》,雍正十二年(1734)刻本,第40页。

⑤ (清)雅德:《山西志辑要》,乾隆四十五年(1780)刻本。

里葛伯寨，在汤山下，相传葛伯阻兵处。据张象蒲以亳在垣曲，则葛当在此处，盖童子可以饷耕，理不得远也。”①

光绪《垣曲县志·卷一·图考》把“葛寨春耕”列为县八景之一。②“葛伯寨，在（垣曲县）治南五里。”③

垣曲葛伯寨周边的一些古地名也可以作为“汤亳葛邻”在古寨里村的证据。垣曲县有亳城，亳城村北有一块地，方百四十步，民不敢耕，传为汤誓之地。解放后，当地人才开垦耕种。亳城村东，小赵村西有一块小平原，传为“童子坪”，即葛伯杀童子处。④ 童子坪之名为后人取，杀童子处，古无人耕种，解放后才开垦为田，现为“苗圃”。⑤ 除了垣曲小赵村西的童子坪以外，还有莘庄、桐乡和汤妃墓庙。“莘庄，地处亳清河西岸，位于故城西 2 公里处。史载伊尹曾在此隐居耕田，‘伊尹耕于有莘之野，而汤王三聘之’，故名莘野，后演变为莘庄。抗日战争时期，国民党第二战区副司令长官兼前敌总指挥卫立煌曾驻此村，民国二十七年（1938 年）八路军总司令朱德与卫在此会晤。”⑥而对桐乡、汤妃墓庙的记载，则见于《山西通志》。《山西通志·卷五十·古迹考一》中说：“张象蒲《亳都辨》，唐虞夏殷故都皆在平阳境，而《旧志》记殷迁耿不及亳者，未知亳之在垣曲也。垣曲面景山，濒大河，近接葛伯寨。在五代周名亳城县，《汉书音义》称济阴亳县者，济水出济源山，而山在县东也。桐乡在其北，即伊尹放太甲处，今闻喜是也。汤陵在其西，历载祀典，今荣河是也。皆距垣不二百里，而汤妃墓庙俱在垣境，其为亳地明矣。”⑦由此看来，如果说古城镇商城遗址为“汤始居亳”的“亳”都，则近在咫尺的寨里村就是古之葛伯国，自然可以使童子饷耕，商汤灭夏，始征葛自然顺理成章，首先从征葛开始。只要就“汤始居亳”与“汤始征自葛载”进行一番历史地理考察，不难判断商汤灭夏“始居亳”的“亳”都，应是在山西垣曲商城完成的。⑧

---

① （清）曾国荃等纂修：《山西通志》卷 50《古迹考一》，光绪十八年（1892）刻本，第 28 页。

② （清）薛元钊等纂修：光绪《垣曲县志》卷 1《图考》，光绪六年（1880）刻本，第 12 页。

③ （清）薛元钊等纂修：光绪《垣曲县志》卷 2《古迹》，光绪六年（1880）刻本，第 18 页。

④ 张茂才：《垣曲建置沿革初考》，《垣曲文史资料·第五辑》，1990 年版，第 161 页。

⑤ 张茂才：《垣曲建置沿革初考》，《垣曲文史资料·第五辑》，1990 年版，第 166 页。

⑥ 垣曲县志编委会：《垣曲县志》，山西人民出版社 1993 年版，第 34 页。

⑦ （清）曾国荃等纂：《山西通志》卷 50《古迹考一》，光绪十八年（1892 年）刻本，第 27 页。

⑧ 陈昌远，陈隆文：《论山西垣曲商城遗址与“汤始居亳”之历史地理考察》，《河南大学学报（社会科学版）》2000 年第 1 期。

第五章　汤王崇拜文物遗存的历史地理考察

第一节　汤王崇拜文物遗存的主要类型

在山西晋南、河南豫西北地区遗留了大量与汤王信仰崇拜有关的历史文物遗存，这些文物遗存可以从一个侧面证明商族起源于晋南与“汤始居亳”在垣曲商城的合理性。

2014 年 4 月，我们在山西南部、豫西北地区做了野外调查，结合目前文物遗存现状与相关文献资料，可以把反映晋南、豫西北地区汤王崇拜信仰的文物遗存划分为碑刻与建筑两大类型，现分述如下：

第一类：碑刻。2014 年 4 月，在运城垣曲县王茅镇亳城村发现“圣汤故都碑”，此碑系由北京师范大学晋卫军教授提供了信息与照片（图 5-1）。“圣汤故都碑”，青石质，圆首，方座。碑身高 1.5 米，宽 0.74 米，元代致和二年（1329 年）立石，碑阳有“殷商烈祖成汤圣王居亳故都”铭文，碑阴字迹漫漶不清。我们到此调查之际，正值当地政府修建碑亭，“殷商烈祖成汤圣王居亳故都”碑现已做了很好的保护。

在“圣汤故都碑”西侧曾发现有上亳城遗址，上亳城遗址位于垣曲县王茅镇上亳城村东南、亳清河东北岸，距亳清河河心 400 米。遗址平面近长方形，依干流河道分布，亳清河在此处成西北—东南流向，遗址的长边基本与河道平行。遗址的北侧有一小型冲沟，将遗址与上亳城村现代居民区大体分开，同时构成遗址的西北部边界，东中部有一条南北走向的较大冲沟，将遗址拦腰截断，遗址分为东、西两个部分，也造成冲沟两侧较多的断崖剖面，其中西半部稍大，而东半部较小。元致和元年的“殷商烈祖成汤圣王居亳故都”石碑就立于遗址东部。除冲沟地带外，遗址所在的台地比较平坦，是亳清河流域少数几个较好的地段之一，东北部依地势略有抬升，在 1 公里外与黄土岭相接。遗址海拔高度 275—285 米，高出附近河床约 10—20 米，属亳清河北岸二级阶地。① 山西省考古所对上亳城进行全面调查表明，靠

① 中国国家博物馆考古部编著：《垣曲盆地聚落考古研究》，科学出版社 2007 年版，第 89 页。

图 5-1 圣汤故都碑

近亳清河畔的遗址区主要分布有仰韶、庙底沟二期、龙山等早期遗存以及一座战国时期的夯土城址,除此之外,还在从东部河边到距河岸较远的丘陵地带的较大范围内钻探到一座面积较大的汉文化遗址,同时,在这里发掘了多座战汉时期的墓葬。① 有学者提出上亳城遗址与“汤居亳”有关,即“垣曲北汤亳说”,但邹衡先生对此持否定态度。② 尽管在上亳城遗址中现在尚未见有商代遗存,但其南距垣曲古城镇商城遗址仅 8—9 里,而且上亳城外古城坪,方圆可千亩,中央矗立着“殷商烈祖成汤圣王居亳故都”碑。上亳城村曾有战国时期的夯土城址,既然发现了城址,那就会有城、墙、关。现在的官道北村,是亳都北关,药堰村为西关,上亳城村是南关,西沟村是东关。城墙遗址明显。汤王沟和西沟是护城河。亳都东边有一道岭,当地传说汤王曾在岭头上建了亭台楼阁,为乘凉议事之处,名乘凉寨。寨下半山腰,有一清泉,传为七年大旱时汤王的坐骑乌骓追风驹用蹄子刨出,故名“马刨泉”。③ 此虽为传说,于学术研究固不可尽信,但上亳城村一带亦不排除曾为当时商汤驻跸之处的可能性,故后代遂有此碑之置。

① 中国国家博物馆考古部编著:《垣曲盆地聚落考古研究》,科学出版社 2007 年版,第 89 页。

② 邹衡:《汤都垣亳说考辨》,《夏商周考古学论文集》(续集),科学出版社 1998 年版,第 204—207 页。

③ 垣曲县志编委会:《垣曲县志》,山西人民出版社 1993 年版,第 550 页。

第二类：建筑。主要包括汤王的神庙、行宫、戏台等建筑遗存。有学者指出目前民间遗存的成汤崇拜分雅、俗两个层次，前者以官方为主导，属历代贤王之列。后者则传承于民间，目的是为了祈雨。民间的成汤崇拜以晋豫两省为盛，尤以太行山尾间王屋山南北的晋东南及豫西北最为集中。①

从现存文物考察，成汤崇拜在该地区流传广泛而深远，至今仍保存着汤王的神庙、行宫、戏台等建筑，形成了一个流布地域相对集中、民俗标识物丰富、民俗活动传承久远的“成汤崇拜祭祀文化圈”，不论从其文化保存的完整性抑或流布的长久性来说，成汤崇拜在晋东南的民俗信仰体系中已成为独具特色的一个文化标识。② 需要进一步指出的是，段友文、刘彦两位先生所说的以汤王神庙、行宫、戏台等文物遗存为载体而形成的成汤崇拜祭祀文化圈，并非晋东南所独有，与山西毗邻的河南洛阳、焦作、安阳、济源四地也存在着广泛的商汤崇拜信仰。我们在河南洛阳、焦作、安阳、济源四地发现汤帝庙共计 32 处（见附录）。其中最早的是位于焦作沁阳山王庄万善南街的汤帝庙，该庙始建于唐代，明、清重修。现存山门、戏楼、耳房、过厅、配殿、大殿等建筑。均为硬山灰瓦顶，部分殿宇尚有脊饰，檐下有木雕装饰。③ 而汤王庙最为集中的地区在济源，共有 17 处，④其中较有影响的有五龙口镇王寨汤王庙、西关汤王庙、承留镇南姚汤帝庙、邵原镇神沟汤帝庙、邵原镇逢石村汤帝庙（表 5-1）。济源境的汤王庙大多分布在市境南侧的黄河北岸地区。若从整体上考察山西、河南两省成汤崇拜祭祀建筑的分布特征，我们就会发现这些反映汤王崇拜信仰的建筑遗址大体以晋东南的古泽州府为中心，连接河南、山西两省的毗邻地区，东北到山西长治、河南新乡与安阳，东南经山西晋城至河南济源——焦作一线，向南过黄河至河南洛阳嵩县、栾川与平顶山西部，向西北则经运城所辖垣曲、闻喜至于吕梁市文水县。这是山西、河南两省成汤崇拜祭祀建筑分布的大致范围。

---

① 段友文、刘彦：《晋东南成汤崇拜的巫觋文化意蕴考论》，《中国文化研究》2008 年第 3 期。

② 段友文、刘彦：《晋东南成汤崇拜的巫觋文化意蕴考论》，《中国文化研究》2008 年第 3 期。

③ 国家文物局主编：《中国文物地图集》，中国地图出版社 1991 年版，第 207 页。

④ 济源地区我们见到的汤帝庙遗存有：1. 承留镇南姚村汤帝庙，2. 大峪镇槐姻村汤帝庙，3. 克井镇佃头村汤帝庙遗址，4. 克井镇东许村汤帝庙，5. 坡头镇毛岭村汤帝庙遗址，6. 邵原镇白坡村汤帝庙，7. 邵原镇神沟汤帝庙，8. 圣皇岭汤帝庙，9. 五龙口镇王寨汤帝殿，10. 西关汤帝庙，11. 下冶镇北吴村汤帝庙，12. 下冶镇逢北村汤帝庙，13. 下冶镇逢掌村汤帝庙遗址，14. 下冶镇南吴村汤帝庙，15. 下冶镇三教村汤帝庙，16. 下冶镇原头村汤帝庙遗址，17. 克井镇莲东汤王庙遗址。

表 5-1　河南济源市境内现存汤王庙图

<table>
<tr><td colspan="2">承留镇南姚村汤帝庙</td></tr>
<tr><td>
汤帝殿</td><td>
舞楼</td></tr>
<tr><td colspan="2">五龙口镇王寨汤帝殿</td></tr>
<tr><td>
汤帝殿</td><td>
殿内梁架</td></tr>
<tr><td colspan="2">下冶镇南吴村汤帝庙</td></tr>
<tr><td>
汤帝殿</td><td>
殿前檐墀头</td></tr>
</table>

续表

下冶镇三教村汤帝庙	
 汤帝殿	 殿檐下砖雕墀头
 康熙五十年碑刻	 咸丰六年碑刻
 民国十六年重修碑	 民国二十八年重修碑

尽管晋、豫两省交界地带汤王信仰崇拜建筑遗存分布较为广泛，但晋东南地区毫无疑问是其中心区域所在，这个中心区域内的汤王信仰崇拜遗存可追溯到唐代，而大规模地营建汤庙则是从宋代开始的。晋东南地区的汤王庙中往往又附建有戏台等建筑设置，如晋城市阳城县北留镇郭峪村汤帝庙即是如此。阳城郭峪村汤帝庙，始建于元朝至正年间（1341—1368年），清顺治九年（1652年）又拆旧整新。后经明清多次修缮，现在殿台楼厦等建

筑基本保存完好。全庙分上下两院，上院前沿有石栏，中有石梯可通上下。北面为正殿，下院东西两面为两层楼房，上为看楼，下为住房及客房。南面上为戏台，下为山门，两旁又各有角楼，为储藏室，门外西侧有钟鼓楼。山门之上的木构挑角戏台高约15米，宽为5米，进深5.6米，左右次间楼屋为戏台的后台及化妆间、道具间，不演戏时存放社事用品。左右各建有一座歇山屋顶下厦房，低于戏楼，是戏楼的乐台，宽2.3米，进深2.2米。戏楼歇山屋顶，斗拱层层出挑，翼角高翘，色彩绚丽，迄今完好无损，堪称古建精品，是郭峪城中保存下来的最古老的建筑，也是全县最高的戏台。[①] 除了附设于汤王庙的戏台之外，汤王行宫的设置也是汤王崇拜信仰在古代建筑方面的反映，今存山西阳城县横河乡析城山村汤帝庙的《汤帝行宫碑记》详细记载了元代河南、山西两省二十一县汤帝行宫共计83处，这83处汤帝行宫分别位于山西省太原府太谷县东方村，祁县圣王泊下村、祁县团白村镇，文水县李端□镇、□盘；汾州府平遥县朱坑村；泽州府泽州城右厢、泽州左厢、南关，阳城县南右里、东社、西社、南五社、白涧固隆等11处，晋城县周村镇、大阳东社、大阳西社、李村、巴公镇，沁水县县城、土屋村等、端氏坊郭、贾封村，高平县农桂坊、□□里、城山村；绛州垣曲县蹬板村、□□镇，文喜县郝庄；平阳府翼城县楼回、吴棣村、中卫村、上卫村、南张村、北张村；沁州武乡县□□南门□岳西、五州庆，蒲州府虞乡县故市镇。河南省怀庆府沁阳县城市东、北门里、水北关、水南关、南关、东关，武陟县宋郭镇，济源县□北（下阙）、西南大社、南□村、画村，河内县清平村、东郑村、五王村、万善镇等17处，修武县西关、城内村、□河阳谷逻店，温县南门里社、南□村、招贤村、白沟□；河南府巩县石桥店、洪水镇、□田村，偃师县等。[②] 总之，汤王庙与其附设的行宫、戏台等建筑遗存，成为唐宋以来晋南、豫西北地区反映汤王崇拜信仰的主要载体，为我们深入商族起源与“汤始居亳”在垣曲商城提供了宝贵的文物资料。

李辉先生曾对晋南晋城泽州、阳城，长治长子，运城闻喜，豫北济源、焦作的12处元、明、清三代汤王庙的选址特征进行过分析调查，发现这些汤王崇拜祭祀建筑按其选址数量多少可以划分为以下三种类型：

第一种类型，此类汤王庙选址数量最少。一般多位于城镇空间之中，且不拘泥于地形起伏，多设于古代城市祠庙聚居区。济源西关汤帝庙的选址就体现了这一特点，它所处区域周边分布济渎庙、奉先观、大明寺、阳台宫等

---

① 王文涛：《郭峪村汤帝庙戏台》，《中国京剧》2006年第6期。

② 段友文、刘彦：《晋东南成汤崇拜的巫觋文化意蕴考论》，《中国文化研究》2008年第3期。

建筑群,是济源老城的市中心,选址于此对于开展日常祭祀活动提供了便利的交通条件,这种类型占调查总数的 8. 3%。(表 5-2)

表 5-2 城镇中的汤王庙

济源市西关汤帝庙位置影像	西关汤帝庙汤帝殿	西关汤帝庙山门(复建)

第二种类型,此类汤王庙选址数量次之。这类汤王庙多选择于地势平缓的村落中心,居中择址,形成了强调居中设庙的布局方式,汤王庙在这些村落中居于主体地位,承担了村落文化活动中心的功能。采取这种择址布局的有大阳汤帝庙、南姚汤帝庙、东王贺汤帝庙 3 处,占到调查对象总数的 25%。(表 5-3)

表 5-3 位于地势低缓村落中心的汤王庙

河南省济源市承留镇南姚村汤帝庙		

山西省晋城市泽州县大阳村汤帝庙		

续表

河南省焦作市博爱县东王贺村汤帝庙 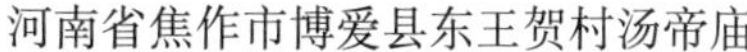		

第三种类型，此类汤王庙选址数量最多。这类成汤祭祀建筑多选址于村落周边地势高亢之处，选择这种布局方式的有：郭峪汤帝庙、下交汤帝庙、下麓汤帝庙、河底汤帝庙、玉皇庙成汤殿、南鲍村汤帝庙、西上坊汤帝庙、白家滩汤王庙，共 8 处，占调查对象总数的 66.67%。（表 5-4）

表 5-4　位于地势高亢村落周边的汤王庙

山西省晋城市阳城县北留镇郭峪村汤帝庙		

山西省晋城市泽州县川底镇下麓村汤帝庙		

山西省晋城市泽州县金村镇府城村玉皇庙内成汤殿		

这种“高台类型”的选址方式体现出商汤崇拜祭祀文化初期发展过程中，把祭祀主体建筑置于高台上的遗风。这种建筑风格传递给我们以深刻的历

史文化内涵,它从另一侧面印证了殷人在高台之上设社,并以此为祭祀祖先宗庙的事实。关于此问题,我已在第一章第二节《亳与亳社》中作过详细的说明,不再赘述。由于商族兴起于晋南垣曲一带,商人多用表示祥瑞的蒲草覆盖祭祀祖宗的宗庙建筑,这类祭祀祖先的宗庙就被称为亳,而亳又可称为蒲,故在古代文献中,常有“薄”、“亳”或“苇亳”的记载,其实都是指以蒲草覆盖为顶的宗庙祭祀建筑而言的。商代以蒲草覆盖为顶的祖先祭祀场所之所以被称为亳,从字形上看,这类建筑还有一个重要特点,那就是他们都建在高台之上。商人的祖先简狄居台即是一证。《楚辞·天问》说:“简狄在台,喾何宜”①。简狄居台,除《楚辞·天问》外,《楚辞·离骚》亦曰:“望瑶台之偃蹇(高貌)兮,见有娀(简狄母家)之佚女”②。《吕氏春秋·音初篇》亦曰:“有娀氏有二佚女,为之九成之台”③。古代文献皆言简狄居台,所以,亳应是殷人祭祀祖先高台建筑物的象征。因此,从这角度来看,今天在晋南、豫北地区广泛分布的所谓汤王庙,由于其祭祀对象为商代开国君王“成汤”,所以这些汤王庙的始创年代上限可能不会仅止于目前所见的唐宋之际,其产生的时代应该还可向上追溯,而其性质很可能是殷人祭祀祖先宗庙——亳社的遗规。

第二节 汤王庙的地域分布与形成原因

一、历代汤王庙地域分布及其空间特征

2016 年春,我们在晋南一带做了实地调查。之后,梳理了《中国文物地图集》的山西分册、河南分册以及晋豫两省各级文物部门所公布的汤王信仰文物遗存资料,这一工作使我们对历史上晋南、豫西、豫北地区,由汤王庙遗存所反映出的汤王崇拜信仰地域分布的基本规律和空间特征有了较为清晰的认识。晋南、豫北、豫西地区汤王信仰的地域分布特征从另一侧面再一次证明了“汤始居亳”在晋南以及商族起源于晋南是符合历史事实的。

《中国文物地图集》的山西分册、河南分册中共载有山西、河南两省汤王庙建筑遗存九十余处,加之晋豫两省各级文物部门所公布的资料,山西、河南两省汤王信仰建筑文物遗存共计 131 处(138 个)。我们将这百余处汤王崇拜建筑遗存按照分布地域、建造时间、修缮过程、规模大小等标准分类

---

① 董楚平:《楚辞译注》,上海古籍出版社 1986 年版,第 105 页。

② 董楚平:《楚辞译注》,上海古籍出版社 1986 年版,第 26 页。

③ 张双棣等译注:《吕氏春秋》,中华书局 2007 年版,第 65 页。

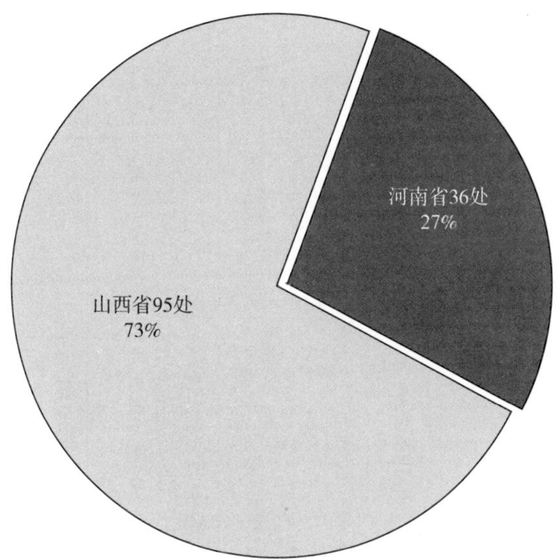

图 5-2　晋豫两省汤王信仰建筑地域分布情况

后，得到河南、山西两省汤王庙地域分布的两种图表，大体如图 5-2、图 5-3、表 5-5、表 5-6。

从上述诸图表可以看出，汤王庙主要集中分布于山西、河南两省，其他省区很少或根本没有任何反映汤王崇拜信仰的文物遗存。山西、河南两省的汤王庙遗存分布也存在着不均衡的空间特征。

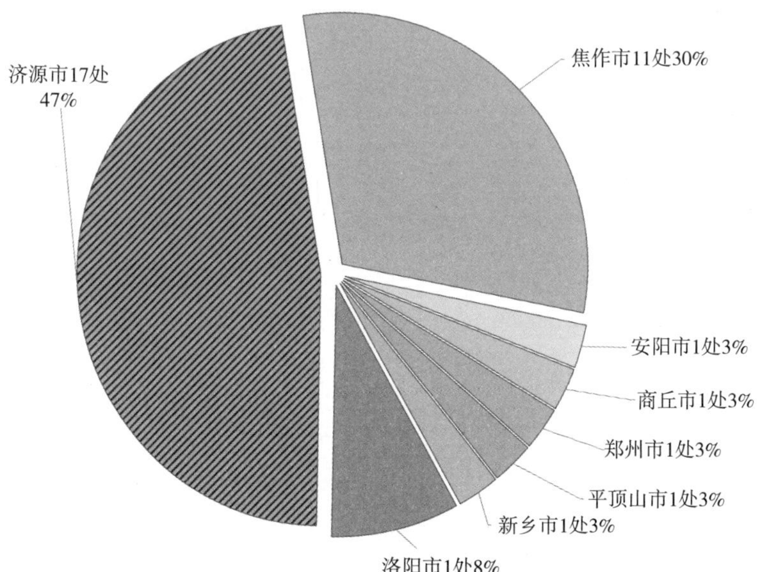

图 5-3　河南省汤王信仰建筑地域分布情况

表 5–5 山西省汤王信仰文物遗存地域分布表

区域		名称	地点	建筑与修缮时间	规模	来源①	图中编号
长治市	潞城区	黄牛蹄汤王庙	黄牛蹄乡黄牛蹄村东	创建年代不详，据题记载，清康熙二年（1663）、嘉庆年间（1796—1820）、道光四年（1824）曾予修缮。	163 平方米。一进院落布局，现仅存正殿，正殿面宽五间，进深六椽。	243	1
长治市	平顺县	安乐汤王庙	北耽车乡安乐村南	清道光四年（1824）重修。	正殿面宽三间，进深二间。	310	2
长治市	长子县	西上坊汤王庙	丹朱镇西上坊村西南	金正隆元年（1156）重修。	一进院落布局面阔五间，进深六椽。	361	3
长治市	长子县	南鲍汤王庙	丹朱镇南鲍村村后西北高地	北宋大观三年（1109）创建。	仅存大殿和献亭。	山西古建筑网	97
长治市	长子县	前万户汤王庙	丹朱镇前万户村	始建年代不详，现存大殿为元代遗构，朵殿为清代建筑。	汤王庙大殿面阔三间，进深六椽，单檐悬山顶，筒板瓦屋面，建筑面积约 90 平方米。现仅存大殿及朵殿。	山西省文物局网站	95
长治市	壶关县	骞堡汤王庙	龙泉镇骞堡村村东小学院内	创建年代不详，现存建筑为明代遗构。	坐北朝南，一进院落布局，东西长 16.8 米，南北宽 11.9 米，占地面积 200 平方米。现仅存正殿和西耳殿。	壶关县文化馆公众号	102

① 来源一栏中的数字代表《中国文物地图集（山西分册）》中的页码，详见：国家文物局主编：《中国文物地图集（山西分册）》，中国地图出版社 2006 年。

续表

区域		名称	地点	建筑与修缮时间	规模	来源	图中编号
晋城市	城区	大车渠成汤庙遗址	北石店镇大车渠村	元—清。创建年代不详。清末毁。	东西长约 25 米，南北宽约 8 米。西侧残留夯土长约 40 米，残高约 5 米。	415	4
晋城市	城区	玉苑汤帝庙	西上庄街道王谷坨村（玉苑村）	清代。创建年代不详。	占地面积 1685 平方米。一进院落布局。正殿面宽三间，进深五椽。	418	5
晋城市	高平市	康营成汤庙	马村镇康营村	明、清。创建年代不详，明崇祯八年（1635）、清雍正十一年（1733）、咸丰九年（1859）、民国十二年（1923）均有修葺。	占地面积 2130 平方米。分前后两院，前院为岱宗庙，后院为成汤庙。	430	6
晋城市	高平市	康营汤王殿	马村镇康营村康营成汤庙内	清代。	面宽三间，进深六椽。	430	—
晋城市	高平市	上马游汤王庙	原村乡上马游村中	清代。建于元至元年间（1264—1294），清顺治三年（1646）、康熙年间（1662—1722）、道光五年（1825）屡有重修。	占地面积 592 平方米。一进院落布局，正殿面宽三间，进深六椽。	432	7
晋城市	高平市	大冯庄成汤庙	北城街道大冯庄村东约 1 千米	清代。创建年代不详，清康熙十六年（1677）重修。	成汤殿面宽三间，进深七椽。	433	8

续表

区域		名称	地点	建筑与修缮时间	规模	来源	图中编号
晋城市	高平市	陈山汤王庙	原村乡陈山村西	清代。创建年代不详,清乾隆二十三年(1758)重建。	由上下两个院落组成,上院为主院,仅存正殿,面宽三间,进深六椽。	436	9
晋城市	高平市	璩庄汤帝庙	南城街道璩庄村中	清代。创建年代不详,清乾隆三十四年(1769)、嘉庆年间(1796—1820)均有修葺。	二进院落布局。正殿面宽三间,进深四椽。	436	10
晋城市	高平市	大西沟汤王庙	野川镇大西沟村	清代。创建年代不详。	占地面积约100平方米。正殿面宽三间,进深四椽。	437	11
晋城市	高平市	冯村汤王庙	原村乡冯村中	清代。建于明万历三十九年(1611),清乾隆、嘉庆、道光及民国11年(1922)屡有修葺。	二进院落布局,正殿面宽五间,进深四椽。	438	12
晋城市	高平市	东崛山汤王庙	马村镇东崛山村中	清代。创建年代不详,清道光二十九年(1849)重修。	一进院落布局。正殿面宽三间,进深四椽。	442	13
晋城市	高平市	西阳成汤庙	寺庄镇西阳村东	清代。创建年代不详,清光绪九年(1883)、民国三十一年(1942)重修。	一进院落布局。正殿面宽三间,进深四椽。	444	14
晋城市	高平市	马家沟汤王庙	寺庄镇马家沟村中	清代。创建年代不详。	一进院落布局。正殿面宽三间,进深四椽。	447	15

续表

区域		名称	地点	建筑与修缮时间	规模	来源	图中编号
晋城市	高平市	长平汤王庙	寺庄镇长平村北	清代。创建年代不详。	庙内现仅存正殿,面宽五间,进深五椽	447	16
晋城市	高平市	徘南汤王庙	三甲镇徘南村中	清代。创建年代不详。	一进院落布局,正殿面宽三间,进深四椽。	452	17
晋城市	高平市	北陈成汤庙	南城街道北陈村中	清代。创建年代不详。	占地面积 1200 平方米。二进院落布局,正殿面宽三间、进深五椽。	453	18
晋城市	高平市	上野川汤王庙	野川镇上野川村北	清代。创建年代不详。	占地面积约 900 平方米。中三座院落组成。正殿面宽三间,进深四椽。	455	19
晋城市	高平市	古寨汤王庙	马村镇古寨村	始建于金代泰和七年(1207)。	坐北朝南,占地面积 174 平方米,庙内有四根方形石柱,石柱上雕有龙,凤,花卉,乘龙菩萨,神仙故事等,艺术价值很高。	高平宣传公众号	103
晋城市	高平市	大周汤王庙	马村镇大周村	正殿为元代遗构,配殿具有明代风格。	占地面积约 751 平方米。汤王庙正殿面阔五间,进深三间,悬山顶,筒板瓦屋面。前檐用横跨三间的大通额,并减去明间两根檐柱,使前檐仅用四柱。檐下施斗拱,形式为五铺作双下昂,琴面假昂,昂状耍头,斗栱相隔用斜拱。	山西省文物局网站	109
晋城市	泽州县	府城成汤殿	金村镇府城村北土岗玉皇庙内	金代。	面阔三间,进深六椽。	465	20

续表

区域		名称	地点	建筑与修缮时间	规模	来源	图中编号
晋城市	泽州县	川底成汤庙	川底乡（川底镇）川底村	明、清。创建年代不详，据碑文记载，明正统六年（1441）、清乾隆年间（1736—1795）重修。	占地面积约2320平方米。二进院落布局，正殿面宽三间，进深七椽。	468	21
晋城市	泽州县	辛壁成汤殿	大东沟镇辛壁村太平观内	元代。	面阔五间，进深六椽。	468	22
晋城市	泽州县	下川汤王庙	柳树口镇下川村	明代。创建年代不详，明嘉靖九年（1530）重修。	占地面积约736平方米。一进院落布局，正殿面宽三间，进深四椽。	468	23
晋城市	泽州县	七干成汤庙	大东沟镇七干村	清代。创建年代不详，清顺治三年（1646）重修。	占地面积970平方米。一进院落布局，正殿面宽三间，进深六椽。	469	24
晋城市	泽州县	河底汤帝庙	大阳镇河底村	清代。创建年代不详，据碑文记载，清康熙十年（1671）重建。	占地面积820平方米。二进院落布局楼。正殿面宽三间，进深五椽。	470	25
晋城市	泽州县	葛万汤帝庙	南岭乡（南岭镇）葛万村	清代。创建年代不详，据碑文记载，创建于清康熙十三年（1674）。	占地面积580平方米。一进院落布局。汤王殿面宽五间，进深五椽，单檐悬山顶。	470	26
晋城市	泽州县	辘轳井汤帝庙	南村镇辘轳井村	清代。据碑文记载，创建于清康熙五十五年（1716）。	占地面积868平方米。二进院落布局，正殿面宽三间，进深六椽。	471	27

续表

区域		名称	地点	建筑与修缮时间	规模	来源	图中编号
晋城市	泽州县	大阳汤帝庙	大阳镇西街	清代。创建年代不详，据碑文记载，明万历及清康熙、乾隆年间均有重修。	占地面积920平方米。二进院落布局，正殿面宽五间，进深六椽。	471	28
晋城市	泽州县	成庄汤帝庙	下村镇成庄村	清代。创建年代不详，据碑文记载，清乾隆十九年（1754）重修。	占地面积650平方米。二进院落布局，正殿面宽三间，进深六椽。	472	29
晋城市	泽州县	南庄汤帝庙	大箕镇南庄村	清代。创建年代不详，据碑文记载，清乾隆四十一年（1776）重建。	占地面积999平方米。一进院落布局正殿面宽三间，进深六椽。	473	30
晋城市	泽州县	下庄汤帝庙	南村镇下庄村	清代。据碑文记载，创建于清乾隆年间（1735—1796）。	占地面积650平方米。一进院落布局，面宽三间，进深六椽。	474	31
晋城市	泽州县	蓄粮掌汤帝庙	山河镇蓄粮掌村	清代。创建年代不详。	占地面积约400平方米。一进院落布局。汤帝殿面宽三间，进深六椽。	478	32
晋城市	泽州县	辛壁成汤庙	大东沟镇辛壁村	清代。创建于金大定二十一年（1181），明弘治十四年（1501）、万历二年（1574）、清康熙二十一年（1682）屡有重修。	占地面积1935平方米。两进院落。玉帝殿面宽三间，进深五椽。四神殿面宽五间，进深六椽。	470	93

续表

区域		名称	地点	建筑与修缮时间	规模	来源	图中编号
晋城市	泽州县	重修汤帝殿碑	大东沟镇辛壁村辛壁成汤庙内	清代。康熙二十一年(1682)立石。	圆首,座佚。高1.37米。碑文楷书,记述汤帝庙创自金大定二十一年(1181),明弘治十四年(1501)、万历二年(1574)、清康熙二十一年(1682)重修庙内其他建筑及铺路砌山门等事。	470	—
晋城市	沁水县	端氏汤王殿	端氏镇端氏村内岗上	元代。创建,重修年代不详。	现仅存大殿一座,为元代建筑。石砌台基高2米,面阔九间,进深二间。	485	33
晋城市	沁水县	前沟汤王庙	龙港镇前沟村东约500米	元代。据大殿前檐西柱题记载,创建于金承安五年(1200),元代、清代均有重修。	现仅存大殿一座,大殿石砌台基,平面呈方形,高1米,殿身面阔、进深各一间。	485	34
晋城市	沁水县	上苏庄汤王庙	龙港镇上苏庄村中	明—清。创建年代不详,明清重修。	一进院落布局。正殿面宽三间,进深四椽。	486	35
晋城市	沁水县	下苏庄汤王庙	龙港镇下苏庄村西	明—清。创建年代不详。	一进院落布局,正殿面宽三间,进深四椽。	486	36
晋城市	沁水县	西石堂汤王庙	龙港镇西石堂村中	明—清。创建年代不详,清嘉庆四年(1799)、光绪元年(1875)均有重修。	占地面积1032平方米。上下两院。	487	37

续表

区域		名称	地点	建筑与修缮时间	规模	来源	图中编号
晋城市	沁水县	东村汤王庙	龙港镇东村南约100米	清代。创建年代不详,清咸丰三年(1853)重修。	一进院落布局,现仅存正殿,面宽三间,进深五椽。	490	38
晋城市	沁水县	湾则汤帝庙	龙港镇湾则村东	清代。创建于清道光十七年(1837)。	正殿面宽三间,进深五椽。	490	39
晋城市	沁水县	八里汤帝庙	郑庄镇八里村西约100米	清代。创建年代不详,清光绪十七年(1891)重修正殿。	一进院落布局。正殿面宽三间,进深二间。	490	40
晋城市	沁水县	上枣元汤帝大庙	柿庄镇上枣元村北约150米	清代。创建年代不详。	一进院落布局。正殿面宽三间,进深四椽。	492	41
晋城市	沁水县	侯村汤帝庙	郑村镇侯村中	清代。创建年代不详。	一进院落布局,面宽五间,进深二间。	494	42
晋城市	阳城县	南留成汤庙	北留镇南留村内	明代。创建年代不详。	一进院落布局,坐北朝南,汤帝殿面宽三间,进深四椽。	501	43
晋城市	阳城县	献义汤帝庙	演礼乡献义村内	清代。创建年代不详,清康熙三十七年(1698)重修。	一进院落布局,共存殿宇20余间。汤帝殿面宽三间,进深三间。	503	44
晋城市	阳城县	中庄汤帝庙	润城镇中庄村中	清代。建于清顺治八年(1651)、乾隆四十六年(1781)重修。	占地面积928平方米。二进院落布局,献殿面宽三间,进深四椽。正殿面宽五间,进深四椽。	503	45

续表

区域		名称	地点	建筑与修缮时间	规模	来源	图中编号
晋城市	阳城县	泽城汤帝庙	固隆乡泽城村中	清代。创建年代不详，据碑文记载，清乾隆十九年(1754)、道光二十二年(1867)、同治六年(1867)。	占地面积 1487 平方米。一进院落布局。献亭面宽一间，进深六椽，戏台兼作山门，面宽二间，进深七椽。	504	46
晋城市	阳城县	泽城成汤殿	固隆乡泽城村泽城汤帝庙中	清代。	石砌台基，面宽三间，进深六椽。	504	—
晋城市	阳城县	下交汤帝庙	河北镇下交村中	清代。据题记载，始建于金大安三年(1211)，清光绪十二年(1886)、十七年(1891)、二十一年(1895)均有修葺。	占地面积 2209 平方米。三进院落布局，正殿面宽三间，进深六椽。中殿面宽三间，进深四椽。	505	47
晋城市	阳城县	上桑林汤帝庙	蟒河镇上桑林村内	清代。创建年代不详。	一进院落布局。汤王殿面宽三间，进深五椽。	506	48
晋城市	阳城县	龙泉汤帝庙	董封乡龙泉村内	清代。创建年代不详。	一进院落布局，汤王殿面宽三间，进深五椽。	506	49
晋城市	阳城县	土孟汤帝庙	河北镇土孟村内	清代。创建年代不详。	一进院落布局，中轴线有舞台、汤王殿，两侧有耳殿、东西配殿。汤王殿面宽三间，进深六椽。	506	50
晋城市	阳城县	下孔寨汤帝庙	凤城镇下孔寨村内	清代。创建年代不详。	一进院落布局。汤王殿面宽三间，进深五椽。	506	51

续表

区域		名称	地点	建筑与修缮时间	规模	来源	图中编号
晋城市	阳城县	蒿峪汤帝庙	凤城镇蒿峪村内	清代。创建年代不详。	一进院落布局。汤王殿面宽三间,进深五椽。	506	52
晋城市	阳城县	西冶汤帝庙	东冶镇西冶村内	清代。创建年代不详。	一进院落布局,汤王殿面宽三间,进深三间。	506	53
晋城市	阳城县	下寺坪汤帝庙	横河镇下寺坪村内	清代。创建年代不详。	一进院落布局,汤王殿面宽三间,进深三间。	506	54
晋城市	阳城县	护驾汤帝庙	驾岭乡护驾村内	清代。创建年代不详。	汤王殿,面宽三间,进深四椽。	507	55
晋城市	阳城县	吉德汤帝庙	驾岭乡吉德村内	清代。创建年代不详。	二进院落布局汤王殿面宽三间,进深四椽。	507	56
晋城市	阳城县	南峪汤帝庙	驾岭乡南峪村内	清代。创建年代不详。	一进院落布局,汤王殿面宽三间,进深三间。	507	57
晋城市	阳城县	西封汤帝庙	北留镇西封村内	清代。创建年代不详。	一进院落布局,汤王殿面宽五间,进深五椽。	507	58
晋城市	阳城县	西神头汤帝庙	北留镇西神头村内	清代。创建年代不详。	一进院落布局,汤王殿面宽三间,进深五椽。	508	59
晋城市	阳城县	上伏汤帝庙	润城镇上伏村内	清代。创建年代不详。	一进院落布局,汤王殿面宽三间,进深五椽。	508	60
晋城市	阳城县	梁沟汤帝庙	凤城镇梁沟村内	清代。创建年代不详。	分上、下两座院落。正殿面宽三间,进深四椽。	508	61
晋城市	阳城县	三泉汤帝庙	驾岭乡三泉村内	清代。创建年代不详。	一进院落布局,汤王殿面宽三间,进深四椽。	508	62

续表

区域		名称	地点	建筑与修缮时间	规模	来源	图中编号
晋城市	阳城县	雪圪坨汤帝庙	驾岭乡雪圪坨村内	清代。创建年代不详。	一进院落布局汤王殿面宽三间，进深四椽。	508	63
晋城市	陵川县	汤庄汤帝庙	崇文镇汤庄村中	清代。创建年代不详，清道光五年（1825）重建。	占地面积1200平方米。一进院落布局，正殿面宽三间，进深三间。	519	64
晋城市	泽州县	神后汤王庙	南岭乡（南岭镇）神后村	创建于元至正年间（1341—1368年），历代均有修葺、扩建。	坐北朝南，三进院落。主要建筑有正殿（汤王殿）、东西偏殿（东为关帝庙，西为高祠）、龙王殿、蚕姑殿、药王阁、五瘟殿、库楼、东西廊、厢房、角楼等。	山西省文物局网站	94
晋城市	泽州县	坪上汤帝庙	周村镇坪上村东	始建年代不详，明弘治十四年（1501年）曾经进行了维修。	坐北朝南，现存一进院落。该庙由南至北依次为香亭、黑虎殿、正殿，两侧有山门、钟鼓楼、厢房、耳殿。	山西省文物局网站	96
晋城市	泽州县	甘润成汤大殿	巴公镇甘润村北甘霖寺内	—	—	泽州文化公众号	98
晋城市	泽州县	下麓汤帝庙	川底镇下麓村	—	—	山西省文物局网站	99
晋城市	阳城县	郭峪汤王庙	北留镇郭峪村	始建于元代至正年间（1341—1368）。	汤帝庙为九开间大殿	山西省文物局网站	100
晋城市	阳城县	封头汤帝庙	驾岭乡封头村	—	—	山西省文物局网站	104

续表

区域		名称	地点	建筑与修缮时间	规模	来源	图中编号
晋城市	阳城县	羊泉汤帝庙	芹池镇羊泉村	—	—	山西省文物局网站	105
晋城市	阳城县	王曲成汤庙	西河乡王曲村	—	—	山西省文物局网站	106
晋城市	阳城县	中寨成汤庙	西河乡中寨村	—	—	山西省文物局网站	107
晋城市	沁水县	嘉峰汤帝庙	嘉峰镇嘉峰村	—	—	山西省文物局网站	108
临汾市	翼城县	曹公村重修尧舜禹汤庙碑	西阎镇曹公村北四圣宫内	明代。嘉靖三十八年(1559)立石。	通高 1.84 米,宽 0.84 米,厚 0.21 米。额题篆书“西阎曹公重修尧舜禹汤之庙记”	875	65
临汾市	翼城县	西阎汤王庙	西阎镇西阎村	清代。清康熙二年(1663)迁建于此,道光六年(1826)重修。	二进院落布局,正殿砖砌台基,高 0.93 米,面宽三间,进深四椽,献殿面宽三间,进深四椽。	876	66
临汾市	翼城县	下交汤王庙	桥上镇下交村中	清代。正殿建于明万历二十四年(1596),清康熙十五年(1676)重建,献殿创建于清乾隆十六年(1751)。	占地面积 742 平方米。一进院落布局,戏台面宽三间,进深三间。献殿面宽三间,进深一间。	876	67
临汾市	翼城县	许村汤王庙	浇底乡(隆化镇)许村中	清代。清乾隆十三年(1748)重建,五十一年(1786)重修。	占地面积 703 平方米。一进院落布局,正殿面宽三间,进深四椽。	879	68

续表

区域		名称	地点	建筑与修缮时间	规模	来源	图中编号
临汾市	翼城县	许村重修汤王庙创建献殿碑	浇底乡（隆化镇）许村汤王庙正殿内	清代。乾隆十三年（1748年）立。	高1.32米，宽0.60米，厚0.16米。首提“重修汤王庙创建献殿碑记”，碑文楷书，记述庙宇年久失修，乡人重修使之“如旧制”等事宜。	879	
临汾市	翼城县	东亢汤王庙	隆化镇东亢村中	清代。创建年代不详，清乾隆五十四年（1789）重建。	占地面积700平方米。一进院落布局，献殿、正殿已不存。戏台面宽三间，进深四椽	880	69
临汾市	翼城县	北庙汤王庙	中卫乡北庙村中	清代。创建年代不详，清道光八年（1828）重修，光绪三十一年（1905）修葺。	占地面积116平方米。前殿、后殿均面宽三间，进深四椽。	881	70
临汾市	翼城县	南丁汤王庙	南唐乡南丁村中	清代。创建及重修年代不详。	占地面积1100平方米。一进院落布局，献殿面宽三间，进深四椽。正殿面宽三间，进深四椽。	883	71
临汾市	翼城县	西中王汤帝庙	隆化镇西中王村中	清代。创建年代不详。	占地面积1196平方米。二进院落布局。戏台面宽三间，进深二间。	883	72
临汾市	翼城县	牢寨汤王庙	隆化镇牢寨村中	清代。创建年代不详。	占地面积425平方米。一进院落布局，正殿面宽三间，进深四椽。	884	73

续表

区域		名称	地点	建筑与修缮时间	规模	来源	图中编号
临汾市	浮山县	南王禹汤庙	天坛镇南王村西约 20 米	清代。据碑文记载，元大德九年（1305）重修，清康熙年间（1662—1722）增修。	占地面积 775 平方米。一进院落布局，正殿面宽三间，进深五椽。	963	74
运城市	绛县	横东成汤庙	横水镇横东村	明代。清道光十二年（1832）维修。	占地面积 2523 平方米。二进院落布局，前殿面宽三间，进深四椽。	1149	75
运城市	垣曲县	上圪板汤圣庙	古城镇上圪板村南隅	明代。明代建筑，清代修葺。	占地 399 平方米。前殿面宽三间，进深四椽，后殿面宽三间，进深三椽。	1172	76
运城市	垣曲县	下亳圣汤故都碑	王茅镇下亳村	元代。致和二年（1329）立石。	青石质，圆首，方座。碑身高 1.5 米，宽 0.74 米。碑阳“殷商列祖成汤圣王居亳故都”铭文，碑阴字迹漫漶不清。	1174	77
运城市	闻喜县	汤王山汤王庙	石门乡白家滩村西约 2.5 公里的中条山主峰汤王山之巅	山门匾题为清道光十年（1830）建造。	占地面积约 650 平方米。坐南朝北。整体布局随山势呈不规整的六边形，东西两边较长，南北两边较短。庙内建筑皆为石条垒砌而成，现存有汤王殿、土地殿、圣母殿、龙王塔、山门和围墙等。	—	101
吕梁市	文水县	下曲汤王庙	下曲镇下曲村中	清代。创建年代不详。	占地面积 267 平方米。一进院落布局，正殿面宽三间，进深三间。	1215	78

表 5-6　河南省汤王信仰文物遗存地域分布表

区域		名称	地点	建筑与修缮时间	规模	来源①	图中编号
洛阳市	嵩县	饭坡汤王庙	饭坡乡(饭坡镇)饭坡村	始建于明,清代重修。	尚存正殿一座,系清代建筑。面阔三间,硬山灰筒瓦顶,有脊兽	149	79
洛阳市	栾川县	汤池沟村创建汤王殿并舞楼行述碑	潭头乡(潭头镇)汤池沟村	清乾隆十五年。	高 1.49 米,宽 0.53 米,厚 0.10 米	158	80
济源市		王寨汤帝庙	辛庄乡(五龙口镇)王寨村	始建年代失考,明万历三十八年(1610 年)重修。	现存汤帝殿一座,面阔、进深各三间,悬山灰瓦顶,檐下施斗拱。	173	81
济源市		西关汤帝庙	市区西关(济水街道)	始建年代不详,明、清重修。	现存汤帝殿一座,面阔、进深各三间。	175	82
济源市		南姚汤帝庙	承留乡(承留镇)南姚村	创建年代失考。明景泰六年(1455 年)、清乾隆五年(1740 年)、道光十九年(1839 年)重修。	左右配殿各三间。	175	83
济源市		神沟汤帝庙	邵原乡(邵原镇)神沟村	始建年代不详,清代重修。	现存戏楼、正殿和西配殿。正殿面阔三间,进深三间,悬山灰瓦顶,有脊饰。	177	84
济源市		逢北汤帝庙	下冶乡逢北村	始建年代不详,明、清重修。	现有山门、汤帝庙、左右配殿等清代建筑。	177	85

① 来源一栏中的数字代表《中国文物地图集(河南分册)》中的页码,详见国家文物局主编:《中国文物地图集(河南分册)》,中国地图出版社 1991 年版。

续表

区域		名称	地点	建筑与修缮时间	规模	来源	图中编号
济源市		三教汤帝庙	下冶镇三教村	始建于清代，于2009年复建。	整体建筑坐北朝南，现存正殿和东配殿两座建筑。	—	110
济源市		南吴汤帝庙	下冶镇南吴村	始建于清代，后代又重修。	现仅存一座建筑，坐北朝南。	—	111
济源市		佃头汤帝庙遗址	克井镇佃头村	始建于清代，后损毁，现存建筑为现代重修。	该建筑面阔五间，进深一间。	—	112
济源市		东许汤帝殿	克井镇东许村文化广场北部	始建年代不详，现存建筑为明代。	—	—	113
济源市		莲东汤王庙遗址	克井镇莲东村西部	始建年代不详。	—	微信公众号：https://mp.weixin.qq.com/s/f3ALNrc-KtwgjLkUY7-n8Zig	114
济源市		毛岭汤帝庙遗址	坡头镇毛岭村西	始建于清代，现汤帝庙为原址重建。	—	—	115
济源市		白坡汤帝庙	邵原镇郝坡村	始建于清代，具体不详。	现存汤帝大殿和戏台。	—	116
济源市		北吴汤帝庙	下冶镇北吴村	始建于清代，具体不详。	现存汤帝殿，东西厢房和二掖房。	—	117
济源市		逢掌汤帝庙遗址	下冶镇逢掌村	始建于清代，后损毁，于2000年复建。	—	—	118

续表

区域		名称	地点	建筑与修缮时间	规模	来源	图中编号
济源市		大峪槐姻庙汤帝殿	大峪镇槐姻村北部	始建年代不详。	现存三座建筑,北为汤帝殿,东有药王殿,西有广生殿。	微信公众号:https://mp.weixin.qq.com/s/SIsvt9ljv-Mw__URte-1NJw	119
济源市		圣皇岭汤帝庙	五龙口镇孔山圣皇岭	始建年代不详。	—	—	120
济源市		原头汤帝庙遗址	下冶镇原头村东	原头汤帝殿始建于金章宗泰和四年(1244)。	坐北朝南,原建筑已毁,现庙在原基础上重新修建,水泥基础。	—	131
焦作市	中站区	府城村重修成汤庙碑	朱村乡(府城办事处)府城村北	始建于清代,具体不详。	碑半掩地下,尺寸及立碑年号不详。	168	86
焦作市	博爱县	东王贺汤帝庙大殿	孝敬乡(孝敬镇)东王贺村北	元代,明代和清康熙三十六年(1697)重修。	大殿面阔、进深各三间,单檐歇山灰瓦顶。	189	87
焦作市	博爱县	上屯成汤庙	柏山乡(柏山镇)上屯村	始建于元元贞元年(1295),明、清重修。	现存大殿和配殿各一座。大殿面阔、进深各三间,配殿面阔三间,进深二间。	189	88
焦作市	博爱县	上屯村创建成汤庙碑	柏山乡(柏山镇)上屯村上屯成汤庙内	元元贞元年(1295)。	高 1.74 米,宽 0.77 米,厚 0.25 米。	189	—
焦作市	武陟县	商村商王庙碑刻(3 通)	乔庙乡(乔庙镇)商村东	北宋绍圣四年(1097)。	高 1.33 米,宽 0.63 米。楷书 20 行,行 49 字。	195	89

续表

区域		名称	地点	建筑与修缮时间	规模	来源	图中编号
焦作市	—	—	—	元皇庆二年(1313)。	高1.15米,宽0.66米。楷书24行,行29字。	195	—
焦作市	—	—	—	元泰定元年(1324)。	高2.05米,宽0.77米。碑文楷书21行,行39字。	195	—
焦作市	沁阳市	万善汤帝庙	山王庄乡(山王庄镇)万南村	始建于唐代,明、清重修。	现存山门、戏楼、耳房、过厅、配殿、大殿等建筑。	207	90
焦作市	沁阳市	清平村汤王庙修复碑	王曲乡清平村(太行街道清平社区)	清代,具体不详。	高1.56米,宽0.69米,厚0.19米。正文3行,足行76字。	210	91
焦作市	沁阳市	水北关汤帝庙	怀庆街道办事处水北关村西南	—	—	—	121
焦作市	沁阳市	阳华汤帝庙	怀庆街道办事处阳华村西北	创建无考,清代重修,民国年间废圮。	现仅存东西厢房、卷棚及大殿。	—	122
焦作市	沁阳市	东沁阳汤帝庙	太行街道办事处东沁阳村东	创建年代无考。	现仅存卷棚、大殿。	—	123
焦作市	武陟县	程封汤王庙遗址	谢旗营镇程封村	始建年代不详,明、清重修。	—	百度地图	129
焦作市	孟州市	姚庄汤王庙大殿	西虢镇姚庄村北小学院内	始建于明代洪武十年(1377),历代有多次修缮。	大殿坐北向南,面阔三间。	微信公众号:https://mp.weixin.qq.com/s/E3Gk3EI-DzSSp5HWcz_sZog	130

续表

区域		名称	地点	建筑与修缮时间	规模	来源	图中编号
安阳市	内黄县	汤王庙村汤王庙碑	田氏乡(田氏镇)汤王庙村	清光绪十一年(1885)。	高 2.10 米,宽 0.80 米	294	92
商丘市	睢阳区	桑庄商汤庙	坞墙镇桑庄村委桑庄村	始建于清代,2008 年在原址重修庙宇建筑。	现有建筑包括大门三间,正殿三间,东西配殿各一间。	—	124
洛阳市	嵩县	曲里汤王庙	饭坡乡(饭坡镇)曲里村	始建年代不详。	现存大殿三间。	微信公众号:https://mp.weixin.qq.com/s/D685pCs-oaix0Vzpseh5txQ	125
郑州市	巩义市	堤东汤王庙	西村镇堤东村	始建年代不详。	现存汤王宫、后殿各一座及现代增修的的建筑若干。	微信公众号:https://mp.weixin.qq.com/s/5zPuQAe-WVtncI4Yuet-CwGQ	126
平顶山市	汝州市	温泉汤王庙	温泉镇温泉街西	始建年代不详。	现仅存汤王祠三间,建于清代,为硬山式建筑。	微信公众号:https://mp.weixin.qq.com/s/d3_j1Xrg-mmztFD4LqJ-bH5w	127

续表

区域		名称	地点	建筑与修缮时间	规模	来源	图中编号
新乡市	延津县	沙庄汤王庙	僧固乡沙庄村中部	始建年代不详，现存为清代建筑。	现存古建筑一座，碑二通，碑碣四方。	微信公众号：https://mp.weixin.qq.com/s/GXtvit8-ZXtJRiZ－Yl-Slb_g	128

以河南为例,河南汤王庙数量、规模都要小于山西汤王庙的数量、规模,且仅仅集中于豫西、豫北两大地区,具体地讲,豫西济源、洛阳;豫北焦作、安阳形成了河南省境内汤王庙分布的集中趋势。豫西济源汤王庙有17处,主要有五龙口镇王寨村汤王庙、市区西关汤帝庙、承留镇南姚村汤帝庙、邵原镇神沟村汤帝庙、邵原镇逢石村汤帝庙等(图5-4)。这些汤帝庙的创建时代难以考察,但多在明、清时期修缮、整理过。洛阳一带的汤王庙主要有嵩县饭坡镇饭坡汤王庙,此庙始建于明,有建筑16间,180平方米,现存城隍殿、阎君殿等各三间。① 栾川潭头镇汤池沟村汤王殿,此殿建筑时间在乾隆十五年(1750年),有《创建汤王殿并舞楼行述碑》一通,高1.49米,宽0.53米,厚0.10米。②

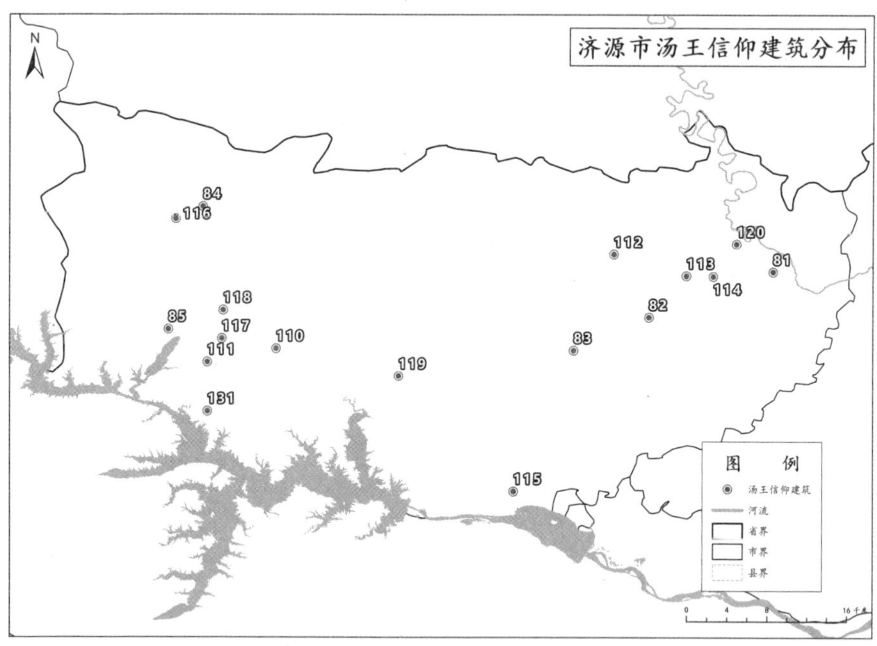

81. 王寨汤帝庙, 82. 西关汤帝庙, 83. 南姚汤帝庙, 84. 神沟汤帝庙, 85. 逢北汤帝庙, 110. 三教汤帝庙, 111. 南吴汤帝庙, 112. 佃头汤帝庙遗址, 113. 东许汤帝殿, 114. 莲东汤王庙遗址, 115. 毛岭汤帝庙遗址, 116. 白坡汤帝庙, 117. 北吴汤帝庙, 118. 逢掌汤帝庙遗址, 119. 大峪槐烟庙汤帝殿, 120. 圣皇岭汤帝庙, 131. 原头汤帝庙遗址。

图5-4 济源市汤王信仰建筑分布

豫北焦作汤王庙主要位于焦作中站区、博爱县、武陟县、沁阳市、孟州市等5县区境内,共计11处(14个)。以焦作府城办事处府城村北成汤庙,博

① 国家文物局主编:《中国文物地图集》,中国地图出版社1991年版,第149页。

② 国家文物局主编:《中国文物地图集》,中国地图出版社1991年版,第158页。

爱县孝敬镇东王贺村北汤帝庙、柏山镇上屯村成汤庙，武陟县乔庙乡商村东商王庙、谢旗营镇程封汤王庙，沁阳市太行街道清平社区汤王庙等为主（图5-5、图5-6）。安阳内黄县田氏镇汤王庙村也有一处汤王庙，此庙创建于金泰和四年（1204年），明、清重修。言商王天乙徙此，原为天乙村，建庙后改称汤王庙村。① 焦作沁阳、武陟、博爱三地的汤王庙或商王庙创设的时间都较为久远，其中武陟县乔庙乡商村东有商王庙碑刻三通，分别记载了汤王庙的重修经过。三通碑刻中有“重修商王大殿记”碑，圆首，高1.33米，宽0.63米，北宋绍圣四年（1097年）立。由此可推定武陟乔庙商王庙当不会晚于北宋绍圣之时。武陟乔庙乡北宋绍圣商王庙可能还不是河南境内最早的汤王庙，从目前所见建筑资料来看，沁阳山王庄镇万南村的汤帝庙现存有山门、戏楼、耳房、过厅、配殿、大殿等，始建于唐代，明清重修，是河南境内最早的汤帝庙。

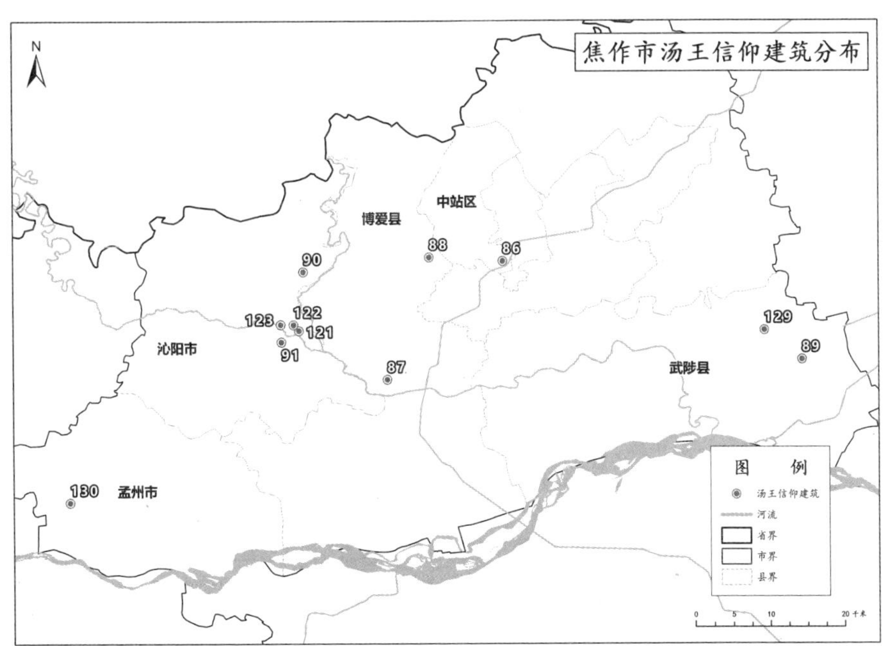

86. 府城村重修成汤庙碑，87. 东王贺汤帝庙大殿，88. 上屯成汤庙与上屯村创建成汤庙碑，89. 商村商王庙碑刻（三通），90. 万善汤帝庙，91. 清平村汤王庙修复碑，121. 水北关汤帝庙，122. 阳华汤帝庙，123. 东沁阳汤帝庙，129. 程封汤王庙遗址，130. 姚庄汤王庙大殿。

图5-5　焦作市汤王信仰建筑分布

---

① 国家文物局主编：《中国文物地图集》，中国地图出版社1991年版，第294页。

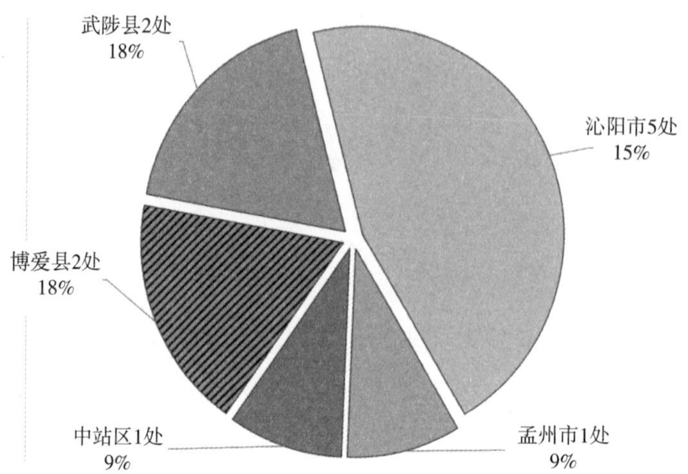

图 5-6　焦作市汤王信仰建筑地域分布情况

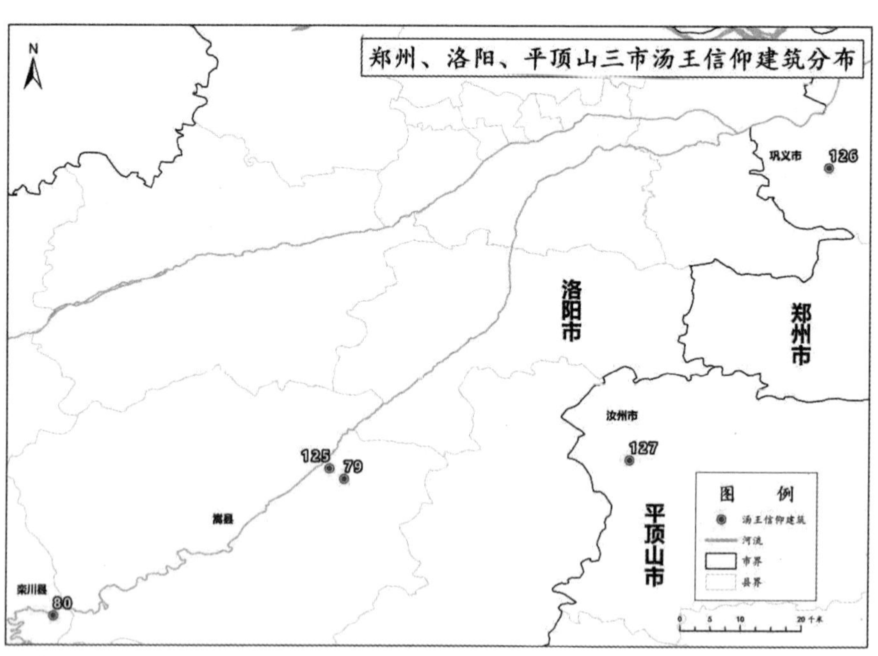

洛阳市：
79. 饭坡汤王庙，80. 汤池沟村创建汤王殿并彝楼行述碑，125. 曲里汤王庙。

郑州市：
126. 堤东汤王庙。

平顶山市：
127. 温泉汤王庙。

图 5-7　郑州、洛阳、平顶山三市汤王信仰建筑分布

总之,河南境内的汤帝庙,北起安阳内黄田氏镇汤王庙村,向西南经新乡与焦作博爱、武陟、沁阳等地,止于河南最西端的济源。济源以南汤王庙的分布还越过了黄河,到达洛阳盆地南侧的嵩县、栾川两地。由此看来,河南境内汤王庙分布区域主要位于太行山东南侧与黄河以北交界的区域,该区域在北起安阳,中经新乡、焦作博爱、武陟、沁阳,至于济源的空间范围内,形成了弧带状分布,这弧带状分布区域的西北部与晋东南汤王庙分布区域相连为一体,向南或东南越过了黄河,到达洛阳和郑州、平顶山一带(图 5-7)。这是我们对河南境内汤王庙地域分布规律及空间特征的一个基本认识。

山西境内汤王庙的分布很显然是以晋东南为中心的。在山西太原、大同、朔州、阳泉、长治、晋城、忻州、晋中、临汾、运城、吕梁十一个地级市辖区范围内,仅有长治、晋城、临汾、运城、吕梁五个市(县)境内有汤王庙的设置(图 5-8),其他太原、大同、朔州、忻州、晋中、阳泉等北部六市(县)境内不见有汤王庙的建筑。也就是说,即便是在山西省境内,汤王信仰和崇拜也仅流行于晋南、晋东南地区,除了晋南、晋东南以外,山西境内其他地区不见有汤王信仰和崇拜的遗俗,因此,更不见有汤王庙的建筑。

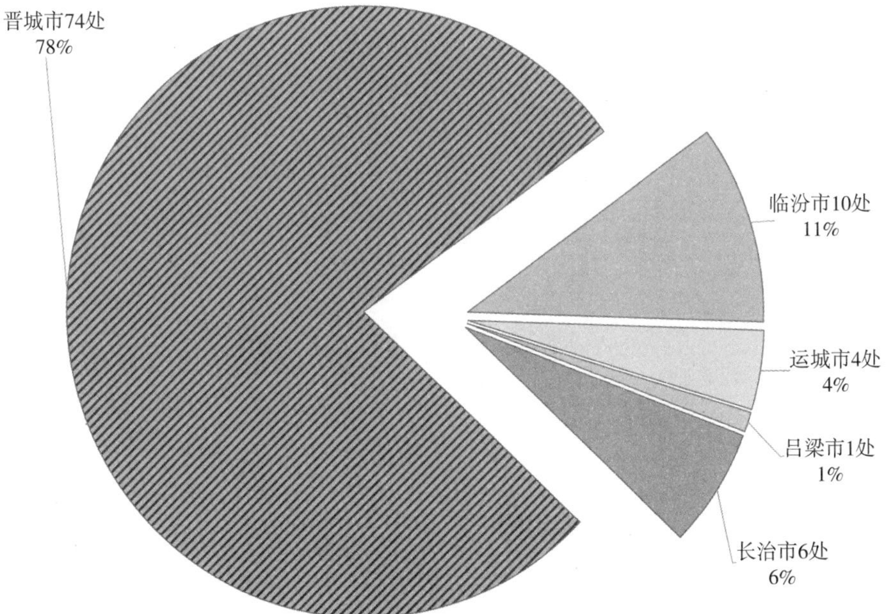

图 5-8　山西省汤王信仰建筑地域分布情况

而就汤王庙的整体分布态势来看，除山西中部吕梁市境内文水县下曲镇下曲村仅有一处汤王庙外，其他汤王庙均位于晋南临汾、长治、运城和晋城四市辖区境内，而在晋南临汾、长治、晋城和运城四市境内，与河南安阳、鹤壁、焦作、济源相邻的山西东南部长治、晋城两市境内的汤王庙毫无疑问占有绝对集中的优势。以晋东南长治、晋城两市境内的汤王庙遗存数量而言，长治市境内共有6处汤王信仰文物遗存，如：潞城黄牛蹄乡黄牛蹄村东、平顺北耽车乡安乐村南、长子丹朱镇西上坊村西南各有一座汤帝庙（图5-9）。长子丹朱镇西上坊村西南的汤王庙曾在金正隆元年（1156年）重修，该庙坐北朝南，一进院落布局，现仅存正殿，砖砌台基，高0.23米，面阔五间，进深六椽，单檐歇山顶，脊饰已不存。梁架结构为四椽栿对后乳栿通檐用三柱。柱头斗拱五铺作双下昂，不设补间铺作，昂为批竹式。栌斗䫜较深。当心间设板门，两次间为直棂窗，①文物价值很高。

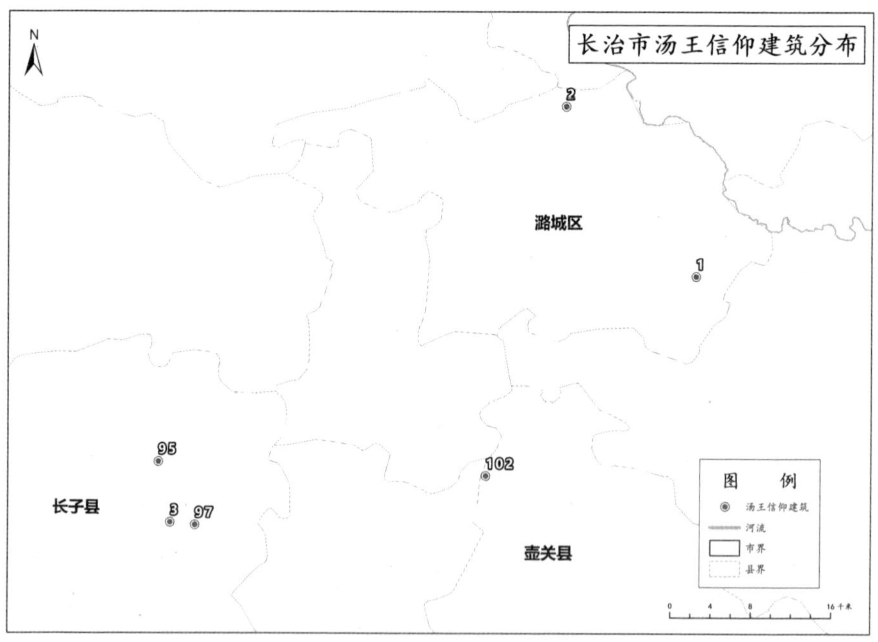

1. 黄牛蹄汤王庙，2. 安乐汤王庙，3. 西上坊汤王庙，97. 南鲍汤王庙，95. 前万户汤王庙，102. 骞堡汤王庙。

图5-9　长治市汤王信仰建筑分布

① 国家文物局主编：《中国文物地图集》，中国地图出版社1991年版，第361页。

除长治市辖潞城、平顺、长子三县外,晋城城区、高平、泽州、沁水、阳城、陵川则是晋东南地区汤王庙最为集中的区域,具体地讲,晋城市城区北长石店镇大车渠村南、西上庄街道王谷坨村(今玉苑村)各有一处汤帝庙。高平马村镇康营村与右寨村、东崛山村中,原村乡上马游村与陈山村西、冯村中,北城街道大冯庄村东,南街街道璩庄村中,野川镇大西沟村,寺庄镇西阳村东、马家沟村中、长平村北等处共计有汤王信仰文物遗存 16 处(17 个)。泽州县也是汤帝庙分布较为集中的地区,泽州县川底镇川底村、下麓村,柳树口镇下川村,大东沟镇七干村、镇辛壁村,南岭镇葛万村、神后村,巴公镇甘润村北,周村镇坪上村东,南村镇辘轳井村、下庄村,大阳镇西街、河底村,下村镇成庄村、大箕镇南庄村、山河镇蓄粮掌村等地共有汤王信仰文物遗存 18 处(19 个)。沁水县端氏镇端氏村,龙港镇前沟村东、上苏庄村中、下苏庄村西,西石堂村中、东村南、湾则村东,郑庄镇八里村西,柿庄镇上枣园村北与嘉峰镇嘉峰村等 11 处都有汤王庙(或汤王殿)。晋城市所辖的阳城县是目前所见汤王庙分布最为集中、数量最多的县域,阳城北留镇南留村内、演礼乡献义村内、润城镇中庄村中、固隆乡泽城村中、河北镇下交村中、蟒河镇上桑林村内、董封乡龙泉村内、河北镇土孟村内、凤城镇下孔寨村内、凤城镇蒿峪村内、东冶镇西冶村内、横河镇下寺坪村内、驾岭乡护驾村内、驾岭乡南峪村内、北留镇西封村内、北留镇西神头村内、润城镇上伏村内、凤城镇梁沟村内、驾岭乡三泉村内、驾岭乡雪圪坨村、驾岭乡封头村、北留镇郭峪村、芹池镇羊泉村、西河乡王曲村与中寨村内共有汤王信仰文物遗存 26 处(27 个)(图 5-10、图 5-11)。阳城立汤庙,最早可以追溯到唐代,而大规模修建汤王庙,当在宋仁宗诏告天下立汤庙,以备"随时祈祷"后。据析城山元至元十七年《汤帝行宫碑记》载,当时阳城的汤帝行宫(汤庙)已达 12 处。到了清中叶,阳城建筑汤庙进入鼎盛期,"县中各里皆有成汤庙"(《阳城县志・坛庙》)。大小汤庙遍布县境各地区。根据《山西通志・府州厅县考》:阳城"编户旧九十九里,今总为十都,凡七十八里"。实际上,到了清末时,阳城汤庙的数量远远超出了七八十个。……根据解放初期的不完全统计和调查,当时分布在全县各地的大小汤王庙,已接近 120 座,加上其中辟有汤王殿的各类庙宇,竟然有 300 余处之多。① 而目前我们所见到的汤王庙遗存仅是历史上很小部分。尽管如此,山西境内的汤王庙仍然是成汤祭祀建筑遗存分布最为密集的区域。

综合山西、河南境内汤王庙遗存的分布特征,我们可以大致归纳出汤王信仰文物遗存的地域分布差异规律,大体如下:历史上汤王庙的分布以晋东

---

① 政协阳城县委员会,中国先秦史学会编:《阳城商汤文化》,三晋出版社 2010 年版,第 2 页。

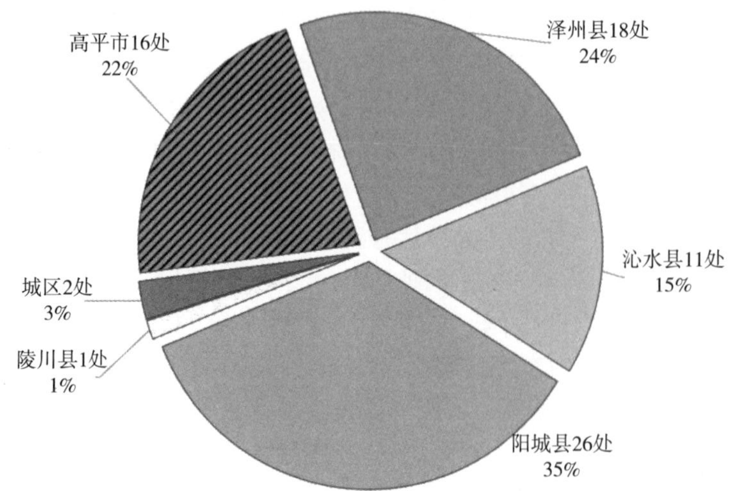

图 5-10 晋城市汤王信仰建筑地域分布情况

4. 大车渠成汤庙遗址，5. 玉苑汤帝庙，6. 康营成汤庙与康营汤王殿，7. 上马游汤王庙，8. 大冯庄成汤庙，9. 陈山汤王庙，10. 璩庄汤帝庙，11. 大西沟汤王庙，12. 冯村汤王庙，13. 东嵋山汤王庙，14. 西阳成汤庙，15. 马家沟汤王庙，16. 长平汤王庙，17. 徘南汤王庙，18. 北陈成汤庙，19. 上野川汤王庙，103. 古寨汤王庙，109. 大周汤王庙，20. 府城成汤殿，21. 川底成汤庙，22. 辛壁成汤殿，23. 下川汤王庙，24. 七干成汤庙，25. 河底汤帝庙，26. 葛万汤帝庙，27. 辘轳井汤帝庙，28. 大阳汤帝庙，29. 成庄汤帝庙，30. 南庄汤帝庙，31. 下庄汤帝庙，32. 蓄粮掌汤帝庙，93. 辛壁成汤庙与重修汤帝殿碑，33. 端氏汤王殿，34. 前沟汤王庙，35. 上苏庄汤王庙，36. 下苏庄汤王庙，37. 西石堂汤王庙，38. 东村汤王庙，39. 湾则汤帝庙，40. 八里汤帝庙，41. 上枣元汤帝大庙，42. 侯村汤帝庙，43. 南留成汤庙，44. 献义汤帝庙，45. 中庄汤帝庙，46. 泽城汤帝庙与泽城成汤殿，47. 下交汤帝庙，48. 上桑林汤帝庙，49. 龙泉汤帝庙，50. 土孟汤帝庙，51. 下孔寨汤帝庙，52. 蒿峪汤帝庙，53. 西冶汤帝庙，54. 下寺坪汤帝庙，55. 护驾汤帝庙，56. 吉德汤帝庙，57. 南峪汤帝庙，58. 西封汤帝庙，59. 西神头汤帝庙，60. 上伏汤帝庙，61. 渠沟汤帝庙，62. 三泉汤帝庙，63. 雪圪坨汤帝庙，64. 汤庄汤帝庙，94. 神后汤王庙，96. 坪上汤帝庙，98. 甘润成汤大殿，99. 下麓汤帝庙，100. 郭峪汤王庙，104. 封头汤帝庙，105. 羊泉汤帝庙，106. 王曲成汤庙，107. 中寨成汤庙，108. 嘉峰汤帝庙。

图 5-11 晋城市汤王信仰建筑分布

南的晋城市所辖城区、高平市、泽州县、沁水县、阳城县、陵川县为中心,向北包括长治市东部潞城、平顺、长子三县,向西北到临汾汾河以东的翼城、浮山;向西南则涵盖了运城市东部的垣曲、绛县两地(图 5-12 至图 5-14)。不仅如此,汤王庙的分布也以晋城市为中心,向东北越过太行山南段到达河南境内的安阳、内黄一带,其东南则与河南焦作、博爱、沁阳、武陟相连,向南与河南济源相接,并自济源下冶、邵原、承留再向南越过了黄河,至于洛阳嵩县、栾川而止。应该强调说明的是,汤王信仰祭祀圈的最东南在黄河北岸的武陟县乔庙乡一带,此地是今武陟县最东南的地区,武陟乔庙乡商村东的商王庙建于北宋绍圣四年,历史相当悠久。① 不仅如此,武陟商村东还发现过

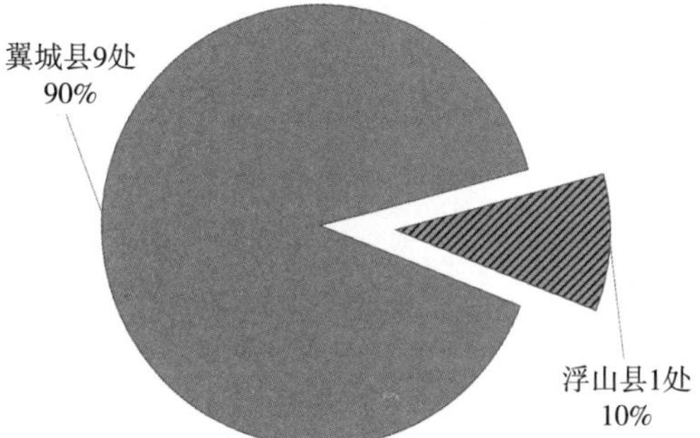

图 5-12　临汾市汤王信仰建筑地域分布情况

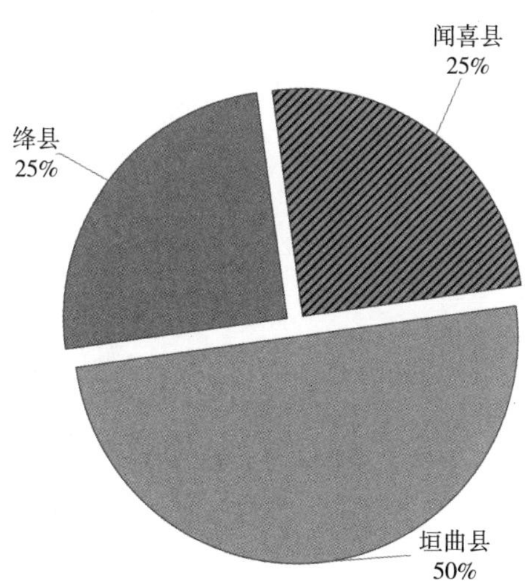

图 5-13　运城市汤王信仰建筑地域分布情况

① 今商丘市睢阳区坞墙乡桑庄村有汤王庙一座,但据笔者掌握的资料来看,该处汤王庙现存建筑始建于清代,且与汤王信仰建筑遗存集中分布的区域相隔较远,故暂不计入。

面积约6.5万平方米，文化层厚3米左右的龙山文化和商、周文化遗存，在遗址中采集有夹砂灰陶细绳纹鬲、夹砂红陶粗绳纹鬲等商文化遗物。而自武陟乔庙乡商村东的商王庙过黄河不远就有郑州商城遗址，因此，我们初步推断历史上的早商文化很可能是自此地向东南越过黄河而至于今郑州商城一带的（图5-15）。

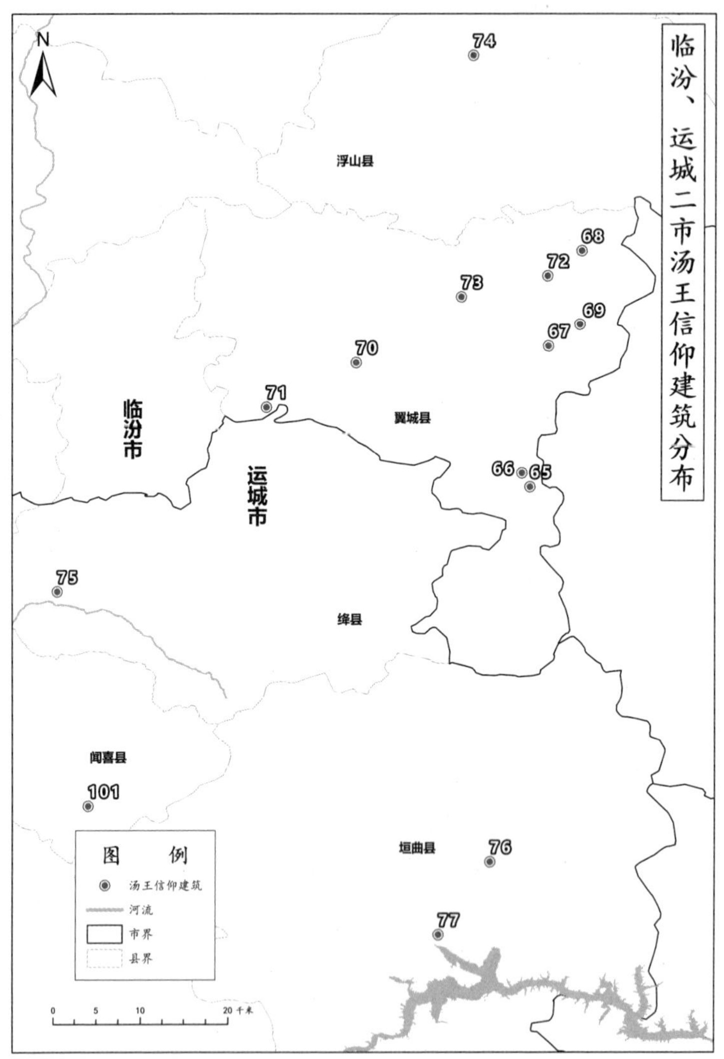

临汾市：
65. 曹公村重修尧舜禹汤庙碑，66. 西阎汤王庙，67. 下交汤王庙，68. 许村汤王庙与许村重修汤王庙创建献殿碑，69. 东亢汤王庙，70. 北庙汤王庙，71. 南丁汤王庙，72. 西中王汤帝庙，73. 牢寨汤王庙，74. 南王禹汤庙。

运城市：
75. 横东成汤庙，76. 上圢板汤圣庙，77. 下亳圣汤故都碑，101. 汤王山汤王庙。

图5-14 临汾、运城二市汤王信仰建筑分布

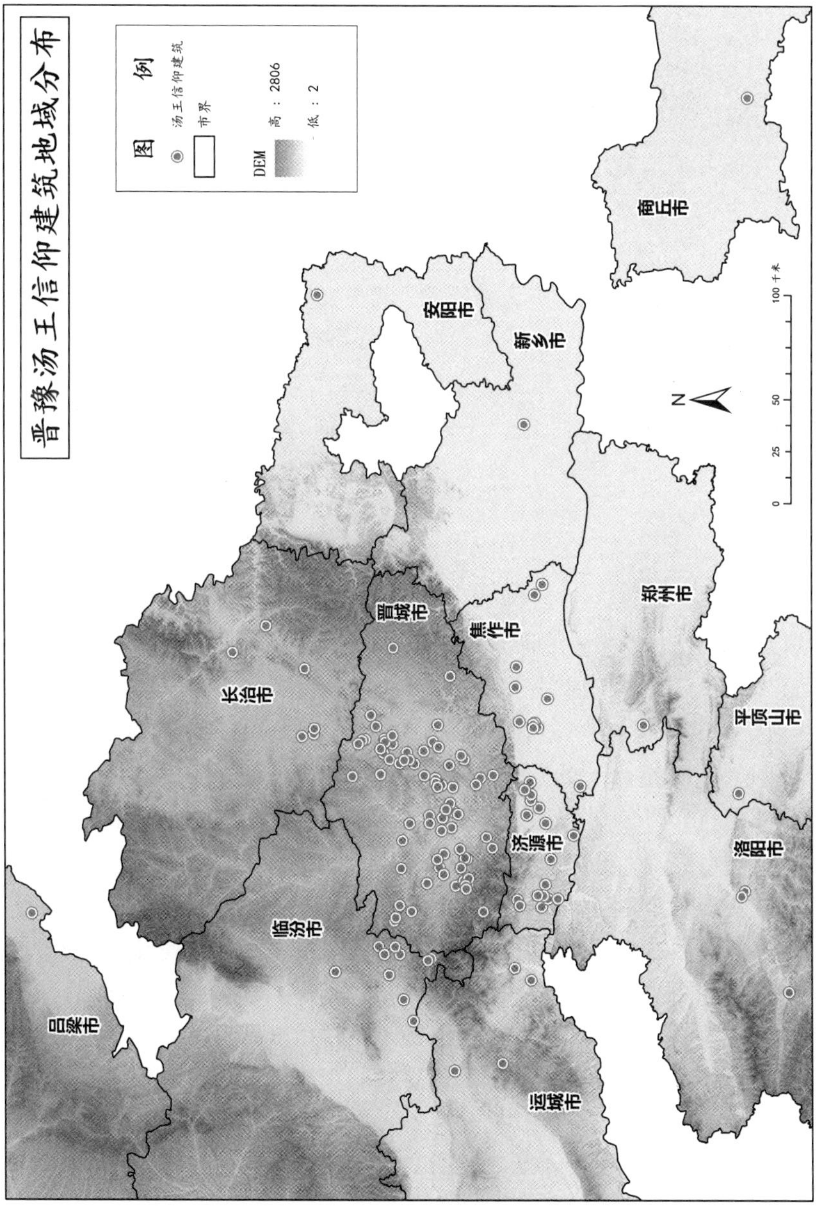

图5-15　晋豫汤王庙遗存分布图

二、历代汤王庙地域分布的形成原因

历史文献记载,商汤灭夏后,曾有“复归”、“复薄”、“反报于亳”、“复归于亳”之举,此“亳”就应在晋南垣曲商城一带。

《尚书·汤诰》:“王归自克夏,至于亳,诞告万方。”①

《尚书正读》:“汤既黜夏命,复归于亳,作汤诰。”②

《史记·殷本纪》:“(汤)既绌夏命,还亳,作汤诰:‘维三月,王自至于东郊。告诸侯群后:‘毋不有功于民,勤力乃事。予乃大罚殛女,毋予怨。’曰:‘古禹、皋陶久劳于外,其有功乎民,民乃有安。东为江,北为济,西为河,南为淮,四渎已修,万民乃有居。后稷降播,农殖百谷。三公咸有功于民,故后有立。昔蚩尤与其大夫作乱百姓,帝乃弗予,有状。先王言不可不勉。’曰:‘不道,毋之在国,女毋我怨。’”③

《逸周书·殷祝解》:“汤放桀而复薄,三千诸侯大会。”孔晁注曰:“大会于薄。……至此始曰‘汤放桀而复薄’,放字有许多安慰妥置之意在内。”④

从以上文献记载来看,商汤灭夏后,“复薄”,“反报于亳”,“复归于亳”,“还亳”是可信的,除了文献中“复亳”的记载以外,我们从未见商汤复归于其他某地的任何材料,这说明“亳”当时即为商汤的京都所在地。“亳”即“薄”相通,当时指商汤的“始居亳”地。只有“亳”地在山西垣曲县才能正确理解以上商汤“复归亳”的记载。所以北宋以后,一些历史地理文献均记商汤“王归自克夏,至于亳”在山西垣曲县。北宋《太平寰宇记》、《大明一统志》,《读史方舆记要》等书皆言“汤克夏归亳”在山西垣曲县“尝驻于此”。虽然垣曲西北的亳城,没有明确记载就是商的亳都,但与商“汤始居亳”的亳都仅相距10华里,故两地有密切关系。今商城遗址的发现,又有亳城、亳清河等地名的存在,这些皆可证实“汤始居亳”应在山西垣曲县。⑤商汤在晋南完成了灭夏的历史任务以后,复归于亳,即垣曲商城一带。然后

① 李民、王健:《尚书译注》,上海古籍出版社2004年版,第116页。

② (清)曾运乾:《尚书正读》,中华书局1964年版,第94页。

③ (汉)司马迁:《史记·殷本纪》,中华书局1959年版,第97页。

④ 黄怀信等:《逸周书汇校集注》,上海古籍出版社1995年版,第1116页。

⑤ 陈昌远、陈隆文:《论山西垣曲商城遗址与“汤始居亳”之历史地理考察》,《河南大学学报(社会科学版)》2000年第1期。

在此大告天下四方,即“诞告万方”。由此看来,由于商族起源于晋南,而商汤又在晋南完成了灭夏大业,并在“复亳”后诞告天下四方——夏商鼎革的完成,因此,从新旧政权交替发生的地域背景来看,晋南地区承担了独一无二的重任,殷商新奴隶制国家的历史从此开启,这便成为这一区域内汤王崇拜信仰发生、流布最深厚的历史土壤。

汤王庙在晋南、豫西、豫北地区的广泛分布还与古代祭祀制度有着密切关系。商汤灭夏后曾有“大旱七年”,旱灾成为商王朝统治者必须面对的首要问题。《帝王世纪辑存》中载:

汤自伐桀后,大旱七年。洛川竭,使人持三足鼎祝于山川,曰:“慾不节耶?使民疾耶?苞苴行耶谗夫昌耶?宫室营耶?女谒行耶?何不雨之极也?”殷史卜曰:“当以人祷。”汤曰:“吾所为请雨者,民也。若必以人祷,吾请自当。”遂斋戒剪发断爪以己为牲,祷於桑林之社。曰:“惟予小子履,敢用玄牲告于上天后土曰:万方有罪,罪在朕躬;朕躬有罪,无及万方。无以一人之不敏,使上帝鬼神伤民之命。”言未已,而大雨至,方数千里。①

商汤祈雨攘除旱灾之事,还可以与《帝王世纪辑存》以外的文献相印证,《墨子·兼爱下》:

汤曰:“惟小子履,敢用玄牡。告于上天后曰:‘今天大旱,即当朕身履。未知得罪于上下,有善不敢蔽,有罪不敢赦,简在帝心,万方有罪,即当朕身,朕身有罪,无及万方。’”即此言汤贵为天子,富有天下。然且不惮以身为牺牲。以祠说于上帝鬼神,即此汤兼也。②

《墨子》中记载了商汤以自身为牺牲,以言词向上帝鬼神祈祷免除天下大旱的往事,墨子认为商汤的作为就是他所说的“兼爱”。

《吕氏春秋·顺民》中对商汤克夏后用自己的身体作牺牲,为民求雨之事亦有记载:

昔者汤克夏而正天下。天大旱,五年不收,汤乃以身祷于桑林,曰:

---

① 徐宗元辑:《帝王世纪辑存》,中华书局1964年版,第64页。

② 李渔叔译注:《墨子今注今译》,天津古籍出版社1988年版,第125页。

“余一人有罪，无及万夫。万夫有罪，在余一人。无以一人之不敏，使上帝鬼神伤民之命。”于是剪其发，磨其手，以身为牺牲，用祈福于上帝。民乃甚说，雨乃大至。则汤达乎鬼神之化、人事之传也。①

天下大旱，五年不收。汤在桑林中用自己的身体向神明祈祷，以“余一人有罪”解除天下的灾难。汤还剪断自己的头发，拶起手指，向上帝求雨，“雨乃大至”，延续数年的旱灾得以解除。

商汤复亳后在晋南祈雨，不仅见于文献的记载，而且还可征诸卜辞。从卜辞记载来看，商代祈雨祭祀有三种情况，殷人还根据旱灾程度的不同，选择不同类型的祭祀方式。总的来说，第一种只是燎祭，是一般的旱情；第二种焚牛羊等牺牲祭祀，旱情就严重一些；到第三种焚人的祭祀，旱情可就严重多了。② 商汤自以为牺牲，祷告于天以求解除天下旱灾的记载应该是可信的，其事可征诸卜辞字形。

熯字在卜辞中作如下数形③：

一期 京 2300	一期 存 2. 155	一期 佚 764
一期 前 324. 4	一期 后下 24. 2	一期 后下 18. 1
三期 存 11467	三期 京 4394	三期 甲 3913

徐中舒先生《甲骨文字典》将熯首先释为“旱”意④：

① 张双棣、张万彬等：《吕氏春秋译注》，吉林文史出版社 1986 年版，第 238 页。

② 张宝明：《从甲骨文钟鼎文看商汤祈雨的真实》，《浙江社会科学》2004 年第 4 期。

③ 徐中舒：《甲骨文字典》，四川辞书出版社 1989 年版，第 1111 页。

④ 徐中舒：《甲骨文字典》，四川辞书出版社 1989 年版，第 1112 页。

[illegible]	戊申卜夬貞帝其降我𤎩一月	[illegible]	……丑卜貞不雨帝隹𤎩	[illegible]	甲辰卜永貞西土其有降𤎩二月
丙六三		林一、二五、一三		存二、一五五	

有学者认为这个古文字形就是商汤祈雨的符号，后来引申为专门用于上帝降旱的专用字。① 此字分为三个部分，上部分是口，中间是人形，最下面是火。上面的口代替人的头，是为了强调口的作用，那口是向上的方向，朝着天空，而且是在诉说着什么。在甲骨文中，凡是这样的口形状，下面搭配着人形，就是祷告的意思。中间的人形状是双臂交叉的样子，在甲骨文中凡是双手交叉，除了“女”字之外一般都是被捆绑的意思，所以这是一个被捆绑的人。下面的火，很明显是在焚烧他。② 张宝明先生认为“𤎩”字的字形与文献中商汤祈雨的细节可以相印证。文献上说商汤祈雨是“丽其手”，古文字形就是双手捆绑。传统文献说“自责以六过”，“祷辞曰：‘余一人有罪’”，云云；古文字形就是口对着天空在祷告。有的这类古文字形为了强调祷告的意思还增加了舌头。如果把上部分带舌头的口单独看，它就是甲骨文的“言”、“告”、“说”字。这是强调祷告的内容。“言”和“告”在甲骨文有相似的形状和意思，都是商族祭祀的一种，常用于大旱。③ 传统文献说“自以为牲”。古文字形就是站在火焰上，自己焚烧自己。这里必须注意一点，古文字形捆绑的双手，和奴隶或者被俘虏的人的捆绑形状不一样。被强迫用作人牲祭的捆绑形状是扁圆形，而且双臂是向后交叉，在背后被缚。而这里的双臂交叉是完全的圆形，而且双臂在前，在腹部位，看上去很庄严庄

① 张宝明：《从甲骨文钟鼎文看商汤祈雨的真实》，《浙江社会科学》2004 年第 4 期。

② 张宝明：《从甲骨文钟鼎文看商汤祈雨的真实》，《浙江社会科学》2004 年第 4 期。

③ 张宝明：《从甲骨文钟鼎文看商汤祈雨的真实》，《浙江社会科学》2004 年第 4 期。

重。[1] 张宝明先生对“□”的解释应该是正确的。故徐中舒先生《甲骨文字典》“□”字条下说：“‘□’，从□从火，像投人牲于火上之形。为熯之原字。古有焚人牲求雨之俗。《吕民春秋·顺民》：‘昔者汤克夏而正天下，天大旱，五年不收，汤乃以身祷于桑林……于是剪其发，磨其手，以身为牺牲，用祈福于上帝。’磨者枥之假借字，谓以木柙十指而缚之也。□象正面人形，与□(大)、□(交)等正面人形不同者，殆象以木柙其颈，而缚之也。或省火而作□，同。天旱则焚人牲求雨，故天旱亦称熯。《说文》：“熯，乾儿，从火、汉省声。《诗》曰‘我孔熯矣。’”[2]由此看来，对于“□”字字形的认识，古文字学界是趋于一致的。“□”字很可能是作为商汤祈雨的专字而被商人后裔记录下来，而其中尘封丝罩的历史事实只有靠与文献的对证才能够被我们完全认识。从古代礼制的角度来看，《礼记·祭法》中说古代有五种圣人是必须祭祀的：能把有益于民的好办法推行到民众中去的人就祭祀他，能为勤劳国事而死的人就祭祀他，能立功劳平定国家的人就祭祀他，能为国为民抵御大灾的人就祭祀他，能在有大患难的时候捍卫国家和民众的人就祭祀他。[3]即所谓“法施于民则祀之，以死勤事则祀之，以劳定国则祀之，能御大菑则祀之，能捍大患则祀之”[4]。而商汤不仅用宽缓的法度治理民众而废除了夏桀的暴虐之政，即“以宽治民而除其虐”。[5] 在晋南首先建立了商王朝的奴隶制国家，而且还能以自我为牺牲，为国为民抵御自然的灾害（能御大菑），使民众免去旱灾的痛苦，因此，在古人看来，商汤是有“功烈于民”的圣王，是必须对其进行祭祀的。不仅如此，在早商之际，商族“始居亳”、“复亳”、“祈雨”等关乎商人早期兴旺发达的重大事件又都发生在晋南一带，因此，在晋南及其邻近的豫西、豫北一带形成了一个以汤王庙为载体的、地域分布十分广泛的成汤崇拜祭祀文化圈，这个文化圈以商族起源的晋南为中心，以成汤祈雨为核心文化特质，并随商人的迁徙而向周边河南豫西、豫北地区扩散，这个跨县域、跨省区的成汤崇拜祭祀文化圈与早商文化之间有密切关系，它的形成背后有着深刻的历史背景和历史因素。

① 张宝明：《从甲骨文钟鼎文看商汤祈雨的真实》，《浙江社会科学》2004 年第 4 期。

② 徐中舒：《甲骨文字典》，四川辞书出版社 1989 年版，第 1112 页。

③ 杨天宇：《礼记译注》，上海古籍出版社 2004 年版，第 796 页。

④ 杨天宇：《礼记译注》，上海古籍出版社 2004 年版，第 795 页。

⑤ 杨天宇：《礼记译注》，上海古籍出版社 2004 年版，第 795 页。

第六章　垣曲、偃师、郑州三座商城城址比较

第一节　论偃师商城为汤都西亳

郑州商城、偃师商城是新中国考古事业的重大收获。郑州商城与偃师商城的发现引起了学术界广泛、热烈的讨论与持续的关注。尤其是对偃师商城、郑州商城的年代和性质，大家争论不休，迄今未有一致。有的学者认为郑州商城早于偃师商城，主张郑州商城为“汤始居亳”，此说以邹衡先生为代表。[①] 有的学者认为偃师商城是“汤都西亳”，此说以赵芝荃先生为代表。[②] 之后，许顺湛先生为代表的诸多学者又提出了“别都”说，即认为偃师商城和早期郑州商城同为两京。[③] 也有的学者认为偃师商城遗址应为商代的军事重镇。[④] 此外，还有学者以偃师商城为太甲的桐宫等等，说辞众多，不一而足。

自20世纪50年代发现郑州商城遗址后，1983年又相继发现偃师商城遗址，1996年5月以来，中国社会科学院考古研究所河南第二工作队又在偃师尸乡沟商城进行了一系列考古发掘工作，获得了重大成果，发现了城墙、道路、车辙、陶窑、水沟、墓葬和灰坑等遗迹，出土了青铜器、陶器和陶范、铜渣等许多商代遗物。[⑤] 综合这些新发现所获得丰富的材料为我们探索偃师商城提供了极其有力的新证据，使我们对偃师商城的年代和性质有了新认识。

---

① 邹衡：《郑州商城即汤都亳说》，《文物》1978年第2期。

② 赵芝荃、徐殿魁：《河南偃师西亳说》，《全国商史学术讨论会论文集》，《殷都学刊》（增刊）1985年。

③ 许顺湛：《中国最早的“两京制”——郑亳与西亳》，《中原文物》1996年第2期。

④ 郑杰祥：《关于偃师商城的年代和性质问题》，《中原文物》1984年第4期。

⑤ 中国社会科学院考古研究所河南第二工作队：《偃师商城获重大考古新成果》，《中国文物报》1996年12月8日，第一版；中国社会科学院考古研究所编著：《偃师商城》（上），科学出版社2013年版，第8—9页。

一、偃师商城遗址的年代问题

我们认为，安金槐、杨育彬先生所提出的偃师尸乡沟商城始建年代至迟应在二里头四期而比二里岗期下层要早的看法，①是值得信赖的。在这里还要进一步说明的是，安、杨两位先生在文中特别提到了偃师商城内宫殿建筑的年代，与城墙的始建年代基本上是同时的看法值得我们给予特别的关注。偃师尸乡沟商城4号基址呈长方形，包括正殿和东、西、南庑及庭院等遗迹，属三面封闭式宫殿建筑。其中正殿台基坐北朝南，南部边缘有4块长方形台阶。② 安、杨两位先生认为从最接近4号宫殿使用年代的水井D4H31底部出土陶片和西庑外堆积所出陶片推断，4号宫殿的建筑年代早于二里岗下层。③ 从打破4号宫殿的灰坑D4H29的C^{14}测定看，其年代为3380±75年，树轮校正为3630±125年，④这与二里头四期灰坑年代相一致。那么4号宫殿始建年代也不会晚于此。而5号宫殿包括上、下两层基址。上层建筑基址平面呈长方形，北面是正殿，正殿东西两侧为北庑基址，北庑东西两端与东庑西庑相连。下层建筑基址与上层宫殿有所不同，平面呈口字形，北面基址较宽，其余三面较窄，构成方形庭院。⑤ 下层基址上面还覆盖着二里岗下层偏早的文化层，在宫殿内发现有二里头四期文化层。⑥ 这表明5号宫殿下层基址始建年代不会晚于二里头四期。此外，打破5号宫殿下层基址的灰坑D5H19，其C^{14}测定年代为3395±80年，树轮校正为3650±130年，⑦这与二里头四期灰坑年代也相一致，同样证明5号宫殿下层基址始建年代不晚于二里头四期。这样看来，偃师尸乡沟商城夯土城墙的始建年代要早于二里岗期下层。因此，偃师尸乡沟商城始建年代至迟应在二里头四期而比二里岗期下层要早⑧的看法应该说是正确、可信的。除

---

① 安金槐、杨育彬：《偃师商城若干问题的再探讨》，《文物》1998年第6期。

② 中国社会科学院考古研究所河南第二工作队：《1984年春偃师尸乡沟商城宫殿遗址发掘简报》，《考古》1985年第4期。

③ 王学荣：《偃师商城“宫城”之新认识》，《1995年中国商文化国际学术讨论会论文集》（特刊），中国社会科学院考古所1998年。

④ 中国社会科学院考古研究所实验室：《河南偃师尸乡沟商城第五号宫殿基址发掘简报》，《考古》1988年第2期。

⑤ 中国社会科学院考古研究所河南第二工作队：《河南偃师尸乡沟商城第5号宫殿遗址发掘简报》，《考古》1988年第2期。

⑥ 赵芝荃：《关于汤都西亳的争议》，《中原文物》1991年第1期。

⑦ 中国社会科学院考古研究所实验室：《放射性碳素测定年代报告（一二）》，《考古》1985年第7期。

⑧ 安金槐、杨育彬：《偃师商城若干问题的再探讨》，《考古》1998年第6期。

了上述4号、5号宫殿建筑以外，偃师商城还有数处典型遗址文化层堆积可以证明偃师商城的始建年代要早于郑州商城。这数处典型遗址文化层堆积大体有：西二城门基址的文化层堆积、西城墙T1的文化层堆积、第二号小城内建筑基址的年代、宫城中灰土沟内的文化层的叠压关系。综合上述几处典型遗址文化层堆积，有学者进一步认为偃师商城始建于偃师商城文化第一期，即二里头文化第四期与二里头文化第三期之交，偃师商城大城早于郑州商城，其小城更早于郑州商城。① 这些考古资料都充分证明偃师商城应是商代早期的一座王都而无疑问。

如果把偃师商城遗址与郑州商城遗址再做一些比较性的研究，也可以证明偃师商城遗址的始建年代要早于郑州商城遗址，这一点应该说是可以肯定的。

首先，在偃师商城遗址的勘察报告中，考古发掘人员明确指出："这次在偃师商城城墙夯土及地层中都发现了一些二里头类型的陶片。从城墙内出土二里头文化遗物比较集中的现象看，偃师商城范围虽不敢说一定有属于二里头文化的城址，但存在二里头文化遗址的可能性，似乎是毋庸置疑，这不仅进一步丰富和延长了二里头遗址附近地区与夏商文化有关的古代物质文化序列的链条，而且为探讨二里头文化与商文化之间的联系提供了方便条件。"②这样一个事实说明，偃师商城是在二里头夏文化的基础上建立的，其始建年代应比郑州商城早，这是客观存在毋容置疑的事实。其次，郑州商城遗址的年代非常明确。以1972年9月到1973年5月发掘的郑州商城东城墙探沟7所显示的地层叠压关系来看，这一段商城东城墙北段自上而下的地层关系为：一、农耕土层；二、战国文化层；三、商代二里岗上层文化层；四、商代二里岗下层文化层；五、商代城墙夯土层，从此层内的陶片器形和纹饰看，主要是属于洛达庙期的，也有少量是商代二里岗下层的遗物；六、洛达庙期灰土沟，沟内填灰土，包含有少量洛达庙期陶片。从郑州商城东城墙的地层叠压关系来看，夯土层中没有发现任何二里头文化遗物。另外，考古工作者在北城墙探沟CNT4、C8T27、东城墙探沟CET7和南城墙探沟CST4内，分别发现商代城墙夯土叠压着龙山文化层、洛达庙期文化层的灰坑、灰沟，南关外期文化层和灰沟等遗迹。所以发掘者认为夯土城墙晚于洛达庙期和南关外期，更晚于龙山文化，其上限不会早于商代二里岗期下层，

① 《赵芝荃考古文集》，科学出版社2008年版，第192—193页。

② 中国社会科学院考古研究所洛阳汉魏故城工作队：《偃师商城的初步勘探和发掘》，《考古》1984年第6期。

下限也不会晚于商代二里岗期下层。① 应如何认识郑州洛达庙期和南关外期文化层的时间和性质呢？有学者认为通过对郑州洛达庙遗址一、二、三期出土陶器发展演变情况分析，以及洛达庙遗址与二里头遗址的比较，我们认为洛达庙三期的时代与郑州二里岗下层相接近，且略早于二里岗下层，两者有前后继承关系。商代二里岗下层时代，一般认为是属于商代中期，因此，略早于商代早期二里岗下层的洛达庙三期应属于商代中期早或商代早期阶段。② 对郑州南关外文化遗存的年代意见虽然存有分歧，但杜金鹏先生曾撰文认为南关外中层文化遗存晚于二里岗下层 C1H9，更晚于二里头文化第四期。不仅如此，根据最新的研究成果，我们认为偃师商城的商文化第一段大约相当于二里头文化第四期的偏晚阶段。因此，年代上相当于偃师商城商文化第 3 段的南关外中层文化遗存，应该晚于二里头文化第四期。也就是说，偃师商城的始建年代，可前推至二里头文化第四期晚段，在相当于二里岗 C1H9 的时候，偃师商城已经有了城垣、宫殿和铸铜作坊等……所以，郑州南关外中层文化遗存也只能是早商文化，而非先商文化。③

在此研究基础上，根据对考古资料和古代文献的分析，有学者提出了“偃师商城的始建为夏商文化的界标”的看法，此观点认为偃师商城即是商汤灭夏之后所建立的亳都，其商文化第 1 段是目前所知最早的商文化，而二里头文化的主体是夏文化，唯其第四期（至少是其晚段）时已进入商代纪年，属‘后夏文化’遗存。④ 由以上考察来看，偃师商城的始建年代应早于郑州商城。

目前，有学者将郑州商城的始建年代作为夏商文化的界标，这一点颇有可商榷之处。根据现在的考古发现材料来看，恐怕只有将偃师商城遗址作为夏商文化分界的标尺才是较为合理的。所以有的先生说：“1997 年 11 月‘国家夏商周断代工程’在偃师召开了‘夏、商代前期考古年代学研讨会’。与会专家在参观偃师商城内城的现场及出土标本后，不少学者都认为偃师商城的内城为商代早期城址，它的出现可作为夏商分界的标尺。由此看来，夏商分界在二里头三、四期之间，偃师商城为汤都西亳的论断将得到越来越多的支持。”⑤总之，以偃师商城为汤都西亳的看法应该是符合历史事实的。

---

① 河南省博物馆等：《郑州商代城址试掘简报》，《文物》1977 年第 1 期。

② 河南省文物研究所：《郑州洛达庙遗址发掘报告》，《华夏考古》1989 年第 4 期。

③ 杜金鹏：《郑州南关外中层文化遗存再认识》，《考古》2001 年第 6 期。

④ 杜金鹏：《郑州南关外中层文化遗存再认识》，《考古》2001 年第 6 期。

⑤ 袁广阔：《试论夏商文化的分界》，《考古》1998 年第 10 期。

郑州商城遗址的始建年代。有的学者认为郑州商城遗址的始建年代属二里岗下层偏晚阶段，李经汉在《郑州二里岗期商文化的来源及其相关问题的讨论》一文中说："郑州商城的始筑年代，应为二里岗下层文化晚期，而不是它的早期。"①有的学者认为郑州商城始建应在二里岗下层早段偏晚，仇桢先生认为："郑州商城始建时间应为二里岗下层偏早阶段。"②李伯谦先生认为："郑州商城的始建年代只能在二里岗下层偏早阶段、而不会比它更早。"③杨育彬先生也认为："郑州商城应建于商代二里岗期下层偏早时期。"④有的学者直接就说郑州商城遗址始建于南关外期，此说由陈旭先生首先提出，即郑州商城始建于南关外期说。⑤ 这些意见均在以二里岗 C1H9 与 C1H17 为代表的时间范围内，即使按照有的学者所推断的那样，郑州商城始建于 C1H9 时，鉴于偃师商城的小城已经建成，早商文化遗存在偃师商城已广泛分布。所以，郑州南关外中层文化遗存也只能是早商文化，而非先商文化。⑥ 所以我们认为偃师商城的始建年代应比郑州商城的始建年代要早。偃师商城只能是商汤灭夏后建立的西亳都城，而商汤灭夏不是在郑州商城建筑时期完成的，这一点很重要。

二、偃师商城为汤居西亳的再考察

论者否定偃师商城为汤都西亳的一个主要依据，是古文献中关于汤都西亳的记载出现较晚。据云，有关偃师尸乡沟为商汤都城的记载始见于《汉书·地理志》，该书河南郡偃师县尸乡条，班固自注："尸乡，成汤所都。"⑦《汉书·地理志》之后才有晋皇甫谧"三亳"说的出现，皇甫谧《帝王世纪》中载："殷汤都亳，在梁。又都偃师。至盘庚徙河北，又徙偃师"⑧，皇甫谧指偃师为西亳是承袭班固之说，以偃师为商汤都城所居。北魏郦道元沿用皇甫谧的说法，在《水经·谷水注》中具体记述了盘庚自河北徙偃师所都"亳殷"的位置。主持偃师商城发掘的诸位先生以为文献资料固如其所述，然而如以今所知地下文化遗址与文献记载结合起来研究，便觉得以文献

① 李经汉：《郑州二里岗商文化的来源及其相关问题的讨论》，《中原文物》1983 年第 2 期。
② 仇桢：《关于郑州商代南关外期及其他》，《考古》1984 年第 2 期。
③ 李伯谦：《先商文化探索》，《中国青铜器文化结构体系研究》，科学出版社 1998 年版，第 79 页。
④ 河南省文物研究所：《河南考古三十年》，河南人民出版社 1994 年版，第 184—185 页。
⑤ 陈旭：《郑州商城宫殿基址年代及相关问题》，《中原文物》1980 年第 3 期。
⑥ 杜金鹏：《郑州南关外中层文化遗存在认识》，《考古》2001 年第 6 期。
⑦ （汉）班固：《汉书》卷 28 上《地理志》，中华书局 1962 年版，第 1555 页。
⑧ 徐宗元辑：《帝王世纪辑存》，中华书局 1964 年版，第 65 页。

出现较晚而否定西亳的存在似有不妥之处。[①] 在这里，我们以为有必要强调说明以下几个问题：

首先，关于汤都西亳的记载，是不是出现较晚？其次，皇甫谧的三亳说说明了什么问题？商汤都西亳是在商族灭夏之后，还是在灭夏之前？如果这些根本性的问题都没有搞清楚，自然会产生对班固自注“汤都西亳”的怀疑，这是可以理解的。

第一，应该怎样理解《史记·殷本纪》：“汤始居亳，从先王居，作帝诰。”[②]的记载。“汤始居亳”应在何处？我们认为应在山西垣曲。不过应该指出的是商汤灭夏后为了统治的需要，才从山西垣曲商城遗址迁都至偃师商城，在禹都旧址的区域内建立商都西亳。所以，《尚书·立政》中又有“三亳阪尹”之载，《立政》篇曰：“其克诘尔戎兵，以陟禹之迹，方行天下，至于海表，罔有不服。”[③]《左传》襄公四年引：“虞人之箴”曰：“芒芒禹迹，画为九州”[④]。春秋时的《秦公簋》说“鼏宅禹责”。“责”应该为“蹟”，与“迹”为一字。所以《诗·商颂·殷武》：“天命多辟，设都于禹之绩”[⑤]，此绩应该为蹟。春秋时的齐器《叔夷钟》铭曰：“虩虩成唐，又敢在帝所，敷受天命，剪伐夏嗣，败厥灵师。伊小臣惟辅，咸有九州，处禹之都（土）。”[⑥]所以古人将大地称为“禹之迹”，“禹迹”、“禹之绩”、“禹之都（土）”，这些记载都是以夏禹敷土传说为主要背景而产生的。近来新发现西周时期的《豳公盨》铭文又进一步证实了夏禹传说并非虚构，李学勤与裘锡圭诸先生已有详细考证，不再赘述。[⑦] 由于成汤灭夏后南下河洛平原，殷人在夏禹旧迹故土之上建立了商都，因此，董仲舒在《春秋繁露·三代改制质文》记：“故汤受命而王，应天变夏，作殷号，……作宫邑于下洛之阳，名相官曰尹。”[⑧]作为“三亳阪尹”之一的偃师商城遗址，西距二里头夏代遗址只有五六公里，两者同在故洛河北岸。汉魏时期由洛阳东去的大道就位于两遗址之北。从地望上看，晋

① 中国社会科学院考古研究所洛阳汉魏故城工作队：《偃师商城的初步勘探和发掘》，《考古》1984年第6期。

② （汉）司马迁：《史记》卷3《殷本纪》，中华书局1959年版，第93页。

③ （清）曾运乾：《尚书正读》卷6《立政》，中华书局1964年版，第256页。

④ 李学勤主编：《十三经注疏·春秋左传正义》卷29《襄公四年》，北京大学出版社1999年版，第839页。

⑤ （宋）朱熹集传：《诗集传》卷20《商颂·殷武》，中华书局1958年版，第247页。

⑥ （宋）王黼撰，江俊伟译注：《宣和博古图》，重庆出版社2010年版，第414页。

⑦ 李学勤：《论豳公盨及其重要意义》，《中国古代文明研究》，华东师范大学出版社2005年版，第126页；裘锡圭：《新出土先秦文献与古史传说》，《中国出土古文献十讲》，复旦大学出版社2004年版。

⑧ 赖炎元：《春秋繁露今注今译》卷7《三代改制质文》，台湾商务印书馆1984年版，第175页。

《太康地记》所谓"尸乡南有亳坂"的尸乡、亳坂,所指的就是这一地域。郦道元《水经·谷水注》记述"亳殷"的位置时也说:"阳渠水又东迳亳殷南"。按,故阳渠水,约当今洛河河道,适在偃师商城南。郦氏所指亳殷旧址与偃师商城地望相符合,这显然不是偶然的巧合。[①] 由此看来,《汉书·地理志》班固自注"尸乡,殷汤所都"[②],以及其后皇甫谧所说的"殷汤都亳,……又都偃师"之说都是后来文献的记载。"三亳"之说最早应见于《尚书·立政》,而不是见载于《汉书·地理志》或《帝王世纪》,这一点是应该强调说明的。

其次,对《尚书·立政》中"三亳阪尹"历史价值的再认识。《尚书·立政篇》曰:"夷微盧烝,三亳阪尹"。顾颉刚先生说:"'夷'、'微'、'盧'是当时的一些落后部族,曾支持周武王参加伐纣。烝,是他们的君长而服属于周的;'三亳'是殷代先前的都城所在(按,有北亳、南亳、西亳),'阪'是险要的地方,为了防止叛乱,在那里都设'尹'防守。……《孔疏》引郑玄注云:'三亳'者,汤旧都之民服文王者,分为三邑。其长居险,故言'阪尹'。盖东成皋、南轘辕、西降谷也。"[③]最早对《尚书·立政》中"三亳阪尹"之说作出解释的是西晋皇甫谧。皇甫谧在《帝王世纪》中说:"然则殷有三亳,二亳在梁国,一亳在河南,南亳偃师,即汤都也。蒙为北亳,即景亳,汤所盟地。偃师为西亳,即盘庚所徙者也。故《立政》篇曰:'三亳阪尹'"。[④] 明嘉靖《内黄县志·卷之八》"城垒"条下有亳城:"亳城,在县西南二十五里。"并引《书》说:"殷有三亳,蒙为北亳,偃师为西亳,谷熟为南亳。皆殷故都。乃商屡迁之地,而蒙其北亳也,中宗陵寝近焉"。[⑤] 后来,蒋廷锡在《尚书地理今释》曰:"三亳,蒙为北亳,谷熟为南亳,偃师为西亳,今河南归德府商丘县北四十里有大蒙城,《水经注》云汳水东经大蒙城北,疑即蒙亳也,所谓景亳为北亳矣。"[⑥]由于缺少考古资料的印证,古代研究者仅仅凭靠自己的主观理解去认识《尚书·立政》中"三亳阪尹"的三亳地望,以致出现了蒙亳、景亳等等诸如此类的错误认识,我们不能苛求古人。在这些观点的影响下,考古工作者虽一直致力于在豫东商丘一带寻找先商文化的遗迹,但往往是事与

① 中国社会科学院考古研究所洛阳汉魏故城工作队:《偃师商城的初步勘探和发掘》,《考古》1984 年第 6 期。

② (汉)班固:《汉书》卷 28 上《地理志》,中华书局 1962 年版,第 1555 页。

③ 顾颉刚、刘起釪:《尚书校释译论》,中华书局 2005 年版,第 1679 页。

④ 徐宗元辑:《帝王世纪辑存》,中华书局 1964 年版,第 62 页。

⑤ (明)张古、张文凤等撰:嘉靖《内黄县志》卷 8《古迹》,上海古籍书店 1963 年影印天一阁嘉靖十六年(1537)刊本。

⑥ 蒋廷锡:《尚书地理今释》,中华书局 1985 年版,第 99 页。

愿违。豫东商丘地区先商文化遗迹的空白,不仅足以说明“汤始居亳”在东方说是难以成立的,同时也为我们深入阐释和认识垣曲商城与偃师商城的性质和相互关系提供了可能。

山西垣曲商城遗址的发现具有重要的价值,结合考古资料与文献记载,我们认为山西垣曲商城应为“汤始居亳”的始居之“亳”地,此地才应是北亳所在。由于山西垣曲商城在黄河以北,后来商汤灭夏后,为适应统治的需要,商族渡过黄河迁至偃师西亳,尔后商人又以偃师商城为基础,“大其亳邑”,再向东扩展到郑州商城,郑州商城因居商代黄河之南,故为南亳,这才是《尚书·立政》篇中所说的“三亳阪尹”,垣曲、偃师、郑州三座商都遗址是原生形态的“三亳”。以后历代诸家的解释都属次生形态,其中有对有错,混淆纠葛在一起,使后来者是非莫辨。从以上对“三亳”的认识来看,《汉书·地理志》班固自注:“尸乡,殷汤所都。”应该是有一定根据的,并非班氏随意猜测之说。班固以偃师尸乡商城为汤都西亳的说法,为后代地理文献所宗奉。《史记·正义》引唐《括地志》云:“亳邑故城在洛州偃师县西十四里,本帝喾之墟,商汤之都也。”又云:“宋州谷熟县西南三十五里南亳故城,即南亳,汤都也。宋州北五十里大蒙城为景亳,汤所盟地,因景山为名。河南偃师为西亳,帝喾及汤所都,盘庚亦徙都之。”①《史记·殷本纪·正义》按:“亳,偃师城也。商丘,宋州也。汤即位,都南亳,后徙西亳也。”②古人不知“汤始居亳”的地望在山西垣曲商城遗址,只知宋州为“汤始居亳”地,所以只说宋州为南亳,后徙西亳偃师。《元和郡县图志·河南道》:“偃师县,商有三亳,成汤居西亳,即此是也。”③《书·胤征》孔疏引郑玄注:“亳,今河南偃师县有汤亭。”④这些文献记载都说明以偃师尸乡沟商城为汤都西亳是没有太大疑义的。

从现存城墙遗迹来看,偃师商城东北隅的城墙在东周时期很可能仍高高矗立于地面之上,而城壕则深陷于地表之下。偃师商城中的东周文化层相当丰厚。大约到了隋唐时期这段城墙才被完全掩埋于地下。所以安金槐先生认为从中国社会科学院考古研究所过去对西城墙、北城墙的发掘,以及最近所发掘的东北隅城墙来看,至少在汉晋时期,城墙还矗立在地面之上,那么班固一定亲眼目睹了这座城址,并以汉代地名转述前人旧说,不会仅仅

① (汉)司马迁:《史记》卷3《殷本纪》,中华书局1959年版,第93页。

② (汉)司马迁:《史记》卷3《殷本纪》,中华书局1959年版,第93页。

③ (唐)李吉甫撰,贺次君点校:《元和郡县图志》卷5《河南道一·河南府·偃师》,中华书局1983年版,第132页。

④ 李学勤主编:《十三经注疏·尚书正义》卷7《胤征》,北京大学出版社1999年版,第187页。

是大概采访到有关成汤作宫邑于洛水之北的传闻而建此说。虽班固未直言亳都,但汤都为亳则是人所共知的事情。① 商汤建筑偃师商城之时,商城周边的地貌与现在完全不同。偃师商城应该建在一条地势南高北低的长坂上,因此晋《太康地记》云;“尸乡南有亳坂”。考古资料也同时表明,自汉以后,出洛阳往东的交通干道就位于偃师商城北城墙以南数百米处,这条干道横穿偃师商城西城墙和东城墙北段的豁口;洛阳城东的漕河——“阳渠”,就位于大道的南侧,看来,东周至汉晋的人们是能够看到这座商代城址的。因此《左传·昭公二十六年》曰:“五月戊午,刘人败王城之师于尸氏”,“冬十月丙申,王起师于滑。辛丑,在郊,遂次于尸”。② 杜金鹏等先生认为东周时的这个尸氏,当即汉代班固所说的尸乡。考古工作者在偃师商城发现丰富的东周时期遗存,从它所处的地理方位和文献记载的尸乡地望基本吻合来推测,偃师商城内的东周文化遗存,应该就是当时尸氏的文化遗存。总之,偃师商城的城墙在东周和汉晋时期矗立于地面上,东周时的尸氏,汉以来的尸乡就在今偃师商城一带。因此,我们认为汉代以来关于偃师尸乡是商汤亳邑之所的记载,并非向壁虚构之辞,实应给予充分的重视。③ 文献中汤亳、尸乡地名的变化反映了历史发展的连续性与继承性。

偃师尸乡沟商城为成汤亳都之地,不仅与文献记载相吻合,而且还有不少出土碑刻资料可资印证。偃师市政府招待所基建工地出土的柳凯墓志曰:“麟德元年(664)十一月廿八日,奉迁灵窆合葬于偃师县亳邑乡邙山之南。”④1984 年考古工作人员在杏园村南清理了六座有墓志纪年的唐墓,其中李景由墓志志文最后有“原深景亳,土厚尸乡,新阡旧地,终古相望”等句,表明唐人仍沿习汉人旧称,视此地为尸乡故地。不仅如此,这六座有墓志纪年的唐墓共出八方志石,其中有两方提及这里为“西亳”、“尸乡”,这都说明唐人仍习惯沿袭汉代旧称,视这里为“西亳”、“尸乡”故地。⑤ 1984 年发现的唐代李延祯墓志也记载了“西亳”及其相关的地理方位:“访旧瘗于北邙,祔新茔于西亳”,“葬于偃师县西十三里武陵原

① 安金槐、杨育彬:《偃师商城若干问题的再探讨》,《考古》1998 年第 6 期。
② 杨伯峻:《春秋左传注》,中华书局 1981 年版,第 1473—1475 页。
③ 杜金鹏、王学荣、张良仁、谷飞:《试论偃师商城东北隅考古新收获》,《考古》1998 年第 6 期。
④ 洛阳市第二文物工作队、偃师县文物管理委员会:《河南偃师唐柳凯墓》,《文物》1992 年 12 期。
⑤ 中国社会科学院考古研究所河南第二工作队:《河南偃师杏园村的六座纪年唐墓》,《考古》1986 年 5 期。

大茔。”说明唐人仍将此地视为西亳故地。① 唐代偃师商城周边地区有“亳邑乡”的地名，偃师县城西2.5公里的杏园村一号墓“故博陵崔府君墓志铭”中有“来年（896年）八月十六日葬于河南府偃师县亳邑乡土娄管姜村，祔于先茔”②。这些唐代墓志地名资料，清楚地说明至少在唐代，偃师商城周边地区仍有西亳、尸乡、亳邑等与汤都西亳相关的众多历史地名，而这些历史地名的存在则从另一个角度进一步证实了偃师商城为汤都西亳的可信。

从地理形势上看，偃师商城遗址北依邙山，南临洛河，地势平坦，土地肥沃，是有名的粮食高产区。这里，自古以来就是东西交通的孔道，南北交通也颇为便利。东经巩县出虎牢关到郑州，西经洛阳出函谷关达西安，南越轘辕关至登封，北过邙山岭便抵黄河要津。从很早的时候起，当地就广泛流传有关尸乡和西亳的传说，城郊各地还保留着多处与传说相关联的“遗迹”：城西吓田砦村以东有所谓伊尹墓、田横冢；城南高庄村边地势隆起，人云是汤都西亳的“亳地”；城西南塔庄村北有一东西向低凹地带，老乡世代相承称之为尸乡沟。③ 商城地处城关公社大槐树村与洛河之间，南北对应的塔庄村和偃师化肥厂适居城址南北两端，偃师—登封公路、偃师—洛阳公路纵横穿过城址，在城址中部偏北处成丁字形连接，当地所传“亳地”在其东，伊尹墓和田横冢在其西，尸乡沟则横贯城址中部。它和学术界所熟知二里头遗址同居于洛河故道（在今洛河南）北，两者东西对立，相距仅五六公里。商城遗址的地理形势，与历史文献上所记载的商灭夏后迁西亳的记载是完全相符合的。

有些学者非难偃师商城为汤都西亳，所凭借的一个重要理由是认为在偃师商城周边找不到《孟子》书中所记载的与“葛为邻”的葛地，并据此进一步否定汤都偃师西亳的史实。其实，汤都西亳是商人灭夏以后的居地，汤灭夏以前的“商汤始居之亳”仍在山西垣曲县商城遗址一带。偃师商城是商人灭夏后由于政治形势发展的需要而迁之新都“西亳”，所以董仲舒《春秋繁露·三代改制质文》说：“故汤受命而王，应天变夏，作殷号，时正白统，亲夏，故虞，绌唐，谓之帝尧，以神农为赤帝。作宫邑于下洛之阳，名

① 中国社会科学院考古研究所河南第二工作队：《河南偃师杏园村的两座唐墓》，《考古》1984年10期。

② 偃师商城博物馆：《河南偃师县四座唐墓发掘简报》，《考古》1992年11期。

③ 中国社会科学院考古研究所洛阳汉魏故城工作队：《偃师商城的初步勘探和发掘》，《考古》1984年第6期。

相官曰尹。”①这里所说的“汤受命而王”后，所作“宫邑于下洛之阳”就是指营造偃师商城而言的，由于偃师商城是兴建于商人灭夏后的新都。所以，班固在《汉书·地理志》偃师县条下自注曰：“尸乡，殷汤所都。”②司马迁在《史记·殷本纪》中曰：“帝盘庚之时，殷已都河北，盘庚渡河南，复居成汤之故居，……乃遂涉河南，治亳，行汤之政”。此说成汤之都在黄河之南；《集解》引皇甫谧曰：“今偃师是也”③；《正义》曰：“盘庚渡河，南居西亳。④《左传·昭公四年》杜预注：“河南巩县西南有汤亭，或言亳即偃师”。⑤ 由此看来，偃师商城应为汤都西亳而无太大的疑义（图6-1）。

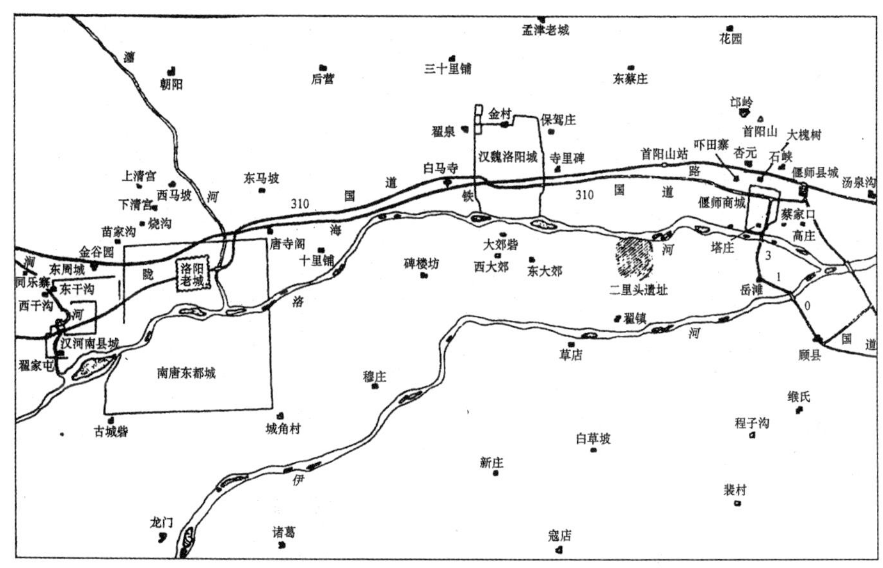

图6-1 偃师商城遗址位置示意图⑥

三、偃师商城及其王都布局

从偃师商城遗址的布局看，其性质应是王都而非军事堡垒。

---

① 赖炎元：《春秋繁露今注今译》卷7《三代改制质文》，台湾商务印书馆1984年版，第175页。

② （汉）班固：《汉书·地理志》，中华书局1962年版，第1555页。

③ （汉）司马迁：《史记》卷3《殷本纪》，中华书局1959年版，第102页。

④ （汉）司马迁：《史记》卷3《殷本纪》，中华书局1959年版，第102页。

⑤ 李学勤主编：《十三经注疏·春秋左传正义》卷42《昭公四年》，北京大学出版社1999年版，第1200页。

⑥ 中国社会科学院考古研究所编著：《偃师商城（第一卷）》上册，科学出版社2013年版，第6页。

对于偃师商城的性质,学术界存在不同看法。有学者认为偃师商城是一处军事性的防御堡垒。袁广阔先生说:“我们不认为它是一处都城遗址。从这座城址的规模、布局和城垣城门的特征看,其具有较浓厚的军事色彩。特别是最初发现的小城,俨然是一座军事堡垒。”又说:“与郑州商城相比,偃师商城缺乏大量的手工业作坊。”①郑杰祥先生认为:“(偃师商城)性质显而易见,它应是商人灭夏以后在这里建立的一座重镇,用以巩固商初西部边防并镇压夏人的复辟,它可以称之为商王朝的别都,而类似于周人在灭商以后营造的东都洛邑。”郑先生还强调指出:“偃师商城虽然不是王都亳邑,但确是成汤在这里建立的一座重镇。它的发现,无疑对于研究商初政治、军事和文化状况都具有重要意义”②上述这些看法,对于探索偃师商城性质确实起到了很大的推动作用,但根据目前所见到的考古资料来看,我们认为偃师商城并非一般军事堡垒,而应是一座具有王都性质的都城遗址。

1983年春,在偃师县城西南近1公里处发现一座商代早期城址。城址北依邙山,南临洛河,中部有一条东西的低洼地带穿城而过,当地群众世代相传称之为尸乡沟。因此,该城城址被称为尸乡沟商城遗址。

从整个城址来看,均覆盖在现今地面之下1—4米不等。平面略呈长方形,南北长1700余米,东西宽度不等,最北部宽为1215米,中部宽1120米,南部宽740米,面积约为190万平方米。城周围有夯土城墙。西城墙北起大槐树村西南约100余米处西北城角,向南穿过偃洛公路,再经塔庄村西,最南至洛河北堤边,从北到南基本为一直线,西城墙现存总长度约1710米,西城墙宽约17—24米,高1.5—3米。北城墙西起西北城角,由大槐树村南向东,穿过偃师化肥厂,然后斜向东南,至城的东北角,北城墙总长度为1240米,宽约16—19米,最宽处达28米。城墙夯土总厚度为2—3米。东城墙北起东北城角,顺氧气厂西侧向南,约955米,北依地势折向西南,终于塔庄村东小路北约80米处,现存总长度为1640米,宽约20—25米。③1991年春、夏,配合310国道拓宽工程,在塔庄村东南钻探出一段夯土墙。该墙东西走向,全长约740米,宽约17米,向西恰好与偃师商城的西墙南端衔接,结合在两个地点的解剖结果,判定这就是先前一直被认为已不存在的南城墙。南城墙与西城墙衔接的拐角处在洛河北岸河堤边,部

① 袁广阔:《郑州商城与偃师商城关系的考古学观察》,《郑州大学学报》2004年第1期。

② 郑杰祥:《关于偃师商城的年代和性质问题》,《中原文物》1984年第4期。

③ 中国社会科学院考古研究所洛阳汉魏故城工作队:《偃师商城的初步勘探和发掘》,《考古》1984年第6期。

分已被洛河冲毁(图 6-2)。①

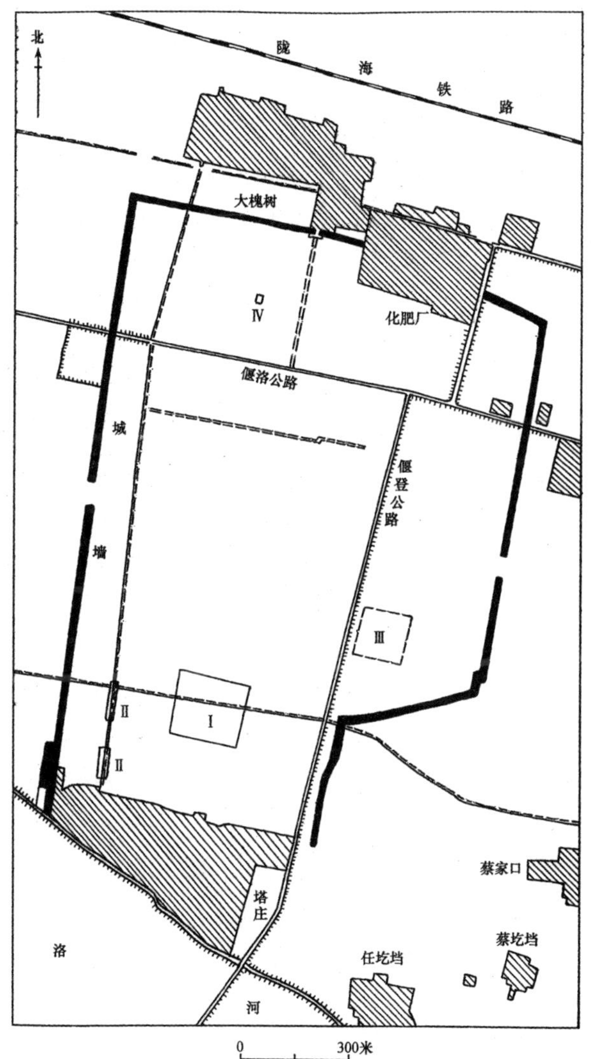

图 6-2　1983 年偃师商城实测示意图②

根据考古勘探和发掘资料，截至 2008 年，偃师商城已发现了 6 座城门

① 中国社会科学院考古研究所编著：《偃师商城》(第一卷)上册，科学出版社 2013 年版，第 114 页。

② 中国社会科学院考古研究所编著：《偃师商城》(第一卷)上册，科学出版社 2013 年版，第 10 页。

(南城门目前位置不详,有待今后的工作确认),西城墙3座,东城墙2座,北城墙1座。其中经考古发掘的有4座,西一城门、西二城门、西三城门和东一城门。从目前所获资料判断,在偃师商城的城墙上很可能存在着8座城门,东西各三,南北各一。从偃师商城已发现城门的布局特点来看,具有很强的对称性,这表明,偃师商城城门的设置是经过严格规划、精心设计的。偃师商城经过发掘的城门有四座,分别是西城墙上的西二城门(1983年发掘)、西一城门(1994年发掘)、西三城门(2008年发掘)和东城墙上的东一城门(1984年发掘)。基本形制是长条状通道式,门道两侧是紧贴大城城墙夯土的木骨夯土墙,两墙之间是通行的道路。西一城门和东一城门的门道路土下面还有地下水道,西二城门和西三城门则没有地下水道。①

迄今探明的偃师商城城址包括大城、小城、宫城三重城垣。大城城垣西南两面垂直,北垣东段向东南斜收,为避开城址东南一个坡地,东垣中段偏南部位的墙体又向西南部收缩,使整个城址略呈刀形,中部往北宽敞,南部犹如一短窄刃柄,方向梯度为7°(以西城墙为准)。建筑方法是先下挖基槽,施完底夯后,逐层铺垫夯打,基槽口部略宽于墙体基部,墙底一般宽17—19米,有的超过20米。距原地面残存高度1—3米不等。护城壕宽18—20米,环绕于城垣外侧四周,城址总面积200余万平方米。

小城位于大城西南部,大致呈长方形,南北长1100米,东西宽740米,面积约80万平方米。墙宽6—7米,建筑方法同大城城墙基本一致。其南端、西墙和东墙的南段同大城城墙重合。通过南墙和西墙的发掘证明,小城的修建早于大城。当扩建大城时,曾利用小城南城墙、西城墙及东城墙的南段,将其内、外两侧加宽并加高。就是说,在上述地段,小城城墙是包在大城城墙之内的。至于大城西墙北段(约600米)、北城墙全部、东城墙的大部则为新建。② 这样一个城址的建筑格局是不能以防御性的军事城堡来解释的。

宫城在小城纵向轴线偏南部位。初建时的宫城大体呈正方形,面积约4万平方米,四周有宽约2米的宫墙。宫殿建筑群密集分布于宫城的中、南部。其中,偏东侧的4号、5号、6号三座殿址表明,宫殿规模宏大,结构复杂,如2号宫殿的主殿基阔90余米,是已知商代早期规模最大的宫殿单体建筑之一。宫城内有水井和较完备的排水系统。其东、西两侧各有一条用

---

① 中国社会科学院考古研究所编著:《偃师商城》(第一卷)上册,科学出版社2013年版,第195页。

② 高炜、杨锡璋、王巍、杜金鹏:《偃师商城与夏商文化分界》,《考古》1998年第10期。

石板垒砌或上铺木料封盖的排水暗渠，经大城东、西墙的南门下通往护城壕，其中东侧的一条长 800 米。①

此外，在大城西南隅的“第二号建筑群基址”，面积 4 万多平方米，四周也有围墙，内部是成排的长条形建筑基址，共 6 排，每排 16 座，每座基址南北长 20 米，东西宽 6 米。室外有廊，室内有纵向隔墙等分成三部分。从其形制与布局看，应属府库一类建筑遗存。在宫城东北方（小城东墙外）也有一处类似的建筑群（称第三号建筑群）基址，尚未发掘。在大城中部和北部，曾发现多处中、小型建筑、窖穴、水井、灰坑，推测为中、下层居住区，并有数座陶窑作集中分布的制陶作坊。在大城东北隅则发现商代早期的青铜器炼铜遗迹。②

应该进一步说明的是，1996 年 5 月—1997 年 4 月在偃师商城东北隅的考古发掘中，曾出土有与青铜铸造与冶炼有关的许多遗迹与遗物。在偃师商城遗址东北隅护城坡内出土有铜渣；在护城坡所叠压的灰坑内发现有铜渣、木炭和陶范；在城内夯土里出土有铜渣、木炭以及陶范和坩埚的残片；在护城坡下的地面上发现有红烧土面和红烧土坑等。凡此遗迹遗物，都证明这里应是一处商代早期的青铜冶铸作坊遗址。……从现有的地层关系和遗迹现象来看，偃师商城东北隅的青铜冶铸遗存是先于此处城墙而存在的早商文化遗存。修建城墙时破坏了这里的青铜冶铸作坊。③ 以上事实充分说明，偃师商城内是存在手工业作坊的。所以，考古发掘工作者特别强调指出青铜冶铸在夏商周三代是实力和技术含量很高的行业，在一般聚落中不可能存在。青铜冶铸作坊往往是都邑的重要组成部分。这次在偃师商城发现的铸铜遗存，从层位关系上看早于该段城墙，这说明在该段城墙修建之前，这里的商文化遗址已有相当规模，商人已具备雄厚的实力。④

值得重视的是，偃师商城的布局表现出比较严格的对称性。偃师商城以一条几乎贯穿南北的大道为中轴线，东西城门和部分宫殿建筑依中线为轴大致呈对称分布。具体到单个宫殿建筑，其布局也十分讲究对称性，如第四号宫殿建筑和第五号建筑大门基本上位于宫殿前部南庑正中，庭院两侧东庑和西庑呈对称布局。盘龙城商城局部地区建筑格局似也有一“轴线”，如目前所知三座宫殿建筑大致呈南北并行排列，已发掘的一处宫殿建筑，共

① 高炜、杨锡璋、王巍、杜金鹏：《偃师商城与夏商文化分界》，《考古》1998 年第 10 期。

② 高炜、杨锡璋、王巍、杜金鹏：《偃师商城与夏商文化分界》，《考古》1998 年第 10 期。

③ 杜金鹏、王学荣、张良仁、谷飞：《试论偃师商城东北隅考古新收获》，《考古》1998 年第 6 期。

④ 中国社会科学院考古研究所河南第二工作队：《河南偃师商城东北隅发掘简报》，《考古》1998 年第 6 期。

由两大两小四室构成,呈两大室居中,两小室侧翼的对称方式格局,……这种讲求对称性建筑布局的构想,上承夏代二里头遗址发掘出的宫殿建筑,向下对商代后期安阳殷墟的宫殿建筑,以及周人在岐山营建的大型组合式建筑群等都产生深远影响,甚至影响到秦汉及其以后。就目前发现状况而言,偃师商城“择中立宫”及对称性布局的严格、规整程度,在商代前期还属特例。① 这是偃师商城王都性质的又一证据。偃师商城遗址“择中立宫”及其对称性布局的规划特征,从一个侧面证实了偃师商城不太可能是一般的军事城堡或防御重镇,而应该是一座具有政治中心性质的王都遗址所在,这一点似无疑问。

最后,从目前考古发掘资料所显示的偃师商城南部三座方形小城的空间关系来看,偃师商城也应该是一座王都。在偃师商城的南部以宫城为中心,宫城的东、西两侧各置东、西两座小城,其编号分别为 1 号、2 号、3 号遗址,有的考古报告中也称 2 号或 3 号遗址为府库。主持偃师商城发掘的赵芝荃先生认为商城遗址南部的东、西两座小城实为宫城的卫城,其性质与后世的“左祖右社”相仿。宫城每面长 200 余米,四周以 2 米厚的夯土墙相围,南面开一大门,围墙中部是一座长、宽各数十米的主体宫殿,左右各配套两座与之相似的宫殿,前面是笔直的大道直通南门以外,在大道两旁和主体宫殿后面还有多座宫殿建筑,有的面积较大,自成一体;有的面积较小,左右对峙。这些建筑错落有致,共同簇拥着主体宫殿,组成一个庞大的宫殿建筑群。东西卫城长、宽均不过 200 米,面积较宫城为小,四周也有围墙,里面布满排房式的建筑,各基址面积大体相同,排列整齐有序,形制与汉魏洛阳城东北隅的武库、太库相仿,是宫城的辅助建筑。在宫城四周还有十余座宫殿建筑,与东、西小城拱卫着宫城,几乎布满南部半个城址。这是我国目前发现最早的一座宫城建筑,完全具备后世宫城的形制与内容,绝非一般的统治者所据有,恰与“西亳”身份相符。这座宫城位于大城之南部,与《考工记》所载的“面朝背市”亦相合(图 6-3)。② 从这里我们不难看出,偃师商城遗址应该是商代早期的王都所在,具体地讲,其应为汤都西亳无疑。商汤虽定都西亳,但偃师西亳并非商汤灭夏“始居”之亳,随着灭夏后商人势力的不断壮大和向东方继续发展的需要,商人“大其亳邑”的地理范围,于是郑州商城应时而生。从商代早期商人都城的设置和迁移的历史过程来看,商人都城的创制经历了由小到大,由简单到复杂的自然发展规律。因此,我们认

---

① 王学荣:《偃师商城布局的探索和思考》,《考古》1999 年第 2 期。

② 《赵芝荃考古文集》,科学出版社 2008 年版,第 226—227 页。

为在探讨商代都城发展的历史进程时，绝对不能将山西垣曲商城遗址、偃师商城遗址和郑州商城遗址三处重要遗址割裂开来，而应将三者紧密联系进行考察，这样才能窥见早商历史发展全貌，找到问题的本质所在。而研究这一问题的核心在于说明商代都城的发展是有一定规律的，商人都城规模的不断扩大是商人国力不断提升的结果，所以我们不能以其城址的规模大小，而论其都城的性质。

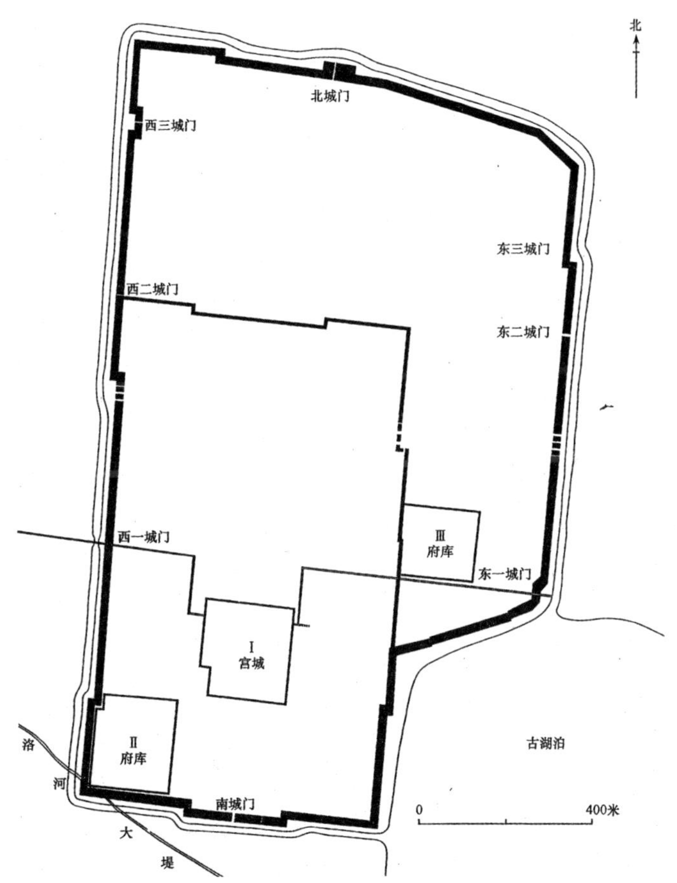

图 6-3　偃师商城遗址总平面图①

① 中国社会科学院考古研究所编著:《偃师商城》(第一卷)上册，科学出版社 2013 年版，第 11 页。

第二节 垣曲、偃师、郑州三座商城的相互关系

一、规模大小不能作为确定城址性质的依据

佟伟华先生认为:“垣曲商城与其他几座已发现的商代城址相比,有自己的特点。首先,面积上远远小于郑州和偃师两座大城,不具备王都的气势和规模。其次,筑城地点交通不便,选址在三面环水的南关台地上,陆地上仅有西边作为出口。”①

邹衡先生早年也提出过类似问题。邹衡先生认为目前全国已发现早商城址共有郑州商城、偃师尸乡沟商城、夏县东下冯商城、垣曲古城镇商城、黄陂盘龙城商城5座,邹先生列有比较表格,将郑州商城、偃师尸乡沟商城等五座商城的规模作过比较(表6-1)。

表6-1 五座商城规模比较

商城	城垣周长(约数)	城内面积(约数)
郑州商城	6960米	300万平方米
偃师尸乡沟商城	5900米	190万平方米
夏县东下冯商城	1580米	13.69万平方米
垣曲古城镇商城	1490米	12万平方米
黄陂盘龙城商城	1080米	7.54万平方米

邹先生认为从上可以看出,古城镇商城仅大于盘龙城商城,与东下冯商城大体相似。论城垣周长,郑州商城比它大至4.6倍,尸乡沟商城大它约4倍。论城内面积,郑州商城比它大至25倍,尸乡沟商城大它约16倍。规模大小相差如此悬殊,倘若古城镇商城为汤之亳都,那么与它基本同时的郑州商城和尸乡沟商城又该是商汤的何都?这将是难以解答的问题。② 佟伟华先生也认为垣曲商城的面积仅是郑州商城的1/25,偃师商城的1/16,显然

① 王月前、佟伟华:《垣曲商城遗址的发掘与研究——纪念垣曲商城发现20周年》,《考古》2005年第11期。

② 邹衡:《夏商周考古学论文集》(续集),科学出版社1998年版,第213页。

缺乏王都的气势和规模。① 邹衡、佟伟华先生对于垣曲商城规模较小的质疑,我们认为是完全可以理解的。在这个问题上,我们认为应该强调说明的是城址规模的大小不能作为决定城址性质和功能的唯一依据。考察古代城址的性质与功能不仅不能脱离当时的历史条件与时代背景,而且还要与以后的历史发展相印证,用历史发展的眼光去看待城址性质与功能的变化,即所谓原始察终。

我们之所以强调垣曲商城为"汤始居亳"之亳都,是因为就当时的历史背景而言,商汤并未完成灭夏大业,尚未取得全国政权,商汤"从先王居",其势力尚局促于垣曲盆地一隅,所以"始居亳"之都城当然很小。在这一历史时期,商人只能建筑小城,并以此为都。历史文献中对商汤"始居亳"时商族政治影响力的记载非常清楚。《淮南子·泰族训》曰:"汤处亳七十里。"②《管子·轻重篇甲》:"夫汤以七十里之薄,兼桀之天下"。③《淮南子》、《管子》等书中说商汤部落的实际控制范围仅有七十里。除了"七十里"一说外,《墨子·非命篇上》曰:"古者,汤封于亳,绝长继短,方地百里。"④《荀子·王霸篇》:"汤以亳,武王以鄗,皆百里之地也。"⑤《荀子·议兵篇》曰:"古者汤以亳,武王以滈,皆百里之地。"⑥《战国策·楚策四》客说春申君曰:"汤以亳,武王以鄗。"⑦《墨子》、《荀子·王霸篇》等又以汤处"方百里"之地,不论"七十里"还是"百里",均说明商汤"始居亳"时不仅经济力量弱小,而且其政治影响力也相当有限。在这样的历史背景下,商汤是不可能也没有足够的政治、经济力量去建筑像偃师商城、郑州商城那样规模宏大,具有政治中心性质的王邑都城。作为商王朝的三座早期王都,若将垣曲商城、偃师商城、郑州商城相比较,郑州商城规模最大,出土各种遗迹、遗物极为丰富,郑州商城不仅有宫殿区、内城,而且还有外郭城墙,商人建筑郑州商城之际,已经取得了全国政权,随着商人势力的不断东扩,商人又"大其亳邑"范围以控驭东方国土,故有郑州商城的设置。郑州商城的创置,是商人国力强盛的反映。商代早期都城由小到大、由西向东的发展历程是同商

---

① 佟伟华:《商代前期垣曲盆地的统治中心——垣曲商城》,《中国历史博物馆馆刊》1998年第1期。

② 张双棣:《淮南子校释》卷20《泰族训》,北京大学出版社1997年版,第2090页。

③ 黎翔凤撰:《管子校注》卷23《轻重甲》,中华书局2004年版,第1401页。

④ 吴毓江撰,孙启治点校:《墨子校注》卷9《非命上》,中华书局1993年版,第401页。

⑤ (清)王先谦:《荀子集解》卷7《王霸》,中华书局1988年版,第204页。

⑥ (清)王先谦:《荀子集解》卷10《议兵》,中华书局1988年版,第290页。

⑦ (汉)刘向集录:《战国策》卷17《楚策四·客说春申君》,上海古籍出版社1985年版,第565页。

代历史发展紧密联系在一起的。因此,考察以都城为中心的商王朝早期历史发展进程,我们必须将垣曲、偃师、郑州三座商城联系起来,这样才能够窥见历史的真实。正是因为垣曲商城规模较小,结构简单,故才最有可能是“商汤始居之亳”的亳都,这是由当时的历史条件和历史背景决定的。

另外,垣曲商城的交通条件问题。佟伟华先生认为垣曲商城的筑城地点交通不便,选址在三面环水的南关台地上,陆地上仅有西边作为出口。由于交通条件不便,所以垣曲商城不太可能是“汤始居亳”的亳都。

在这里,我们想强调说明的是垣曲商城遗址及其交通条件并非不便。包括都城在内的中国古代城址的选择都有其深刻的地理条件和地理基础。《墨子·辞过第六》曰:“古之民,未知为宫室时,就陵阜而居,穴而处。下润湿伤民,故圣王作为宫室,为宫室之法,曰:高足以辟润湿,边足以圉风寒,上足以待雪霜雨露,宫墙之高,足以别男女之礼。谨此则止。”在这里,《墨子》总结中国古代“宫室之法”的原则是地基的高度足以避湿气,四周可以御风寒,屋顶足以御霜雪和雨露,墙壁的高度足以分隔内外,使男女有别。[①] 这是中国古代建筑的基本原则。《管子·乘马第五》中又记载有中国古代都城的选址必须与地理条件相适应的规划思想。古人认为凡是营建都城,不是在大山之下,也一定在大河的近旁。高不可近于干旱,而保证水用充足;低不可近于水潦,而节省沟堤修筑。要依靠天然资源,要凭借地势之利,所以,城郭的构筑,不必拘泥于合乎方圆的规矩;道路的铺设,也不必拘泥于合乎平直的准绳。[②] 即所谓:“凡立国都,非于大山之下,必于广川之上。高毋近旱而水用足,下毋近水而沟防省。因天材,就地利。故城郭不必中规矩,道路不必中准绳。”[③]《墨子》、《管子》等古代文献中所谈到的中国古代城址选择的基本原则都是值得我们认真思考的。

具体到垣曲商城的选址而言,它不仅选择在垣曲盆地政治、经济、文化发展的中心地带,而且自龙山文化以来,城址选择虽不断变化,但其在垣曲盆地的核心地位却不断被加强。垣曲的二里头文化继龙山文化之后在垣曲境内及垣曲盆地内迅速发展,遗址分布密集,总数多达十余处,古城地区及周围就有西关、南关、小赵、宁家坡、南堡头、丰村、龙王崖、口头、后湾、西滩、寨里、关家、河堤等遗址。在古城地区,二里头文化早期阶段(二里头文化一、二期)的人类离开了东关遗址,开始定居在地势较高的位于古城西北亳

① 李渔叔注译:《墨子今注今译》卷1《辞过》,天津古籍出版社1988年版,第28页。

② 赵守正译注:《白话管子》,岳麓书社1993年版,第20页。

③ 黎翔凤撰:《管子校注》卷1《乘马》,中华书局2004年版,第83页。

清河北岸的西关遗址,这或许与东关地势较低存在着水患威胁有关。在西关遗址发现了二里头早期的灰坑等遗迹,出土了花边口舌形鲋圆腹罐等典型二里头早期遗物。到了二里头晚期,古城聚落的位置则发生了很大变化,或许是由于受到自然灾害的威胁,或许是文明时期掠夺、征战的需要,人类开始注意到南关高台地所占有的依山环水、居高临下、易守难攻的险要地理优势,从这时起古城聚落迁至高台之上,并在这里发展成前所未有的二里头晚期的大规模居址。在这以前,古城聚落多在盆地中心地势较低的駶河、亳清河岸边移动,变化很小,二里头晚期古城聚落位置的重大变化表明人类利用自然环境能力的提高,也表明进入阶级社会之后,人类之间争夺领土、资源、交通要地等的战争频繁发生,这迫使人类必须占领在军事上具有战略意义的地理位置,以有效地进行防守和抵御外来的进犯。当商人灭夏之后也很快地占领了这块高台地,并以这一二里头晚期的聚落为基础兴建了商城。从以上古城地区古代文化发展的历程中不难看出,垣曲商城之所以兴建于垣曲盆地中心古城南关的高台地上,是有其深厚的历史渊源的。① 从考古工作者所总结的二里头文化以来垣曲商城城址变化的规律来看,垣曲商城城址的选择是经过精心规划的,不仅如此,可以肯定的是自龙山文化以来,垣曲商城所在的区域一直是垣曲盆地古文化的核心地区。

就垣曲商城周边的交通条件来看,垣曲商城四周虽为群山环抱,但以商城为中心所构成的西北、东南和南向的三条大道均以垣曲商城为交汇点,这使得商城所在的垣曲盆地成为一处封而不闭的独特空间。

具体地讲,从垣曲商城向西北溯亳清河而上有一条大道,这条大道有悠远的历史,公元前636年冬,晋文公贿通居住在今垣曲皋落的赤狄别族皋落氏,修通经皋落到阳樊(今济源市)的“东道”,后发展为经皋落到绛(今翼城)的“成周晋绛道”。明、清时期,此道为晋、豫主要驿道之一,始自太原,经榆次、侯马于横岭关入(垣曲)县境,经梨树(今上官店一带)、皋落、前青廉、交斜、王茅、亳城至县城(《垣曲县志》中所说的县城,即今垣曲古城镇,笔者注)。② 皋落乃春秋赤狄别种东山皋落氏的聚居地,在今垣曲古城镇西北五十里皋落镇。垣曲古城镇商城向南、向东又可分成两路。由古城镇商城向南的一路,经今济民渡过黄河可以达河南三门峡渑池、义马。就水运而

① 佟伟华:《商代前期垣曲盆地的统治中心——垣曲商城》,《中国历史博物馆馆刊》1998年第1期。

② 王云洲主编:《垣曲县志》,山西人民出版社1993年版,第241页。

言,垣曲境内唯黄河可资航运。黄河由夏县瓮口入垣曲县境,流经安窝、古城、窑头三个乡镇,于马蹄窝出境入河南省济源市境,垣曲县境内黄河段全长46公里,可上下通航和南北摆渡。① 济民渡位于古城镇东滩村,为垣曲县境内黄河航道上的最大渡口,也是垣曲进出口货物的主要集散地,货物以河东潞盐为最多,故有“盐运码头”之称。② 自济民渡口过黄河即进入河南三门峡渑池县境,渑池县黄河岸边的南村渡口与垣曲济民渡遥遥相望,北宋时吕蒙正于渑池筑石路,道通南村渡口,今有遗迹尚存。③ 自南村渡口向南经上涧、后涧、西阳即达渑池,从渑池折向东经今三门峡义马、洛阳新安、孟津就是偃师二里头、商城一带,交通十分便利。自垣曲古城镇商城向东也是一条历史悠久的大道,这条东向大道自古城镇商城向东北行,经今胡村、圣佛头(今英言)、折向东经龙尾头、蒲掌、西阳、由河东进入河南济源市邵原镇境内,今济源市邵原镇就是这条大路上的枢纽。邵原遗址位于邵原镇北寨南,处于高台地上,文化层厚约1.8米。上层为仰韶文化早、中期,下层为裴李岗文化后期,内涵丰富的陶片,陶质脆,以泥质红陶较多,褐陶次之。器物多为手制、泥条盘筑法。可辨器形有小口双耳壶、敞口圆底钵、平底碗等。纹饰有拍印、指甲纹、划纹、篦纹。还发现有石棒、石盘、炭迹、骨块、红烧土、灰坑等物。该遗址北5公里是巍峨的鳌背山(中条山主峰),西边200米有条小河,中间是一片开阔的平台,避风向阳,适合古人居住和生活。甲骨卜辞中有召方地名,召方地望就在今济源市邵原镇北一带。邵原向东沿王屋山南麓的这条大道虽蜿蜒曲折于崇山之侧,但相对而言较为平坦易行,位于济源市王屋镇封门口村东的轵关,不仅为“太行八陉”中的第一陉,而且地当豫、晋交通要冲,两山夹峙,号称“封门天险”,今天济源通往山西垣曲公路就穿越关口而过。阳樊、原城是这条大道上的著名城邑,阳樊遗址在今济源市西承留镇北的曲阳村,东西长约240米,南北宽约210米。阳樊遗址上限属龙山文化时期,发现有龙山时期的石斧、石镰、石铲,也出土有西周和春秋时的陶鬲残片。原城遗址在今济源市庙街村西,该遗址上限可至龙山时期,下限可到西周。《古本竹书纪年》中有“帝宁居原”的记载,帝宁是少康之子,或作帝予、帝杼、后杼等。夏代帝宁所居之原地,当指此而言。自阳樊、原城可分出两路,一路向东,沿沁河南岸可至今焦作、新乡、安阳,焦作、新乡一带就是先商文化的主要分布区域。由阳樊、原城向南,经轵城

---

① 王云洲主编:《垣曲县志》,山西人民出版社1993年版,第246页。
② 王云洲主编:《垣曲县志》,山西人民出版社1993年版,第247页。
③ 洛阳市交通志编撰委员会编:《洛阳市交通志》,河南人民出版社1986年版,第71页。

镇，再向南不远即是黄河岸边，由盟津渡过黄河可至今孟津县境，孟津与偃师西、东毗邻，偃师商城、二里头遗址就位于现在孟津、偃师两县市交界向东不远的偃师市境西部（图 6-4、图 6-5）。由此看来，由垣曲古城镇商城遗址向东经山西垣曲县胡村、英言、蒲掌、西阳，河南济源邵原、封门、阳樊、原城的这条大道向东联接了先商文化区，向南过黄河则又可达早商文化区的核心地区——偃师商城周边区域，其交通条件并非不便，这一点是我们应该强调说明的。

图 6-4　“封门天险”与太行八陉之“轵关”

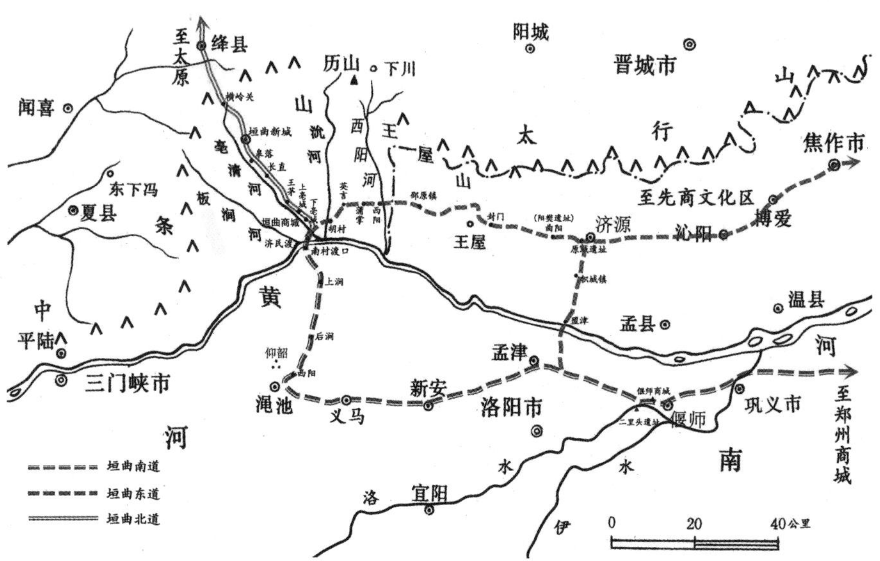

图 6-5　垣曲商城周边道路交通图

二、垣曲、偃师、郑州商城与文献中的“三亳阪尹”

垣曲商城的年代问题是商史研究中的一个重大问题,学术界意见很不一致。我们主张将垣曲、偃师和郑州三座商城的年代进行综合的考察,原始察终,以探明商代早期都城的更替和政治发展脉络。

曾经主持垣曲商城发掘工作的佟伟华教授认为:“近几年来由于垣曲商城的发掘资料不断丰富,对于垣曲商城的始建年代有人进一步推断为二里岗下层晚段,笔者认为这一推断是可以成立的,故城址大抵始建于二里岗下层晚段并延续使用到二里岗上层晚段。若以垣曲商城和偃师商城相比,它的始建年代可能比偃师商城稍晚,而与郑州商城的始建年代大体相当。”①佟教授认为垣曲商城大抵始建于二里岗下层晚段,与偃师、郑州商城始建年代大体相当。王睿先生也认为:“垣曲商城远离商文化的中心——豫西地区,北越黄河,建在二里头文化东下冯类型的分布区,其位置的选择,城的结构和墓葬都表现了浓厚的军事色彩,很可能是一座为监视和控制夏遗民而修建的军事城堡。”②在这里,王睿先生认为垣曲商城是商王朝在二里头文化东下冯类型分布区内营建的一座军事城堡。

佟伟华教授还进一步强调认为在商王朝的周边地区营建这座军事城堡,其目的可能有两个:

第一,保卫商王朝的中心区,控制黄河及以北地区。垣曲商城所在的晋南地区素有夏墟之称,这里和豫西都是二里头文化分布的主要地区,曾是夏人活动的主要区域。垣曲盆地及其周围的二里头文化遗址间的距离一般不过2—3公里,表明垣曲盆地曾是夏人密集的活动区。当商人征服夏族之后,随着夏王朝的崩溃,可能会有一些夏人逃离晋南豫西这一中心地区,但大部分被征服的夏移民只能在本土作商王朝的臣民,这些人及其后裔不可避免地成为商王朝建立与巩固的敌对势力。商人选择了与豫西隔河相望的垣曲古城建筑军事城堡,正是《周易·坎卦》所谓:“王公设险以守其国。”

第二,占领与控制商代重要的铜矿资源——中条山铜矿产地。在垣曲小盆地西北,距商城仅20—30公里的中条山是历史上早已为人类所知的铜、锡、铅等有色金属矿产资源产地。……垣曲商城的兴建就是要将中条山

① 佟伟华:《商代前期垣曲盆地的统治中心——垣曲商城》,《中国历史博物馆馆刊》1998年第1期。

② 王睿:《垣曲商城的年代,文化归属及其性质》,北京大学考古系硕士学位论文,1996年,第15页。

矿产资源纳入自己的控制范围中。①

上述这些有关垣曲商城性质的认识有进一步探讨的必要，现仅就此问题谈谈我们的看法。

我们认为对垣曲商城性质的正确认识必须建立在对该城址年代判断正确无误的基础上，此问题虽然在本研究第四章第二节中有所涉及，但在此仍有必要做进一步的探讨。中国历史博物馆考古部、山西省考古部研究所、垣曲县博物馆编著的《垣曲商城 1985—1986 年度勘察报告》中根据 1985—1986 年的考古发掘资料明确指出垣曲商城的年代："……根据以上推测，城垣当始建于商代二里岗下层时期，并延续使用到二里岗上层时期，与郑州商城和偃师商城的年代大体相当。"②这个结论应该说是正确的。《垣曲商城 1985—1986 年度勘察报告》中虽然明确说明垣曲商城的始建年代在二里岗下层时期，但二里岗下层又分为早、晚两期，该城址究竟始建于早、晚两期中的哪一期，还须深入研究。我们认为对城址年代的确定，除了考古地层学的方法外，还要将历史文献记载与碳十四测年的结果相印证，并以之为依据来判断遗址的年代。

垣曲商城的绝对年代，经中国社会科学院考古研究所实验室与北京大学考古系实验室对有关标本进行碳十四测定，得到五个数据：

二里头晚期的灰坑有三个数据：BK87029 T3561H303 为距今 4030±80 年（公元前 2080±80 年）（未经树轮校正，C^{14} 半衰期为 5730 年，以下同），BK87030 T2464H291 为距今 3900±80 年（公元前 1950±80 年），ZK－2125 T2871H153 为距今 3700±75 年（公元前 1750±75 年）。前两个数据似嫌偏早，参照 ZK－2125，则二里头晚期的绝对年代大抵在距今 3700 年（公元前 1700 年）左右。

二里岗下层的灰坑有一个数据：BK87031T2970H336 为距今 3700±80 年（公元前 1800±80 年），亦以嫌偏早。

二里岗上层的灰坑有一个数据：ZK－2123T2862H105 为距今 3260±90 年（公元前 1310±90 年），二里岗上层的绝对年代约距现在 3200 年（公元前 1300 年）。③

---

① 佟伟华：《商代前期垣曲盆地的统治中心——垣曲商城》，《中国历史博物馆馆刊》1998 年第 1 期。

② 中国历史博物馆考古部、山西省考古部研究所、垣曲县博物馆编著：《垣曲商城 1985—1986 年度勘察报告》，科学出版社 1996 年版，第 274 页。

③ 中国历史博物馆考古部、山西省考古部研究所、垣曲县博物馆编著：《垣曲商城 1985—1986 年度勘察报告》，科学出版社 1996 年版，第 274 页。

《垣曲商城 1985—1986 年度勘察报告》中明确指出:“垣曲商城城址的地层关系表明,属于二里岗上层和下层的文化层以及这一时期的灰坑、沟壕、墓葬等遗迹叠压或打破城墙墙体及基槽,城墙墙体和基槽又叠压和打破二里头晚期文化层及其部分灰坑和房址,城墙夯土中夹杂着二里头晚期的陶片。同时,二里岗上下层堆积在城址内普遍存在,遗存最为丰富。这些均说明,这座城址的年代应始建于商代二里岗下层并延续使用到二里岗上层时期。其绝对年代大抵在距今 3400—3200 年左右。这座城址的年代应始建于商代二里岗下层并延续使用到二里岗上层时期,其绝对年代大抵在距今 3400—3200 年左右。”①

我们依据《垣曲商城 1985—1986 年度勘察报告》所提供的上述城址年代数据,并以之再与郑州商城、偃师商城的碳十四年代测定数据作一比较,即可分辨垣曲、偃师、郑州三座商城的年代顺序。袁广阔先生在《郑州商城始建年代研究》一文中依据夏商周断代工程中相关测年资料探讨郑州商城的绝对年代:商城洛达庙晚期 VT155G3 兽骨的碳十四年代为 1680 年 B.C-1670 年 B.C,1630 年 B.C-1540 年 B.C。郑州商城洛达庙遗存 T232H231 骨头的碳十四年代为 1740 年 B.C-1630 年 B.C,T231H230 为 1690 年 B.C-1610 年 B.C,T155G3 为 1640 年 B.C-1605 年 B.C,T232H233 木炭的碳十四年代为 1640 年 B.C-1605 年 B.C,二里岗下层一期 T166G2 兽骨的碳十四年代为 1580 年 B.C-1490 年 B.C,T323 夯土出土木炭为 1600 年 B.C-1540 年 B.C,1600 年 B.C-1525 年 B.C,C1H9 卜骨为 1600 年 B.C-1530 年 B.C,C1H9 骨匕为 1600 年 B.C-1530 年 B.C,T166G2 骨头为 1600 年 B.C-1540 年 B.C。② 这些测年资料很重要,袁先生还强调认为碳十四测年显示郑州商城洛达庙遗存为 1670 年 B.C-1640 年 B.C,二里岗下层一期为 1600 年 B.C。而且目前发现商城始建于二里岗下层之前,因此,郑州商城应建于公元前 1640—前 1600 年之间。③ 除了袁广阔先生的看法以外,杨育彬先生对于郑州商城年代的推定似乎更晚,杨先生通过对郑州商城城墙和宫殿建筑等典型遗址的考古学年代分析,认为郑州商城的始建年代当在二里岗下层一期晚段。具体地讲,郑州商城的始建年代最早为公元前 1500 年左右,即距今 3500 年,不可能再提早到距今 3600 年。据“夏商周年表”,商灭夏建国之

① 中国历史博物馆考古部、山西省考古部研究所、垣曲县博物馆编著:《垣曲商城 1985—1986 年度勘察报告》,科学出版社 1996 年版,第 324 页。

② 夏商周断代工程专家组:《夏商周断代工程 1996—2000 年阶段成果报告》,世界图书出版公司 2000 年版。

③ 袁广阔:《郑州商城始建年代研究》,《中原文物》2003 年第 5 期。

时为公元前 1600 年,即距今 3600 年,那是由于偃师商城始建于二里头文化四期之时所测定的年代要比始建于二里岗下层一期的郑州商城早一大阶段。郑州商城既然最早距今 3500 年,那也就从年代上否定了郑州商城是商初之亳都。[①] 这一结论较袁广阔先生所确定的郑州商城始建时间更晚,杨先生认为此年代数据的确定由于克服了"过去 AMS 设备调试得没有今天这样好"的局限,因此,这一测年数据"误差小、更科学、更准确,更接近于实际"[②]。

对于偃师商城的性质,尽管学术界有不一致的看法,如有汤居西亳说[③]、桐宫说[④]、军事重镇说[⑤]等等,但不管怎样,大家都倾向认为偃师商城是一座具有王都性质的城址,这一点似乎没有疑问。

董琦先生是较早对偃师商城的年代进行探讨的学者。在偃师商城测年数据尚未发表时,他强调指出我们可以根据二里头第四期文化与二里岗下层文化的测定数据,来卡偃师商城的绝对年代。他指出偃师二里头遗址四期的木炭测定数据有三个,年代较晚的一个数据(ZK-286)是公元前 1625 年(经树轮校正年代)。郑州商城二里岗下层的木炭测定数据有一个(ZK-178),是公元前 1620 年(经树轮校正年代)。分析以上的测定数据,二里头第四期文化与二里岗下层文化之间的绝对年代,当在公元前 1600 年左右。偃师商城的考古学文化相对年代既然是二里岗下层,那么它的绝对年代也不会超出公元前 1600 年左右,不会偏差太大。陈梦家先生云:"姑定纪元前 1600 年为商代的开始,与放射性碳素测定年代正相合。"最后,董琦先生认为偃师商城年代可以确定:它是一座商城早期遗址,它始建于二里岗下层文化,它的绝对年代不会超过公元前 1600 年左右。[⑥] 这一结论,与 2013 年新出版的《偃师商城》一书中"偃师商城年代"节内所列偃师商城 C^{14}测年的数据基本一致。《偃师商城》一书认为根据考古学上的地层关系,结合古代文献的有关记载,我们在 C^{14}测年专家所给出的偃师商城 C^{14}数据中,暂作如下采纳:偃师商城商文化第一期的起始年代,为前 16 世纪前叶,或曰接近前 1600 年;偃师商城商文化第三期的终结时间,为公元前 14 世纪前叶,或曰约公元前 1360 年。[⑦]

---

① 《杨育彬考古文集》,科学出版社 2011 年版,第 202 页。

② 《杨育彬考古文集》,科学出版社 2011 年版,第 202 页。

③ 赵芝荃、徐殿魁:《偃师商城的发现及其意义》,《光明日报》1984 年 4 月 4 日第 3 版。

④ 邹衡:《偃师商城即太甲桐宫说》,《北京大学学报》1984 年第 4 期。

⑤ 郑杰祥:《关于偃师商城的年代和性质问题》,《中原文物》1984 年第 4 期。

⑥ 董琦:《偃师商城年代可定论》,《中原文物》1985 年第 1 期。

⑦ 中国社会科学院考古研究所编著:《偃师商城》(第一卷)下册,科学出版社 2013 年版,第 730 页。

根据以上三座城址的碳十四测定年代数据来看,山西垣曲商城二里头晚期的绝对年代大抵距今3700年,即公元前1700年左右,二里岗上层的绝对年代距现在3200年(公元前1300年)。偃师商城的绝对年代为公元前1600年。而郑州商城的年代,为公元前1500年左右,即距今3500年。通过以上三个数据的比较,可以看出山西垣曲商城的时间最早,其次是偃师商城遗址,再次才是郑州商城遗址。垣曲、偃师、郑州三座商城的时代顺序对我们认识商代早期都城的更替与商代初期政治的发展具有非常重要的价值。

古代文献中有“三亳阪尹”之说。《尚书·立政篇》记载:“夷微卢烝,三亳阪尹”。曾运乾《尚书正读》对“三亳”的解释是:“三亳者,汤旧都之民服文王者,分为三邑。其长居险,故言阪尹。盖东成皋,南轘辕,西降谷也。刘逢禄云,经意盖以前代旧都,九州之险,王制所谓名山大泽,不以封诸侯者,皆立尹以统之,是也。”①

周秉钧《尚书易解》卷四引郑玄曰:“三亳者,汤旧都之民服文王者,分为三邑。”王船山说:“三亳者,殷之故都也。阪者,安邑之阪,夏之故都也。武王初定天下,于二代之墟立王官以尹之,所以安辑之也。”②

以上解释可以看出,历代经学家们都把商汤的都城分为三邑,但此三亳或三邑到底在何处?古往今来经学家们都没有作出明确解释。

最早对这个问题提出解释的是西晋皇甫谧,皇甫谧的《帝王世纪》曰:“然则殷有三亳,二亳在梁国,一亳在河南。南亳偃师,即汤都也。蒙为北亳,即景亳,汤所盟地。偃师为西亳,即盘庚所徙者也。故《立政》篇曰:三亳坂尹也。”③以后的历史文献在此问题上也都沿用皇甫谧的说法。《初学记》卷二十四引:“殷都有三亳,谷熟为南亳,偃师为西亳,汤都即南亳也,或云西亳。……及盘庚五迁,复南都亳之殷地,则西亳也。”④北魏郦道元《水经注》卷二十三汳水下载:“汳水又东迳大蒙城北,……疑即蒙亳也。所谓景薄为北亳矣。椒举云:商汤有景亳之命也。阚骃曰:汤都也。……皇甫谧以为考之事实,学者失之,……今梁国自有二亳。南亳在穀熟,北亳在蒙,非在偃师也。”⑤郦道元未能辨识出“三亳”的区别,也以南亳为谷熟,北亳为蒙。宋代《玉海》卷十六:“皇甫谧以为,蒙为北亳,谷熟为南亳,偃师为西

① (清)曾运乾:《尚书正读》卷6《立政》,中华书局1964年版,第253页。

② 周秉钧:《尚书易解》,岳麓书社1984年版,第268页。

③ 徐宗元辑:《帝王世纪辑存》,中华书局1964年版,第62页。

④ (唐)徐坚等:《初学记》卷24《居处部》,中华书局1962年版,第561—562页。

⑤ 陈桥驿等:《水经注全译》卷23《汳水》,贵州人民出版社1995年版,第816页。

亳。”①文献中“三亳”的异辞给我们提出了一个问题，那就是“汤始居”的亳都，究竟在哪里？这是解决“三亳”地望问题的关键，而“三亳”问题的研究起点毫无疑问应首先确定商汤灭夏的地域问题，即夏桀是在山西晋南被灭，还是在河南偃师被灭？围绕商汤灭夏的发生地域问题，有些考古工作者提出了汤都在山东济宁的看法，②还有学者认为桀都在豫西伊洛之地，也有学者认为桀都在鲁及豫东，等等。结合垣曲、偃师、郑州三座商城的考古发现资料，这些看法恐都值得认真思考与修正。

李民先生在《南亳、北亳与西亳的纠葛》一文中认为，由于汤都亳的地望没有确切的认定，因此引起一些纠葛。他认为在汤都的地望问题上：“笔者只是认为，在这些说法中，以文献记载而论，应推薄县、谷熟、偃师三说较为可靠。但即此三说，也是互相缴绕，彼此纠葛。”③最后，李先生又说：“了解到三亳的关系，就会发现《帝王世纪》与《括地志》的这一记载是不误的，”李先生还认为夏商时期的都城设置制度与后世有不同，其重要特点是，经常为两都或数都并存，看不到这一特点，就会被纷杂的记载引进死胡同。④ 这些看法，我们认为并没有摆脱皇甫谧的窠臼，而是以种种设想来维护皇甫谧的旧说。

皇甫谧以蒙为北亳、谷熟为南亳，偃师为西亳的看法，影响很大。顾颉刚、刘起釪先生著《尚书校释译论》中仍然采用皇甫谧的旧说。顾颉刚先生说：“（三亳阪尹中的）‘三亳’是殷代先前的都城所在（按，有北亳、南亳、西亳），‘阪’是险要的地方，为了防止叛乱，在那里都设‘尹’监守。这些都是封疆之官。……《孔疏》引郑玄注云：‘三亳者，汤旧都之民服文王者，分为三邑。其长居险，故言阪尹，盖东成皋、南轘辕、降谷也。……蒋廷锡《地理今释》今（清）河南归德府商丘县北四十里有大蒙城，《水经注》云：汳水又东迳大蒙城北，自古不闻有二蒙，疑即蒙亳也，所谓景亳为北亳矣。烝或为众，或为夷名。阪，未详。古者险危之地，封疆之守，或不以封，而以王官治之，参错于五服之间，是之谓‘尹’。”⑤对《尚书·立政篇》中的“夷、微、卢、烝，三亳阪尹”，顾颉刚先生是这样解释的：“封疆之臣，处理边疆事务”。⑥ 顾颉刚、刘起釪先生整理出版《尚书校释译论》的时间

---

① （宋）王应麟：《玉海》卷16《地理·京辅》，江苏古籍出版社1987年版，第306页。

② 杜金鹏：《商汤伐桀之史实与其历史地理问题》，《史学月刊》1988年第1期。

③ 李民：《南亳、北亳与西亳的纠葛》，胡厚宣主编：《全国商史学术讨论会论文集》，《殷都学刊》增刊，1985年版，第390页。

④ 李民：《南亳、北亳与西亳的纠葛》，胡厚宣主编：《全国商史学术讨论会论文集》，《殷都学刊》增刊，1985年版，第402页。

⑤ 顾颉刚、刘起釪：《尚书校释译论》第四册，中华书局2005年版，第1680页。

⑥ 顾颉刚、刘起釪：《尚书校释译论》第四册，中华书局2005年版，第1704页。

是在 2005 年,两位先生对当时已有的考古材料并没吸收进去,所以印行时还采用旧说。

垣曲、偃师、郑州三座商城遗址的发现,不仅证实了《尚书·立政篇》中记载的“三亳阪尹”之说应该是历史的事实,因此也是可靠的,同时更说明在商灭亡后,周人在“三亳”旧地还仍然设有“尹”的职官。对于“阪”应如何理解?经学家们都没有给出合理解释。我们认为“阪”是对三座商都周边地理形势与选址选择特征的概括与总结。

就垣曲商城而言,城垣就选择在亳清河左岸的台地上,这片台地西北高东南低,坦平若坂。垣曲商城的城垣就是顺台地西北高东南低的地势修建的,据解剖各面城墙的探沟所知,城垣修建时北墙 T5 所在的地面高程是海拔 260 米,南墙 T1 所在的地面高程是海拔 247.5 米,南北高差 12.5 米。城垣的高度也同样是西北高东南低,特别是在西部,更是专意挖了深池筑起高墙。此外,城址精心修筑的西南夹墙将出口朝南,设在城西南角。若站在黄河南岸略高一点的位置向北窥视,城内布局和各种防御工事一览无余,很容易败露。同时城址在整个台地上的位置偏于东南,紧濒亳清河和黄河河滩,北城墙距台地北部断崖边尚有约 300 米的距离,断崖之下即为低平的盆地,与台地的高差约 50 米,若从北部瞭望城址,恐怕连北城墙都难以望及。[①]垣曲商城就选择在亳清河入黄河处不远的那条西北高东南低的带状长坂上,其地理形势迄今仍可目验。

图 6-6 现今残存的垣曲商城东墙北段

图 6-7 现今残存垣曲商城宫殿区

偃师商城也选择在一条南高北低的长坂上,文献上有明确的记载。《史记·殷本纪》《正义》引晋《太康地记》云:“尸乡南有亳阪,东有城,太甲

① 佟伟华:《商代前期垣曲盆地的统治中心——垣曲商城》,《中国历史博物馆馆刊》1998 年第 1 期。

所放处也。"按:尸乡在洛州偃师县西南五里也。"[①]历代文献所记述汤都西亳的地望与偃师商城的范围完全相符。偃师商城城西杏园村以南有所谓伊尹墓和田横墓。城西南的辛砦村,传说是帝喾高辛氏的故居;城东北汤泉沟附近有汤王庙,庙后有"汤王冢";城东南高庄村有一块高地,称其为"亳地";在城址中部有一条东西向的低凹地带,穿城而过,老乡世代相传称之为尸乡沟或尸乡洼。[②] 偃师商城所在这块高地现在称其为亳地,汉晋地理文献《太康地记》中仍称其为亳阪,说明偃师商城所在的长坂至汉晋时犹存。

郑州商城的地貌也有其特殊之处,郑州商城的南面与西面修筑了半圆形外郭城墙,而在东面与北面则没有修筑外郭城墙,其理由是:因为郑州商城夯土城垣之外的南面与西面是地势比较高的丘陵地带,如凤凰台、二里岗、南关外、大同路东头高地和杜岭等地,一般说,大多比郑州商城处地势稍高。为了防止战争时敌人占据城外南面与西面的丘陵高地,给郑州商城(即内城)防御造成威胁,所以就在郑州商城的南面与西面外侧修筑了外郭夯土城墙,而把有些地势较高处也包括在外郭城垣之内。也就是说,郑州商代外郭城墙的修筑是作为郑州商城外南面与西南的第二道防御设施(图6-8)。[③] 郑州商城的南面与西南之所以修筑外郭城墙,就是由于这两面的外面地势较高,为了郑州商城的安全才修筑了商代外郭夯土城垣。而在郑州商城的东面与北面,我们认为不可能修筑有外郭夯土城墙,因为这里的地势比较平坦而低洼,并有豫东大平原,何况在商代时郑州商城的东面和北面还有不少的沼泽地,如蒲田(古代为蒲田泽)、城湖、梁家湖、螺蛳湖等地名的存在,说明该地带过去是一片沼泽地,为郑州商城东面与北面的天然防御屏障。[④] 郑州商城东面和北面的湖沼,如梁家湖、螺蛳湖等是何时形成的,虽有待深入的考察,但就区域地貌来看,郑州商城所在的今郑州地区位于嵩山山前丘陵岗地与黄淮大平原的接合部位,师家河黄土陡坎从西北向东南穿过郑州市境,这条陡坎西高东低,西部高出东部 10—15 米,成为豫西山地丘陵与豫东大平原的分界线,郑州商城就选择在师家河陡坎东侧不远嵩山山前丘陵岗位与黄淮冲积平原的交妥地带,从地貌上来说,郑州商城的东面和北侧地势显然要低于西侧与南侧,由此来看,郑州商城的城垣也应该是

---

① (汉)司马迁:《史记》卷 3《殷本纪》,中华书局 1959 年版,第 99 页。

② 《赵芝荃考古文集》,科学出版社 2008 年版,第 140 页。

③ 河南省文物考古研究所:《郑州商城 1953—1985 年考古发掘报告》,文物出版社 2001 年版,第 1021 页。

④ 河南省文物考古研究所:《郑州商城 1953—1985 年考古发掘报告》,文物出版社 2001 年版,第 1022 页。

选择在一片由西南向东北倾斜的坡地上。三四千年以来,由于地貌的变化,除了垣曲商城的地形还可目验以外,偃师、郑州两座商城城址选择时的原始地貌,已很难被辨识了。

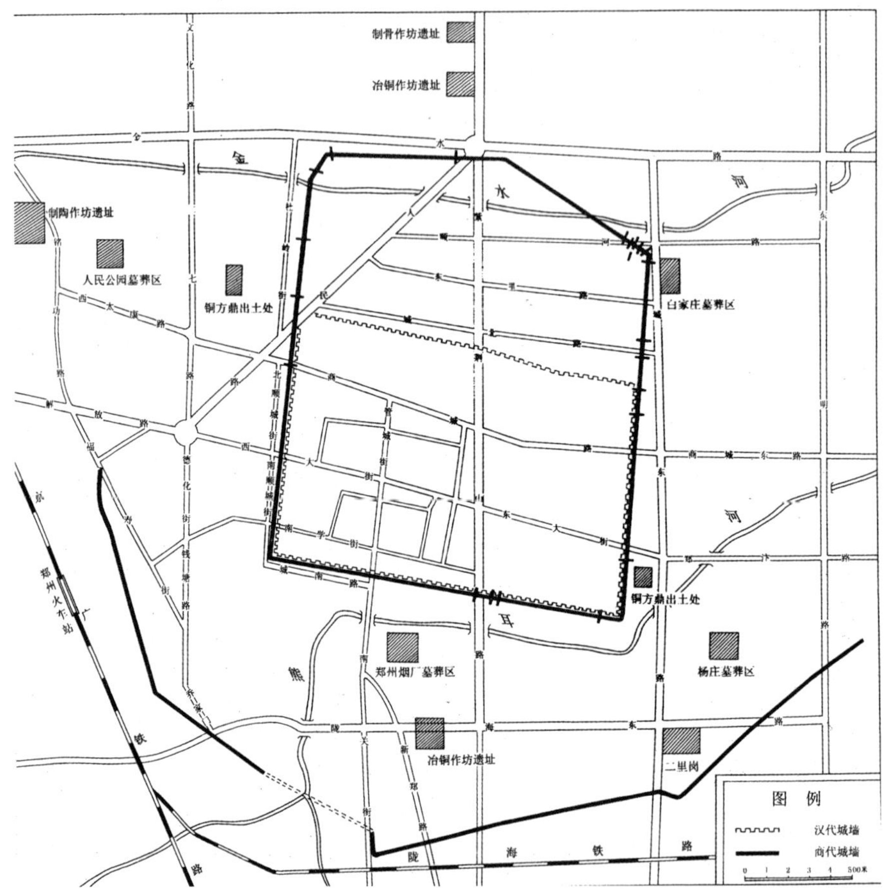

图 6-8　郑州商城及其周围遗迹平面图①

从地貌上来看所谓的“阪”就是指由高向低倾斜的平坦坡地而言的,故《辞海》曰:“阪,山坡,斜坡”。《诗经·小雅·正月》曰:“瞻彼阪田,有菀其特”。“阪田,崎岖墝埆之处。菀,茂盛之貌。”②《史记·袁盎传》曰:“文帝从霸陵上,欲西驰下峻阪。”③所以《辞海》解释“阪尹”为“阪地之尹长”应该

① 河南省文物考古研究所:《郑州商城 1953—1985 年考古发掘报告》(上册),文物出版社 2001 年版,第 2 页。

② (宋)朱熹集传:《诗集传》卷 11《小雅·正月》,中华书局 1958 年版,第 130 页。

③ (汉)司马迁:《史记》卷 101《袁盎传》,中华书局 1959 年版,第 2740 页。

是正确的。不过由于缺乏考古材料的佐证与对微观地貌条件的正确判读，郑玄[①]、皇甫谧[②]、魏源[③]等都未能对文献上的“三亳阪尹”之说作出令人信服的解释。现在我们依据考古发掘的垣曲、偃师、郑州三座商城的城址及其微观地貌材料可以进一步断定，夏末商初三亳是真实存在的，其说应是从最初“汤始居亳”的亳都演化而来，这样我们完全可以说，山西垣曲商城为“汤始居亳”的“始居”亳都，当为皇甫谧所说的北亳，是最早的亳都；后来商人灭夏取得政权后迁至偃师商城，即皇甫谧所说的西亳，而皇甫氏所说之南亳，很可能就是指郑州商城而言的。郑州商城之所以兼南亳之名，是因其位于商代黄河的东南方向，故有此称。而所谓的北亳、西亳和南亳，都是以黄河为坐标而称名的，商人生息、繁衍、壮大在黄河流域，都城的设置未曾离开过黄河沿岸的南北地区，其中山西垣曲商城由于位于黄河以北的晋南，同时又是商族起源之地，所以此处当为“汤始居亳”的所在，且从年代上来看，垣曲商城为三亳之中最早的商都。我们确定“汤始居亳”在垣曲商城就能为重新认识商代早期历史提供新的视角和新的解释。这一点是必须说明的，因为只有在黄河流域的晋南地区才能够找到和发现文献上“汤始居亳”的“始居之亳”。

总之，垣曲、偃师、郑州三座商城，就其规模来看是由小到大；就时间来看，由早到晚；就其区位特征来看，先在黄河以北，后在黄河以南，但都未曾离开过黄河流域。商人以晋南垣曲商城为起点即“汤始居亳”，在晋南完成灭夏大业后，又向南发展自己的势力，先越过晋、豫之间的黄河在偃师建立了商都，即今天的偃师商城。而后又向东方国土发展，“大其亳邑”为郑州商城，由于郑州商城位于商代大河以南，故为南亳；而偃师商城又因位于郑州商城之西，故又称西亳。殷人早期都城设置由小到大的过程，实际上是伴随着殷人政治、经济力量由弱到强而形成的，这样的先后顺序才符合历史发展的基本规律，而就垣曲、偃师、郑州三座商城来看，位于黄河以北今晋南境内的“北亳”——垣曲商城显然是“汤始居亳”的亳都，是“三亳”的根源所在（图6-9）。

---

① 郑玄说：“汤旧都之民服文王者，分为三邑。其长居险，故名阪尹。盖东成皋、南轘辕、西降谷也。”周秉钧：《尚书易解》，岳麓书社1984年版，第268页。

② 皇甫谧的《帝王世纪》曰：“则殷有三亳，二亳在梁国，一亳在河洛之间。谷熟，即汤都也；蒙为北，亳即景亳，是汤所受命也；偃师为西亳，即盘庚所徙者。”徐宗元辑：《帝王世纪辑存》，中华书局1964年版，第62页。

③ 魏源《书古微·汤誓序发微（并考三亳都）》谓：“盖徙都偃师之景亳，建东亳于商丘，仍西亳于商州。”《魏源全集·书古微》，岳麓书社2004年版，第161页。

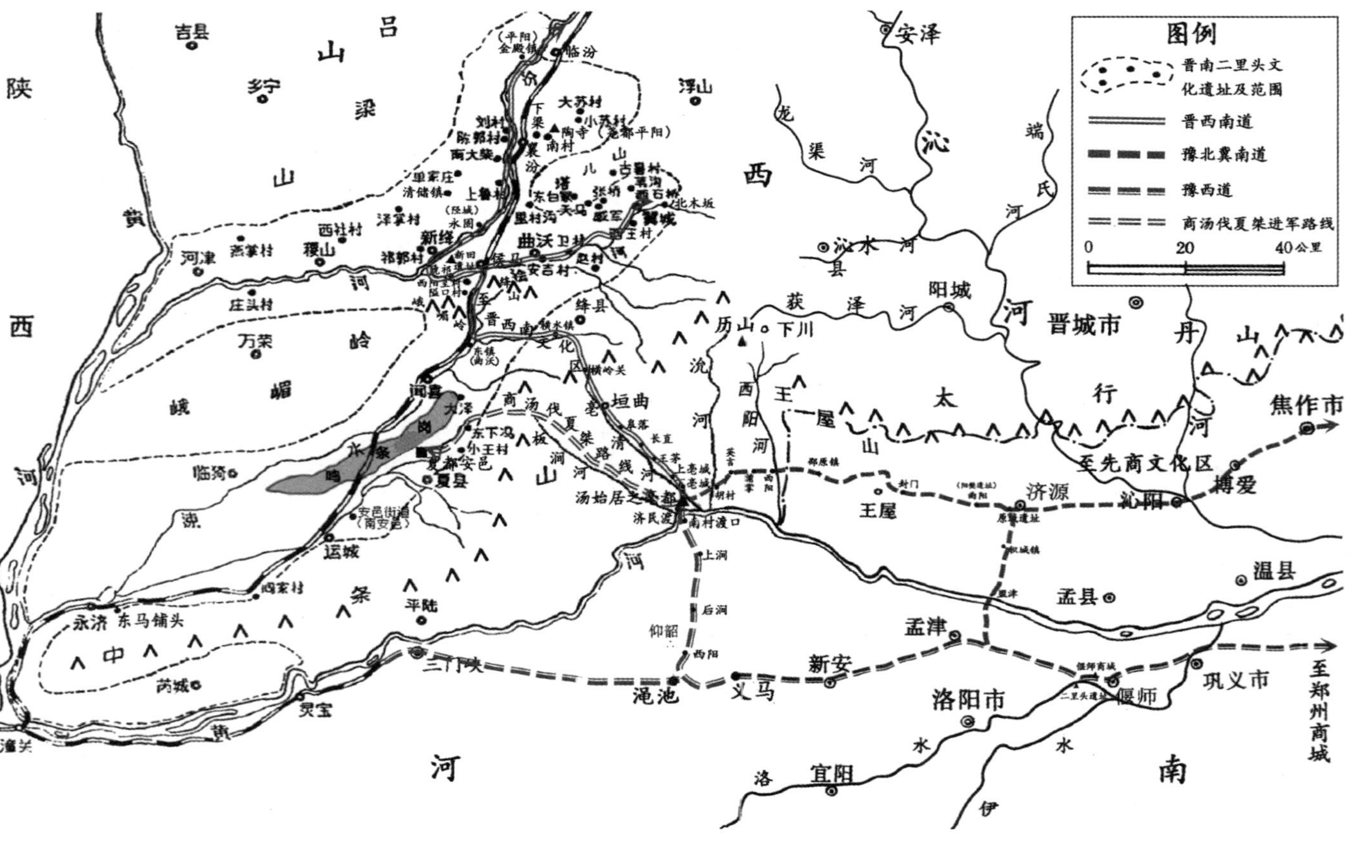

图6–9 “汤始居亳”与垣曲商城示意图

附录一　山西、河南二省汤王信仰文物遗存资料汇编

据统计①，山西省现有汤王信仰文物遗存95处（99个），其中长治市6处、晋城市74处、临汾市10处、运城市4处、吕梁市1处；河南省现有汤王信仰文物遗存36处（39个），其中洛阳市3处、济源市17处、焦作市11处、安阳市、商丘市、郑州市、平顶山市、新乡市各1处，共计131处（138个）。现依次编号列举如下：

1　243 山西省长治市潞城区

黄牛蹄汤王庙（黄牛蹄乡黄牛蹄村东·清代·市文物保护单位）

创建年代不详，据题记载，清康熙二年（1663）、嘉庆年间（1796—1820）、道光四年（1824）曾予修缮。建筑而积163平方米。坐北朝南，一进院落布局，现仅存正殿，石砌台基，面宽五间，进深六椽，单循悬山顶，七檩前廊式构架，斗拱五踩双昂，前檐装修已不存。庙内存清道光四年（1824）铁钟1口。

2　310 山西省长治市平顺县

安乐汤王庙（北耽车乡安乐村南·清代）

据梁架题记载，清道光四年（1824）重修。坐北朝南，现存戏台、钟楼、正殿等。正殿面宽三间，进深二间，单檐硬山顶，柱头斗拱五踩。

3　361 山西省长治市长子县

西上坊汤王庙（丹朱镇西上坊村西南·金代·县文物保护单位）

据庙内碑文记载，金正隆元年（1156）重修。坐北朝南，一进院落布局，现仅存正殿，砖砌台基，高0.23米，面阔五间，进深六椽，单檐歇山顶，脊饰已不存。梁架结构为四椽栿对后乳栿通檐用三柱。柱头斗拱五铺作双下昂，不设补间铺作，昂为批竹式。栌斗顱较深。当心间设板门，两次间为直棂窗。

---

① 资料主要收集于：《中国文物地图集（山西分册）》、《中国文物地图集（河南分册）》以及山西、河南两省各级文物部门所公布的资料。（中国国家文物局：《中国文物地图集（山西分册）》，中国地图出版社2006年；中国国家文物局：《中国文物地图集（河南分册）》，中国地图出版社1991年。）序号后跟数字为汤王信仰文物遗存在《中国文物地图集》中的页码，其余来源在介绍后注明。

4 415 山西省晋城市城区

大车渠成汤庙遗址(北长石店镇大车渠村南·元—清)

创建年代不详。清末毁。遗址坐北朝南,东西长约25米,南北宽约8米。西侧残留夯土长约40米,残高约5米。基址上存石柱础2件,元至正二十一(1361)碑1通,碑文漫漶。地表散布有砖瓦和琉璃构件等。

5 418 山西省晋城市城区

玉苑汤帝庙(西上庄街道王谷坨村·清代)

创建年代不详。占地面积1685平方米。坐北朝南,一进院落布局,中轴线建戏楼、正殿,东西为廊房、妆楼。正殿面宽三间,进深五椽。单檐硬山顶。

6 430 山西省晋城市高平市

康营成汤庙(马村镇康营村·明、清·市文物保护单位)

创建年代不详,明崇祯八年(1635)、清雍正十一年(1733)、咸丰九年(1859)、民国12年(1923)均有修葺,1985年曾予维修。占地面积2130平方米。坐北朝南,分前后两院,前院为岱宗庙,建有山门(上为倒座戏台)、天齐殿,左右有东西看楼、三义殿、马王殿,后院为成汤庙,中轴线有山门(上为倒座戏台)、汤王殿,两侧东西分别建有翼楼、看楼、配殿、角殿等附属建筑,布局左右对称。庙内存明代创建天齐殿碑1通,清代重修碑6通,民国补修庙碑1通。

7 430 山西省晋城市高平市

康营汤王殿(清代)

石头砌基,高0.1米,面宽三间,进深六椽,单檐悬山顶。七檩前廊式构架,柱头斗拱三踩单昂,平身科每间一攒。前檐柱间饰有雕刻华丽的雀替,方形青石雕刻柱础。明次间施格扇门窗。

8 432 山西省晋城市高平市

上马游汤王庙(原村乡上马游村中·清代)

据庙内碑文记载,建于元至元年间(1264—1294),清顺治三年(1646)、康熙年间(1662—1722)、道光五年(1825)屡有重修。占地面积592平方米。坐北朝南,一进院落布局,中轴线建有山门(兼作戏台)、正殿,两侧为耳殿、配殿、看楼、钟楼、鼓楼。正殿面宽三间,进深六椽,单檐悬山顶,柱头斗拱五踩双翘。庙内存清代重修碑2通。

9 433 山西省晋城市高平市

大冯庄成汤庙(北城街道大冯庄村东约1千米·清代)

创建年代不详,据庙内碑文记载,清康熙十六年(1677)重修。坐北朝南，原为前后两座院落组成，现前院已塌毁，后院建筑保存完整，中轴线建有成汤殿，戏台，两侧为耳殿、配殿、成汤殿建于一石砌须弥式基座之上，上设栏板，东、西、中三面设台阶，面宽三间，进深七椽，单檐悬山顶，琉璃脊饰，八檩前廊式构架。庙内存清代重修碑 2 通。

10　436 山西省晋城市高平市

陈山汤王庙（原村乡陈山村西・清代）

创建年代不详，据庙内碑文记载，清乾隆二十三年（1758）重建。坐北朝南，由上下两个院落组成，上院为主院，仅存正殿，面宽三间，进深六椽，单檐悬山顶。庙内存清代重修碑 1 通。

11　436 山西省晋城市高平市

璩庄汤帝庙（南城街道璩庄村中・清代）

创建年代不详，据庙内碑文记载，清乾隆三十四年（1769）、嘉庆年间（1796—1820）均有修葺。坐北朝南，二进院落布局，中轴线建有戏台、山门、正殿，两侧为耳楼、看楼、西影壁、厢房。正殿面宽三间，进深四椽，单檐悬山顶，五檩前廊式构架。庙内存清代重修碑 2 通。

12　437 山西省晋城市高平市

大西沟汤王庙（野川镇大西沟村・清代）

创建年代不详。占地面积约 100 平方米。坐北朝南，中轴线建有山门（兼戏楼）、正殿，两侧建有耳楼、耳殿、配殿。正殿面宽三间，进深四椽，单檐悬山琉璃瓦顶。庙内存有清乾隆三十四年（1769）建僧居碑 1 通。

13　438 山西省晋城市高平市

冯村汤王庙（原村乡冯村中・清代）

又名汤王宫。据庙内碑文记载，建于明万历三十九年（1611），清乾隆、嘉庆、道光及民国 11 年（1922）屡有修葺。占地面积 1189 平方米。坐北朝南，二进院落布局，依地势而建，中轴线建有山门（兼作戏台）、正殿，两侧为耳殿、五瘟神殿、财神殿、看楼，现存主体结构均为清代建筑。正殿面宽五间，进深四椽，单檐悬山顶，琉璃脊饰，五檩前廊式构架，柱头斗拱五踩双翘。庙内存清代重修碑 4 通、民国碑 1 通。

14　442 山西省晋城市高平市

东崛山汤王庙（马村镇东崛山村中・清代）

创建年代不详，清道光二十九年（1849）重修。坐北朝南，一进院落布局，中轴线建有正殿、戏台，两侧为配殿、廊房。正殿面宽三间，进深四椽，单檐悬山顶，柱头斗栱三踩单翘。

15 444 山西省晋城市高平市

西阳成汤庙(寺庄镇西阳村东·清代)

创建年代不详,清光绪九年(1883)、民国三十一年(1942)重修。坐北朝南,一进院落布局,中轴线建有山门、正殿,两侧为耳房、东西配殿。正殿面宽三间,进深四椽,单檐硬山顶,五檩前廊式构架。

16 447 山西省晋城市高平市

马家沟汤王庙(寺庄镇马家沟村中·清代)

创建年代不详。坐北朝南,一进院落布局,中轴线建有山门、正殿,两侧为耳殿、配殿。正殿面宽三间,进深四椽,单檐悬山顶,五檩前廊式构架。

17 447 山西省晋城市高平市

长平汤王庙(寺庄镇长平村北·清代)

创建年代不详。坐北朝南,庙内现仅存正殿,面宽五间,进深五椽,单檐悬山顶,六檩前廊式构架,柱头斗栱五踩双昂。殿内东墙绘有部分壁画。

18 452 山西省晋城市高平市

徘南汤王庙(三甲镇徘南村中·清代)

创建年代不详。坐北朝南,一进院落布局,中轴线建有山门、正殿,两侧为耳殿、配殿,山门外30米处建有戏台1座。正殿面宽三间,进深四椽,单檐悬山顶。庙内存清代记事碑1通。

19 453 山西省晋城市高平市

北陈成汤庙(南城街道北陈村中·清代)

创建年代不详。占地面积1200平方米。坐北朝南,二进院落布局,中轴线建有山门、戏台、正殿,两侧为耳殿、廊房、配殿、看楼、正殿面宽三间、进深五椽,单檐悬山顶,琉璃脊饰,六檩前廊式构架。庙内存清代征地碑1通。

20 455 山西省晋城市高平市

上野川汤王庙(野川镇上野川村北·清代)

创建年代不详。占地面积约900平方米。坐北朝南,由东、西、中三座院落组成。中院中轴线有山门(兼舞楼)、正殿,两侧有看楼、耳楼。正殿面宽三间,进深四椽,单檐悬山顶;东西两院中轴线各设有山门、大殿。西院大殿为悬山琉璃瓦顶,东院大殿为单檐悬山顶。

21 465 山西省晋城市泽州县

府城成汤殿(金村镇府城村北土岗玉皇庙内·金代)

砖砌台基,高0.30米,面阔三间,进深六椽,单檐悬山顶。柱头斗拱四铺作单昂,无补间。前檐当心间及两侧间设板门和直棂窗,檐下斗拱四铺作单下昂,梁架为四椽栿对后乳栿通檐用三柱。殿内设有神坛,上建木雕神龛三间,龛为楼阁式,是金代小木作中的优秀作品,龛内供成汤及侍者像彩塑3尊,两山墙存木雕像12尊。

22　468 山西省晋城市泽州县

川底成汤庙(川底镇川底村·明、清)

创建年代不详,据碑文记载,明正统六年(1441)、清乾隆年间(1736—1795)重修。占地面积约2320平方米。坐北朝南,二进院落布局,中轴线建有山门(兼戏台)拜亭、正殿,南侧为东西厢房、东西看楼、现存正殿为明代建筑,余皆清代建筑,正殿面宽三间,进深七椽,单檐硬山顶、庙内存明、清重修碑各1通。

23　468 山西省晋城市泽州县

辛壁成汤殿(大东沟镇辛壁村太平观内·元代)

石砌台基,高1.2米,面阔五间,进深六椽,单檐悬山顶。梁架四椽栿对前乳栿通檐用三柱。前一间为廊,柱头斗拱五铺作双昂,昂为琴面昂,柱底设素平方柱础,装修已被后人改变。

24　468 山西省晋城市泽州县

下川汤王庙(柳树口镇下川村·明代)

创建年代不详,明嘉靖九年(1530)重修。占地面积约736平方米。坐北朝南,一进院落布局,中轴线建有山门、拜亭、正殿,两侧为耳殿、东西配殿。正殿面宽三间,进深四椽,单循悬山顶,昂形耍头,柱头斗栱三踩单昂。庙内存明代重修碑1通。

25　469 山西省晋城市泽州县

七干成汤庙(大东沟镇七干村·清代)

创建年代不详,清顺治三年(1646)重修。占地面积970平方米。坐北朝南,一进院落布局,中轴线建有山门(兼戏楼)、舞台、正殿、两侧为耳殿、妆楼、东西厢房、东西看楼、正殿面宽三间,进深六椽,单檐硬山顶,柱头斗拱三踩单昂。

26　470 山西省晋城市泽州县

河底汤帝庙(大阳镇河底村·清代)

创建年代不详,据碑文记载,清康熙十年(1671)重建。占地面积820平方米。坐北朝南,二进院落布局,中轴线建有山门(兼舞楼)、正殿,两侧为耳殿、配房、妆楼和看楼。正殿面宽三间,进深五椽,柱头斗拱三踩单昂。

27　470 山西省晋城市泽州县

葛万汤帝庙(南岭镇葛万村·清代)

创建年代不详,据碑文记载,创建丁清康熙十三年(1674)。占地面积

580平方米。坐北朝南，一进院落布局，中轴线建有山门（兼舞楼）、汤王殿，两侧为厢房、看楼。汤王殿面宽五间，进深五椽，单檐悬山顶，柱头斗拱三踩单昂。

28　471 山西省晋城市泽州县

辘轳井汤帝庙（南村镇辘轳井村·清代）

据碑文记载，创建于清康熙五十五年（1716）。占地面积868平方米。坐北朝南，二进院落布局，中轴线建有山门（兼舞楼）、中央殿、正殿，两侧为耳房、配殿、厢房和妆楼。正殿面宽三间，进深六椽，单檐悬山顶，柱头斗拱三踩单昂。

29　471 山西省晋城市泽州县

大阳汤帝庙（大阳镇大阳镇西街·清代）

创建年代不详，据碑文记载，明万历及清康熙、乾隆年间均有重修。占地面积920平方米。坐北朝南，二进院落布局，中轴线建有山门二道、拜厅、正殿，两侧为耳殿、厢房、配殿。正殿面宽五间，进深六椽，单檐硬山顶，柱头斗拱三踩单昂。

30　472 山西省晋城市泽州县

成庄汤帝庙（下村镇成庄村·清代）

创建年代不详，据碑文记载，清乾隆十九年（1754）重修。占地面积650平方米。坐北朝南，二进院落布局，中轴线建有山门（兼舞楼）、汤帝殿、正殿，两侧为耳殿、厢房、看楼。正殿面宽三间，进深六椽，单檐硬山顶，柱头斗拱三踩单昂。

31　473 山西省晋城市泽州县

南庄汤帝庙（大箕镇南庄村·清代）

创建年代不洋，据碑文记载，清乾隆四十一年（1776）重建。占地面积999平方米。坐北朝南，一进院落布局，中轴线自北面南建有正殿、舞楼、山门，两侧为耳房、厢房、廊庑、妆楼。正殿面宽三间，进深六椽，单檐悬山顶，柱头斗拱三踩单昂。

32　474 山西省晋城市泽州县

下庄汤帝庙（南村镇下庄村，清代）

据碑文记载，创建于清乾隆年间（1735—1796）。占地面积650平方米。坐北朝南，一进院落布局，中轴线建有山门（兼舞楼）、正殿，两侧为角殿、配殿、看楼。正殿面宽三间，进深六椽，单檐悬山顶。柱头斗拱三踩单昂。

33　478 山西省晋城市泽州县

蓄粮掌汤帝庙(山河镇蓄粮掌村·清代)

创建年代不详。占地面积约 400 平方米。坐北朝南,一进院落布局,中轴线建有舞楼、汤帝殿,两侧为娘娘殿、斗王殿、配房。汤帝殿面宽三间,进深六椽,单檐悬山顶,柱头斗拱三踩单昂。

34　485 山西省晋城市沁水县

端氏汤王殿(端氏镇端氏村内岗上·元代·县文物保护单位)

创建,重修年代不详。坐北朝南,现仅存大殿一座,为元代建筑。石砌台基高 2 米,面阔九间,进深二间,单檐庑殿顶,重唇滴水,琉璃脊饰。柱头斗拱五铺作双昂,补间一朵,殿内设有天花,梁架不详。

35　485 山西省晋城市沁水县

前沟汤王庙(龙港镇前沟村东约 500 米·元代)

据大殿前檐西柱题记载,创建于金承安五年(1200),元代、清代均有重修。坐北朝南,现仅存大殿一座,主体梁架为元代建筑,柱为金代遗物。大殿石砌台基,平面呈方形,高 1 米,殿身面阔、进深各一间,单檐歇山顶。柱头开间 2.28 米,檐柱为砂质抹角方柱,角部施月梁式抹角梁,上承大角梁后尾,角梁上置金槫与采步金,采步金中部立脊瓜柱承脊槫。柱头铺作为斗口跳,短替托檐槫。阑额、普拍枋断面呈"丁"字形。殿前檐开敞,其余三面土坯砌筑,屋顶残存重唇板瓦。前檐柱上有"大金承安五年(1200)岁次庚申九月上旬日功毕"题记。

36　486 山西省晋城市沁水县

上苏庄汤王庙(龙港镇上苏庄村中·明—清)

创建年代不详,明清重修。坐北朝南,一进院落布局,中轴线现仅存正殿,两侧为东西耳房、东西厢房、东西看楼、戏楼及东西妆楼、西南大门。正殿为明代遗构,余皆为清代建筑。正殿面宽三间,进深四椽,单檐硬山顶。

37　486 山西省晋城市沁水县

下苏庄汤王庙(龙港镇下苏庄村西·明—清)

创建年代不详。坐北朝南,一进院落布局,中轴线有戏台、正殿,两侧为东西耳殿、东西厢房。正殿为明代遗构,余皆为清代建筑。正殿面宽三间,进深四椽,单檐悬山顶。

38　487 山西省晋城市沁水县

西石堂汤王庙(龙港镇西石堂村中·明—清·县文物保护单位)

创建年代不详,清嘉庆四年(1799)、光绪元年(1875)均有重修。占地面积 1032 平方米。坐北朝南,建筑随地形形成上下两院,中轴线自南而北依次为戏台、献亭、正殿,下院东西各建配殿四间,上院东西两侧各建配殿五间。正殿为明代遗构,余皆为清代建筑。戏台清光绪二年(1876)重建,砖砌台基,高 1.55 米,中辟通道,台身面宽三间,进深四椽,单檐悬山顶,前檐柱头斗栱三踩单翘,后檐无斗栱,础石方形,四角雕有龙头。庙内存有清代石碣 2 方。

39　490 山西省晋城市沁水县

东村汤王庙(龙港镇东村南约 100 米·清代)

创建年代不详,清咸丰三年(1853)重修。坐北朝南,一进院落布局,现仅存正殿,面宽天间,进深五椽,单檐庑殿顶。庙内存清代重修碑 2 通。

40　490 山西省晋城市沁水县

湾则汤帝庙(龙港镇湾则村东·清代)

据碑文记载,创建于清道光十七年(1837)。坐北朝南,中轴线有戏楼、正殿,两侧为东西配殿、东西厢房。正殿面宽三间,进深五椽,单檐庑殿顶。院内存有清代重修碑 2 通。

41　490 山西省晋城市沁水县

八里汤帝庙(郑庄镇八里村西约 100 米·清代)

创建年代不详,清光绪十七年(1891)重修正殿,坐北朝南,一进院落布局,中轴线建有舞楼、献亭、正殿(汤帝殿),两侧存东耳殿、西耳殿(娘娘殿)、东西厢房、东侧关帝殿、西侧看楼。正殿面宽三间,进深二间,单檐悬山顶,砂石质檐柱。

42　492 山西省晋城市沁水县

上枣元汤帝大庙(柿庄镇上枣元村北约 150 米·清代)

创建年代不详。坐北朝南,一进院落布局,中轴线有戏楼(下为山门)、正殿,两侧为东西耳殿、东西配殿、东西妆楼。正殿面宽三间,进深四椽,单檐悬山顶,柱头斗拱五踩重昂,柱头施有大额坊。

43　494 山西省晋城市沁水县

侯村汤帝庙(郑村镇侯村中·清代)

创建年代不详。坐北朝南,一进院落布局,中轴线有戏楼、正殿,两侧为耳殿、东西厢房、东西看楼。正殿又名汤王殿,面宽五间,进深二间,单檐硬山顶。

44　501 山西省晋城市阳城县

南留成汤庙(北留镇南留村内·明代)

创建年代不详。一进院落布局,坐北朝南,中轴线有戏台(两侧妆楼)、献殿、汤帝殿,皆为明代早期建筑,两侧配殿已改建现代房屋建筑。汤帝殿面宽三间，进深四椽，单檐悬山顶，柱头斗拱五踩。

45　503 山西省晋城市阳城县

献义汤帝庙（演礼乡献义村内·清代）

创建年代不详，清康熙三十七年（1698）重修。坐北朝南，一进院落布局，中轴线有戏台、汤帝殿，两侧有耳殿、东西配殿，共存殿宇 20 余间。汤帝殿面宽三间，进深三间，单檐歇山顶，柱头斗拱五踩单翘单昂。

46　503 山西省晋城市阳城县

中庄汤帝庙（润城镇中庄村中·清代·县文物保护单位）

据寺内碑文记载，建于清顺治八年（1651）、乾隆四十六年（1781）重修。占地面积 928 平方米。坐北朝南，二进院落布局，中轴线依次建有戏台、献殿、正殿，两侧为钟楼、鼓楼、东西厢房。献殿石砌台基，面宽三间，进深四椽，单檐歇山顶，五檩无廊式构架，柱头斗拱三踩单昂。戏台面宽三间，进深四椽，单檐悬山顶，黄、绿琉璃脊饰、剪边，柱头斗拱三踩单昂，前台敞朗。正殿面宽五间，进深四椽，单檐悬山顶，五檩无廊式构架，柱头斗拱五踩双昂。梁架、斗拱上均施有彩画。庙内存清代重修碑 1 通。

47　504 山西省晋城市阳城县

泽城汤帝庙（固隆乡泽城村中·清代）

创建年代不详，据碑文记载，清乾隆十九年（1754）、道光二十二年（1867）、同治六年（1867）屡有修葺。占地面积 1487 平方米。坐北朝南，一进院落布局，中轴线依次建有山门（戏台）、献亭、成汤殿，两侧为显圣王殿、五瘟神殿、佛殿、高禖神祠、东西耳楼。献亭面宽一间，进深六椽，单檐歇山顶，七檩前廊式构架，柱头斗拱三踩单昂。戏台兼作山门，面宽二间，进深七椽，单檐悬山顶，八檩前廊式构架，内设天花板，明间施八卦藻井，柱头斗拱五踩单翘单昂。

48　504 山西省晋城市阳城县

泽城成汤殿（固隆乡泽城村中·清代）

石砌台基，面宽三间，进深六椽，单檐歇山顶。七檩前廊式构架，柱头斗拱三踩单昂，前檐明间施格扇门。

49　505 山西省晋城市阳城县

下交汤帝庙（河北镇下交村中·清代·市文物保护单位）

据题记载，始建于金大安三年（1211），清光绪十二年（1886）、十七年（1891）、二十一年（1895）均有修葺，现存建筑均为清代风格。占地面积 2209 平方米。坐北朝南，三进院落布局，中轴线依次建有山门、戏台、中殿、正殿，两侧为东西厢房。现存均为清代建筑。正殿石砌台基，面宽三间，进深六椽，单檐歇山顶，七檩无廊式构架，柱头斗拱五踩双昂，装修后人均改制。中殿石砌台基，面宽三间，进深四椽，单檐歇山顶，黄、绿琉璃脊饰、剪边，五檩无廊式构架，柱头斗拱三踩单昂，前檐石柱为金代遗物，装修后人改制。庙内存碑碣9方。

50 506 山西省晋城市阳城县

上桑林汤帝庙（蟒河镇上桑林村内·清代）

创建年代不详。坐北朝南，一进院落布局，中轴线有舞台、汤王殿，两侧有耳殿、东西看楼。汤王殿面宽三间，进深五椽，单檐悬山顶，柱头斗拱五踩单翘单昂。

51 506 山西省晋城市阳城县

龙泉汤帝庙（董封乡龙泉村内·清代）

创建年代不详。坐北朝南，一进院落布局，中轴线有戏台、汤王殿，两侧有耳殿、东西配殿、妆楼。汤王殿面宽三间，进深五椽，单檐硬山顶，柱头斗拱五踩双昂。

52 506 山西省晋城市阳城县

土孟汤帝庙（河北镇王孟村内·清代）

创建年代不详，坐北朝南，一进院落布局，中轴线有舞台、汤王殿，两侧有耳殿、东西配殿。汤王殿面宽三间。进深六椽，单檐硬山顶，柱失斗拱三踩单昂。

53 506 山西省晋城市阳城县

下孔寨汤帝庙（凤城镇下孔寨村内·清代）

创建年代不详，坐北朝南，一进院落布局，中轴线有舞台、拜亭、汤王殿，两侧有耳殿、妆楼、东西看楼、配殿。汤王殿面宽三间，进深五椽，单檐悬山顶，柱头斗拱五踩单翘单昂。

54 506 山西省晋城市阳城县

蒿峪汤帝庙（凤城镇蒿峪村内·清代）

创建年代不详。坐北朝南，一进院落布局，中轴线有舞台、献亭、汤王殿，两侧存耳殿、妆楼、看楼（下为厢房）。汤王殿面宽三间，进深五椽，单檐悬山顶，柱头斗拱三踩单昂。

55 506 山西省晋城市阳城县

西冶汤帝庙（东冶镇西冶村内·清代）

创建年代不详。坐北朝南，一进院落布局，中轴线有舞台、汤王殿，两侧有耳殿、东西看楼等。汤王殿面宽三间，进深三间，单檐歇山顶，柱头斗拱五踩。

56　506 山西省晋城市阳城县

下寺坪汤帝庙(横河镇下寺坪村内·清代)

创建年代不详。坐北朝南,一进院落布局,中轴线有戏台、汤王殿,两侧有耳殿、东西配殿。汤王殿面宽三间,进深三间,单檐歇山顶,柱头斗拱五踩单翘单昂。

57　507 山西省晋城市阳城县

护驾汤帝庙(驾岭乡护驾村内·清代)

创建年代不详。坐北朝南,现仅存汤王殿,面宽三间,进深四椽,单檐悬山顶,柱头斗拱五踩双昂。

58　507 山西省晋城市阳城县

吉德汤帝庙(驾岭乡吉德村内·清代)

中轴线有舞台、拜亭、汤王殿,两侧有耳殿、东西配殿、东西厢房。汤王殿面宽三间,进深四椽,单檐悬山顶,柱头斗拱五踩单翘单昂。

59　507 山西省晋城市阳城县

南峪汤帝庙(驾岭乡南峪村内·清代)

创建年代不详,坐北朝南,一进院落布局,中轴线有戏楼(山门)、汤王殿、两侧有耳殿、配殿、妆楼。汤王殿面宽三间,进深三间,单檐歇山顶,柱头斗拱五踩。

60　507 山西省晋城市阳城县

西封汤帝庙(北留镇西封村内·清代)

创建年代不详。坐北朝南,一进院落布局,中轴线有戏台、山门、拜殿、汤王殿,两侧有钟楼、鼓楼、耳殿、厢房。汤王殿面宽五间,进深五椽,单檐悬山顶,柱头斗拱三踩单昂。庙内存唐代石雕佛像1尊,东侧佛庙内存唐代造像碑1通。

61　508 山西省晋城市阳城县

西神头汤帝庙(北留镇西神头村内·清代)

创建年代不详。坐北朝南,一进院落布局,中轴线有戏台、拜殿、汤王殿,两侧有耳殿,东西禅房、东西看楼。汤王殿面宽三间,进深五椽,单檐悬山顶,柱头斗拱五踩双昂。

62　508 山西省晋城市阳城县

上伏汤帝庙(润城镇上伏村内·清代)

创建年代不详。坐北朝南,一进院落布局,中轴线有戏台、拜亭、汤王殿,两侧有华门、钟楼、鼓楼等。汤王殿面宽三间,进深五椽,单檐悬山顶。

63 508 山西省晋城市阳城县

梁沟汤帝庙(凤城镇梁沟村内·清代)

创建年代不详。坐北朝南,分上、下两座院落。下院有戏台、妆楼、东西看楼;上院有正殿、耳殿、东西厢房。正殿面宽三间,进深四椽,单檐悬山顶,柱头斗拱五踩双昂。

64 508 山西省晋城市阳城县

三泉汤帝庙(驾岭乡三泉村内·清代)

创建年代不详。坐北朝南,一进院落布局,中轴线有舞台、汤王殿,两侧有耳殿、东西配殿。汤王殿面宽三间,进深四椽,单檐悬山顶,柱头斗拱三踩单昂。

65 508 山西省晋城市阳城县

雪圪坨汤帝庙(驾岭乡雪圪坨村内·清代)

创建年代不详。坐北朝南,一进院落布局,中轴线有舞台、汤王殿,两侧有耳殿、东西配殿。汤王殿面宽三间,进深四椽,单檐硬山顶,柱头斗拱五踩单翘单昂。

66 519 山西省晋城市陵川县

汤庄汤帝庙汤帝庙(崇文镇汤庄村中·清代)

创建年代不详,据碑文记载。清道光五年(1825)重建。占地面积 1200 平方米。坐北朝南,一进院落布局,中轴线现存山门、正殿,两侧为配房、配殿。正殿面宽三间,进深三间,单檐硬山顶。庙内存清代重修碑 1 通。

67 875 山西省临汾市翼城县

曹公村重修尧舜禹汤庙碑(西阎镇曹公村北四圣宫内正殿月台·明代)

青石质,螭首,方座。通高 1.84 米,宽 0.84 米,厚 0.21 米。嘉靖三十八年(1559)立石。额题篆书“西阎曹公重修尧舜禹汤之庙记”。碑文楷书,记述重修始末。杨纬篆额,侯九臣撰文,张银书丹。

68 876 山西省临汾市翼城县

西阎汤王庙(西阎镇西阎村·清代·县文物保护单位)

清康熙二年(1663)迁建于此,道光六年(1826)重修。坐北朝南,二进院落布局,中轴线依次为戏台、献殿、正殿,左右为东西配殿、耳殿。正殿砖砌台基,高 0.93 米,面宽三间,进深四椽,单檐悬山顶,五檩前廊式构架。献殿面宽三间,进深四椽,单檐卷棚顶。戏台石砌台基,高 1.7 米,面宽、进深各一间,单檐歇山顶,柱头斗栱五踩重昂。庙内存清代重修碑 3 通。

69　876 山西省临汾市翼城县

下交汤王庙(桥上镇下交村中·清代·县文物保护单位)

据题记载,正殿建于明万历二十四年(1596),清康熙十五(1676)重建,献殿创建于清乾隆十六年(1751)。占地面积 742 平方米。坐北朝南,一进院落布局,中轴线现存戏台、献殿、正殿,两侧为配殿、廊房、山门。戏台面宽三间,进深三间,单檐卷棚顶。献殿面宽三间,进深一间,单檐卷棚顶。

70　879 山西省临汾市翼城县

许村汤王庙(浇底乡许村中·清代)

据庙内梁架题记载,清乾隆十三年(1748)重建,五十一年(1786)重修。占地面积 703 平方米。坐北朝南,一进院落布局,中轴线现仅存正殿(戏台改为新建,献殿已不存),两侧建有耳殿、东西配殿。正殿面宽三间,进深四椽,单檐悬山顶,五檩前廊式结构,柱头斗拱及平身科均为一斗二升交麻叶,明间设板门,檐檩、斗栱均施彩画。庙内存清代重修碑 1 通。

71　879 山西省临汾市翼城县

许村重修汤王庙创建献殿碑(浇底乡许村汤王庙正殿内·清代)

青石质,首、座均佚。高 1.32 米,宽 0.60 米,厚 0.16 米。乾隆十三年(1748 年)立。首提“重修汤王庙创建献殿碑记”,碑文楷书,记述庙宇年久失修,乡人重修使之“如旧制”等事宜。常瞻嵘书丹,张生武刻石。

72　880 山西省临汾市翼城县

东亢汤王庙(隆化镇东亢村中·清代·县文物保护单位)

创建年代不详,清乾隆五十四年(1789)重建。占地面积 700 平方米。坐北朝南,一进院落布局,中轴线自南而北建有戏台、献殿,正殿已不存。戏台面宽三间,进深四椽,单檐硬山顶,五檩无廊式构架,柱头斗拱一斗二升交麻叶,明间平身科三攒,次间一攒,大斗、额枋、正心栱均浮雕马、羊、荷叶及二龙戏珠等图案。献殿面宽三间,进深四椽,单檐卷棚硬山顶。

73　881 山西省临汾市翼城县

北庙汤王庙(中卫乡北庙村中·清代·县文物保护单位)

创建年代不详,清道光八年(1828)重修,光绪三十一年(1905)修葺。占地面积 116 平方米。坐北朝南,中轴线由南而北建有前殿、后殿,两侧建筑已不存。前殿、后殿均面宽三间,进深四椽,单檐悬山顶,五檩无廊式构架。前殿柱头斗栱及平身科皆三踩单翘。后殿檐下柱头斗栱五踩重翘,装修已不存。

74　883 山西省临汾市翼城县

南丁汤王庙(南唐乡南丁村中·清代·县文物保护单位)

创建及重修年代不详。占地面积1100平方米。坐北朝南,一进院落布局,中轴线依次建有献殿、正殿,两侧建筑已不存。献殿面宽三间,进深四椽,单檐悬山卷棚顶,六檩卷棚式梁架。正殿面宽三间,进深四椽,单檐悬山顶,五檩无廊式梁架,柱头斗拱及平身科均三踩单翘。庙内存民国十年(1921)碣1方,布施碑1通,字迹漫漶不清。

75 883 山西省临汾市翼城县

西中王汤帝庙(隆化镇西中王村中·清代·县文物保护单位)

创建年代不详。占地面积1196平方米。坐北朝南,二进院落布局,中轴线建有戏台、献殿、正殿,两侧存配殿、廊房。戏台面宽三间,进深二间,单檐硬山顶。

76 884 山西省临汾市翼城县

牢寨汤王庙(隆化镇牢寨村中·清代·县文物保护单位)

创建年代不详。占地面积425平方米。坐北朝南,一进院落布局,中轴线现仅存正殿,两侧为东西配殿。正殿面宽三间,进深四椽,单檐悬山顶,柱头斗栱一斗二升交麻叶。

77 963 山西省临汾市浮山县

南王禹汤庙(天坛镇南王村西约20米·清代)

据碑文记载,元大德九年(1305)重修,清康熙年间(1662—1722)增修。占地面积775平方米。坐北朝南,一进院落布局,中轴线依次建有山门、戏台、正殿,两侧为东西配殿。正殿面宽三间,进深五椽,单檐悬山顶。庙内存清代重修碑1通。

78 1149 山西省运城市绛县

横东成汤庙(横水镇横东村·明代·县文物保护单位)

创建年代不详。现存建筑为明代遗构,清道光十二年(1832)维修。占地面积2523平方米。坐北朝南,二进院落布局,中轴线建有前殿、中殿、后殿,两厢建配殿。前殿面宽三间,进深四椽,单檐悬山顶,垂脊铺设三垄筒瓦,五檩无廊式构架,外檐斗拱五踩双昂,蚂蚱形耍头,大斗看面雕花,外檐装修已改制。中殿、后殿规模同前殿,柱头斗拱为三踩单昂。成汤庙建筑额枋、梁架多使用自然原材。

79 1172 山西省运城市垣曲县

上圢板汤圣庙(古城镇上圢板村南隅·明代)

明代建筑,清代修葺。占地399平方米。坐北朝南,中轴线现仅存前殿、后殿。前殿砖木结构,面宽三间,进深四椽,单檐悬山顶,黄绿色琉璃剪边。覆盆柱础,檐柱细长,柱头卷杀和缓。前檐装修已更制。后面殿面宽三间，进深三椽，柱头斗拱三踩单昂，悬山卷棚顶。

80　1174 山西省运城市垣曲县

下亳圣汤故都碑（王茅镇下亳村 · 元代 · 县文物保护单位）

青石质，圆首，方座。碑身高 1.5 米，宽 0.74 米。致和二年（1329）立石。碑阳“殷商列祖成汤圣王居亳故都”铭文，碑阴字迹漫漶不清。

81　1215 山西省吕梁市文水县

下曲汤王庙（下曲镇下曲村中 · 清代 · 县文物保护单位）

创建年代不详。占地面积 267 平方米。坐北朝南，一进院落布局，中轴线建有正殿、乐楼，两侧为配殿。正殿面宽三间，进深三间，单檐卷棚顶。

82　149 河南省洛阳市嵩县

饭坡汤王庙（饭坡镇饭坡村 · 清代 · 县文物保护单位）

始建于明，清代重修。现存山门、廊房已折毁或改建，尚存正殿一座，系清代建筑。面阔三间，硬山灰筒瓦顶，有脊兽。

83　158 河南省洛阳市栾川县

汤池沟村创建汤王殿并舞楼行述碑（栾川潭头镇汤池沟村 · 清代）

碑圆首，方座。高 1.49 米，宽 0.53 米，厚 0.10 米。清乾隆十五年（1750 年）立，孙炜撰文并篆额，郭玉珠书丹。碑文记载何岳身世及创建汤王殿、并舞楼经过。

84　173 河南省济源市

王寨汤帝庙（五龙口镇王寨村 · 明代）

始建年代失考，明万历三十八年（1610）重修。现存汤帝殿一座，面阔、进深各三间，悬山灰瓦顶，檐下施斗拱。其余建筑已改建或拆除。庙内有明代“重修汤帝殿碑记”1 通。

85　175 河南省济源市

西关汤帝庙（济源市区西关 · 清代 · 县文物保护单位）

始建年代不详，明、清重修。现存汤帝殿一座，面阔、进深各三间，悬山灰瓦顶，檐下施斗拱。左右配殿各三间，硬山灰瓦顶。保存尚好。庙内有清代重修碑记 1 通。

86　175 河南省济源市

南姚汤帝庙（承留镇南姚村 · 清代 · 县文物保护单位）

创建年代失考。明景泰六年（1455）、清乾隆五年（1740）、道光十九年（1839）重修。现存戏楼、山门、汤帝殿以及东西配殿。汤帝殿面阔三间，进深三间，悬山琉璃瓦顶，殿内梁架有云龙纹彩绘。保存较好。

87 177 河南省济源市

神沟汤帝庙(邵原镇神沟村·清代)

始建年代不详,清代重修。现存戏楼、正殿和西配殿。正殿面阔三间,进深三间,悬山灰瓦顶,有脊饰。门额上有“汤帝庙”三字。庙内有清代重修碑记1通。

88 177 河南省济源市

逢北汤帝庙(邵原镇下冶乡逢北村·元—清·县文物保护单位)

始建年代不详,明、清重修。现有山门、汤帝庙、左右配殿等清代建筑。汤帝庙殿面阔、进深各三间,悬山灰瓦顶,檐下施双下昂四铺作单下昂斗拱,木构件粗大,保存元代风格。其余建筑为硬山灰瓦顶。庙内有清代重修碑记2通。

89 168 焦作市中站区

府城村重修成汤庙碑(府城办事处府城村北·清代)

碑半掩地下,尺寸及立碑年号不详。上半部约略可辨。碑文记载成汤庙道士蔡调常,主持香案,铸神钟,后又协同村人捐资重修情况。

90 189 河南省焦作市博爱县

东王贺村汤帝庙大殿(孝敬镇东王贺村北·元代·省文物保护单位)

始建年代失考,明代和清康熙三十六年(1697)重修。大殿面阔、进深各三间,单檐歇山灰瓦顶。檐下施单下昂四铺作计心造斗拱,殿内存壁画、小八角石柱,有侧脚与生起,彻上明造,保留元代建筑风格。另存清代重修碑记一通。

91 189 河南省焦作市博爱县

上屯成汤庙(焦作博爱柏山镇上屯村·清代·县文物保护单位)

始建于元元贞元年(1295),明、清重修。现存大殿和配殿各一座。大殿面阔、进深各三间,悬山灰瓦顶,檐下施四铺作单下昂斗拱。配殿面阔三间,进深二间,硬山灰瓦顶。庙内有元元贞元年“创建成汤庙大殿碑记”1通。近年对大殿进行维修。保存较好。

92 189 河南省焦作市博爱县

上屯村创建成汤庙碑(柏山镇上屯村成汤庙内·元代)

碑圆首,方座。碑高1.74米,宽0.77米,厚0.25米。元元贞元年(1295)立,碑文记述天大旱,百姓在小浙山庙祈雨后,天降大雨。为了报答神灵而创建成汤庙。

93 195 河南省焦作市武陟县

商王庙碑刻(乔庙乡商村东·宋·县文物保护单位)

商王庙碑刻之一、“重修商王大殿记”圆首。高 1. 33 米，宽 0. 63 米。北宋绍圣四年(1097)立。楷书 20 行，行 49 字，记述重修商王庙经过。

94　195 河南省焦作市武陟县

商王庙碑刻(乔庙乡商村东・元・县文物保护单位)

商王庙碑刻之二、“重修商王大殿记碑”圆首。高 1. 15 米，宽 0. 66 米。元皇庆二年(1313)立。牛希贤撰文，李春题额书丹。楷书 24 行，行 29 字，记重修经过。

95　195 河南省焦作市武陟县

商王庙碑刻(乔庙乡商村东・元・县文物保护单位)

商王庙碑刻之三、“建汤王山门记碑”螭首。通高 2. 05 米，宽 0. 77 米。元泰定元年(1324)立。王承式撰文，李世荣书丹。额篆“汤王之题”。碑文楷书 21 行，行 39 字，记修建汤王庙山门经过。

96　207 河南省焦作市沁阳市

万善汤帝庙(山王庄镇万南村・清代)

始建于唐代，明、清重修。现存山门、戏楼、耳房、过厅、配殿、大殿等建筑。均为硬山灰瓦顶，部分殿宇尚有脊饰，檐下有木雕装饰。

97　210 河南省焦作市沁阳市

清平村汤王庙修复碑(王曲乡清平村・清代)

现存碑高 1. 56 米，宽 0. 69 米，厚 0. 19 米。首座佚。正文 3 行，足行 76 字。文载“清平村旧有汤王庙，名曰东阳馆，及七社聚会……至咸丰癸丑年(1853)，庙宇毁于粤军，尽为瓦砾之场”即北代太平军围怀之事。

98　294 河南省安阳市内黄县

汤王庙村汤王庙碑(田氏镇汤王庙村・清代・县文物保护单位)

碑高 2. 10 米，宽 0. 80 米。清光绪十一年(1885)立。碑文记汤王庙创建于金泰和四年(1204)，明、清重修。言商王天乙徙此，原为天乙村，建庙后改称汤王庙村。碑保存完好。庙已久废。

99　470 山西省晋城市泽州县

辛壁成汤庙(大东沟辛壁村・清代・县文物保护单位)

据碑文记载，创建于金大定二十一年(1181)，明弘治十四年(1501)、万历二年(1574)、清康熙二十一年(1682)屡有重修。占地面积 1935 平方米。坐北朝南，由东、西两进院落组成。东院中轴线依次建有乐楼、汤帝殿、玉帝殿，两侧为耳殿、钟楼、鼓楼、配殿和观楼；两院中轴线建有过殿、四神殿，两侧为耳殿、配殿，现存主体结构均为清代建筑。玉帝殿面宽三间，进深五椽，单檐悬山顶。六檩前廊式构架，柱头斗拱三踩单昂，前檐装修已不存。四神殿面宽五间,进深六椽,单檐悬山顶,七檩前廊式构架,柱头斗拱五踩双昂,装修已不存。庙内存清碑6通、明碑3通。

100 470 山西省晋城市泽州县

辛壁重修汤帝殿碑(大东沟辛壁村辛壁成汤庙内·清代·县文物保护单位)

砂石质,圆首,座佚。高1.37米,宽0.67米。康熙二十一年(1682)立石。碑文楷书,记述汤帝庙创自金大定二十一年(1181),明弘治十四年(1501)、万历二年(1574)、清康熙二十一年(1682)重修庙内其他建筑及铺路砌山门等事。常氏撰文,王崇新刻石。

101 山西省晋城市泽州县

神后汤王庙(南岭乡神后村·元—清)

俗称南大庙。创建于元至正年间(1341—1368),历代均有修葺、扩建。坐北朝南,三进院落。主要建筑有正殿(汤王殿)、东西偏殿(东为关帝庙,西为高祠)、龙王殿、蚕姑殿、药王阁、五瘟殿、库楼、东西廊、厢房、角楼等正殿汤王殿,面阔三间,进深六椽,单檐悬山顶,举折平缓,殿前檐施通额枋。斗七铺作双下昂,补间铺作出45度斜。殿内存有壁画。——山西省文物局网站https://wwj.shanxi.gov.cn/wwzy/wwlb/bkydww/

102 山西省长治市长子县

前万户汤王庙(丹朱镇前万户村·元·国家文物保护单位)

前万户汤王庙位于山西省长治市长子县县丹朱镇前万户村。坐北朝南,现仅存大殿及朵殿。始建年代不详,现存大殿为元代遗构,朵殿为清代建筑汤王庙大殿面阔三间,进深六椽,单檐悬山顶,筒板瓦屋面,建筑面积约90平方米。前檐柱头斗栱为五铺作双杪,重栱计心造,并用斜栱。第二跳栱身作琴面昂状,下刻单瓣华头子,耍头亦为琴面昂状,栌斗为海棠栌斗。补间铺作逐间施一朵,较柱头铺作减去一跳。梁架结构为六架椽屋乳栿对四椽栿用三柱,叉手抵脊榑两侧,不用丁华抹颏栱。前万户汤王庙大殿保存基本完好,其梁架部分、斗栱等大木作构件基本为原物,带有晋东南地区元代建筑的典型特征,具有较重要的历史价值。——山西省文物局网站https://wwj.shanxi.gov.cn/wwzy/wwlb/bkydww/

103 山西省晋城市泽州县

坪上汤帝庙(周村镇坪上村东·明·国家文物保护单位)

始建年代不详,坐北朝南,现存一进院落。根据正殿内梁下题记记载,明弘治十四年(1501)曾经进行了维修。正殿和香亭为明代建筑该庙由南至北依次为香亭、黑虎殿、正殿,两侧有山门、钟鼓楼、厢房、耳殿。正殿面宽五间,进深六椽,单檐悬山顶,筒板瓦屋面,琉璃脊饰。殿前设一低矮月台。殿身檐柱使用大通额,前檐施八棱抹角青石柱,柱身有收分。前檐柱头斗栱为四铺作单杪,做琴面假昂头,令栱抹斜。补间铺作逐间施一朵,除当心间补间铺作出斜昂外,其余形制同柱头铺作。殿内厅堂造,六架椽屋四椽栿对乳栿用三柱。四椽栿上施蜀柱承托平梁,平梁上施蜀柱、叉手,蜀柱两端施合沓固定,叉手与丁华抹颏栱相交承托脊槫。脊槫下襻间上存有明弘治十四年(1501)重修题记。香亭,建于石砌台基之上,平面呈正方形,面宽、进深均为一间,单檐歇山顶,筒板瓦屋面。四角设青石八棱抹角柱,侧角、收分显著,下设覆盆柱础。檐下斗栱为五铺作双下昂,横栱抹斜坪上汤帝庙正殿和香亭均具有元代建筑风格,有较高的历史价值。——山西省文物局网站 https://wwj.shanxi.gov.cn/wwzy/wwlb/bkydww/

104　山西省长治市长子县

南鲍汤王庙(丹朱镇南鲍村村后西北高地·北宋·省文物保护单位)

北宋大观三年(1109)创建,南鲍汤王庙坐落在丹朱镇南鲍村西北的一座土丘上,周边农田环绕。一进院落,戏台和东西厢房已坍塌,仅存大殿和献亭。大观三年创建碑今日还被包砌在献食棚西侧的砖墙内。献亭为清代遗构,大殿虽经后人改建,但仍保留着金元时期的建筑风格。——山西古建筑网 http://www.sxgjzw.cn/qywz/315.html

105　山西省晋城市泽州县

甘润成汤大殿(巴公镇甘润村北甘霖寺内)

甘霖寺原名为汤帝庙,村百姓俗称北大庙或大庙,2009 年佛教协会改名为甘霖寺。寺庙布局合理,科学对称,共有四十余根石柱,青石沙石不等,还有华丽美观的斗拱支撑着屋檐,正殿与拜台的屋檐精巧。正殿为成汤大殿,内塑有成汤大帝金身。正殿东厢有老圣母殿,东西厢房有诸神殿堂。

106　山西省晋城市泽州县

下麓汤帝庙(川底镇下麓村·元—清·省文物保护单位)

——山西省文物局网站 https://wwj.shanxi.gov.cn/zwgk/zcfg_31095/zcfgjd/202110/t20211025_2864614.shtm

107　山西省晋城市阳城县

郭峪汤王庙(北留镇郭峪村·明—清·国家文物保护单位)

郭峪城是为避难自保而修的防御性建筑,修建于明崇祯八年。城中央有防御建筑"豫楼",建于明崇祯十三年(1640),计七层,高 33.3 米。每层五间;西城门内有元至正年间创建,复修于万历年间(1573—1620)规模宏大的汤帝庙;还有保存较好的 40 多幢明清古宅。城墙雄伟,雉堞林立,豫楼高耸,古庙森严,官宅豪华,民居典雅。各种建筑在郭峪村小小的乡间聚落中形成了有机的系统,成为独具特色的北方乡村古代建筑群。汤帝庙为九开间大殿,气势恢宏,庄重肃穆。庙内飞檐挑角的元代戏台高达20余米,中国少有。汤帝庙始建于元代至正年间(1341—1368),考虑到庙宇对村子的护佑作用,特将庙址选在村西南的坡上,这里是整个村落的最高点。——山西省文物局网站 https://wwj.shanxi.gov.cn/wwzy/wwlb/bkydww/

108 山西省运城市闻喜县

汤王山汤王庙(石门乡白家滩村西约2.5公里的中条山主峰汤王山之巅·清·县保护单位)

汤王山汤王庙位于闻喜县石门乡白家滩村西约2.5公里的中条山主峰汤王山之巅。始建年代不详,山门匾题为清道光十年(1830)建造。占地面积约650平方米。坐南朝北。整体布局随山势呈不规整的六边形,东西两边较长,南北两边较短。庙内建筑皆为石条垒砌而成,现存有汤王殿、土地殿、圣母殿、龙王塔、山门和围墙等。汤王殿居中,殿前左侧圣母殿,右侧土地殿。汤王殿坐东朝西,平面呈凸字形,前筑殿堂三间,后设洞宫一间,皆为券拱窑洞,硬山顶,两屋顶十字相对。洞宫内有近年来新塑神像一尊。土地殿、圣母殿皆面阔一间,硬山顶,券拱窑洞,圣母殿屋顶不存。龙王塔建于圣母殿后山坡最高处,圆形单层石塔,直径3.6米、高3.3米,南向辟门,石质圆锥体塔刹现存放在汤王殿前。山门在庙之正北,券拱门高1.9米、宽1.4米、深2.2米,门上嵌有石匾额。石砌围墙保存较好,墙基宽0.6—1.2米,高约1.1—3米不等,总长约73米。此外,圣母殿前竖立重修碑刻1通。土地殿前存石雕盘龙柱2根。——闻喜县文物保护中心公众号 https://mp.weixin.qq.com/s/rqUQHRC5YNNYKpBBvRGwHQ

109 山西省长治市壶关县

骞堡汤王庙(龙泉镇骞堡村村东小学院内·明·省文物保护单位)

坐北朝南,一进院落布局,东西长16.8米,南北宽11.9米,占地面积200平方米。创建年代不详,现存建筑为明代遗构。现仅存正殿和西耳殿。正殿建于高0.85米的石砌台基之上,面宽三间,进深六椽,屋顶单檐悬山顶,琉璃剪边施琉璃脊兽,七檩前廊式构架,柱头科三踩单下昂,灰板瓦屋面,前墙新砌装修已改。该庙为研究当地的宗教建筑提供了实物资料。——壶关县文化馆公众号

110 山西省晋城市高平市

古寨汤王庙(马村镇古寨村·金·省文物保护单位)

又叫花石柱庙,位于古寨村南山,当地老百姓也称其为南庙,坐北朝南,

占地面积174平方米，据庙内石柱题记及碑文记载，始建于金代泰和七年（1207），庙内有四根方形石柱，石柱上雕有龙、凤、花卉、神仙故事等，艺术价值很高，是研究我国古代雕塑的珍品。——山西省晋城市高平市宣传公众号 https://mp.weixin.qq.com/s/zvAYeH-VTe0LIfn0abuTSw

111 山西省晋城市阳城县

封头汤帝庙（驾岭乡封头村·金、明、清·省文物保护单位）

——山西省文物局网站 https://wwj.shanxi.gov.cn/zwgk/zcfg_31095/zcfgjd/202110/t20211025_2864614.shtml

112 山西省晋城市阳城县

羊泉汤帝庙（芹池镇羊泉村·元—清·省文物保护单位）

——山西省文物局网站 https://wwj.shanxi.gov.cn/zwgk/zcfg_31095/zcfgjd/202110/t20211025_2864614.shtml

113 山西省晋城市阳城县

王曲成汤庙（西河乡王曲村·金、明、清·省文物保护单位）

——山西省文物局网站 https://wwj.shanxi.gov.cn/zwgk/zcfg_31095/zcfgjd/202110/t20211025_2864614.shtml

114 山西省晋城市阳城县

中寨成汤庙（西河乡中寨村·明、清·省文物保护单位）

——山西省文物局网站 https://wwj.shanxi.gov.cn/zwgk/zcfg_31095/zcfgjd/202110/t20211025_2864614.shtml

115 山西省晋城市沁水县

嘉峰汤帝庙（嘉峰镇嘉峰村·明、清·省文物保护单位）

——山西省文物局网站 https://wwj.shanxi.gov.cn/zwgk/zcfg_31095/zcfgjd/202110/t20211025_2864614.shtml

116 山西省晋城市高平市

大周汤王庙（马村镇大周村·宋—清·国家文物保护单位）

大周村古寺庙建筑群位于山西省高平西南25千米马村镇大周村，由资圣寺、五虎庙、汤王庙、元帝阁组成。汤王庙位于大周村中，坐北朝南，占地面积约751平方米。正殿为元代遗构，配殿具有明代风格。汤王庙正殿面阔五间，进深三间，悬山顶，筒板瓦屋面。前檐用横跨三间的大通额，并减去明间两根檐柱，使前檐仅用四柱。檐下施斗栱，形式为五铺作双下昂，琴面假昂，昂状耍头，斗栱相隔用斜栱。大周村古寺庙建筑群类型丰富，保存比较完整，宋以后各时代建筑均有，具有重要的历史价值和文化价值。——山西省文物局网站 https://wwj.shanxi.gov.cn/wwzy/wwlb/bkydww/

117 河南省济源市

三教汤帝庙(下冶镇三教村·清)

位于河南省济源市下冶镇三教村。原建筑始建于清代,于 2009 年复建。整体建筑坐北朝南,现存正殿和东配殿两座建筑。正殿面阔三间,为单檐悬山式建筑,前檐下有彩绘斗拱和砖雕墀头。

118 河南省济源市

南吴汤帝庙(下冶镇南吴村·清)

现仅存一座建筑,坐北朝南,其面阔三间,为单檐悬山式木构建筑,在檐的两侧分别有一砖雕斗拱。始建于清代,后代又重修。

119 河南省济源市

佃头汤帝庙遗址(克井镇佃头村·清)

原建筑始建于清代,后损毁,现存建筑于后来重修,该建筑面阔五间,进深一间,青砖墙体,灰瓦覆顶,为单檐悬山式建筑。新建筑在维修时多用现代材料所建,丧失了古建筑原有的风貌。

120 河南省济源市

东许汤帝殿(克井镇东许村文化广场北部·明)

始建年代不详,现存建筑为明代。大殿坐北向南,面阔三间、进深四架椽,为单檐硬山式建筑。殿内为五架抬梁结构,三架梁下施驼峰,驼峰上置隔架科,脊瓜柱根用角背。屋面为应筒板瓦,灰脊兽。整体建筑显示出明显的明代特征。

121 河南省济源市

莲东汤王庙遗址(克井镇莲东村西部)

原庙已毁,现在原址上复建新庙,庙内现存碑刻碑身断为两截,圆首,无碑座,楷刻“重修理汤帝庙”明万历三十八年,此碑高 160 厘米,宽 73 厘米,厚 21 厘米,因年代久远,表面风化严重,字迹模糊。

122 河南省济源市

毛岭汤帝庙遗址(坡头镇毛岭村西·清)

始建于清代,现汤帝庙为原址重建。

123 河南省济源市

白坡汤帝庙(邵原镇郝坡村·清)

清代,坐北朝南,现存汤帝大殿和戏台。汤帝大殿,六檩前廊式,单檐悬山造,面阔三间,有彩绘。戏台,两层,单檐悬山,面阔三间,进深四架椽,毛石基础,土坯墙身。

124 河南省济源市

北吴汤帝庙(下冶镇北吴村·清)

整体建筑坐北朝南,为二进院落,现存汤帝殿,东西厢房和二掖房。正殿为单檐硬山式建筑,西厢房被小学占用

125 河南省济源市

逢掌汤帝庙遗址(下冶镇逢掌村·清)

原建筑始建于清代,后损毁,仅存柱础,于2000年在原址上重建,并且利用了原来的柱础。新汤帝庙为单檐硬山式建筑,面阔三间

126 河南省济源市

大峪槐姻庙汤帝殿(大峪镇槐姻村北部)

始建年代不详,现存三座建筑,北为汤帝殿,东有药王殿,西有广生殿。

127 河南省济源市

圣皇岭汤帝庙(五龙口镇孔山圣皇岭)

圣皇岭汤帝庙位于济源市北部孔山之巅,居高临下,孔山圣皇岭坐落在河南省济源市东北6公里处,是南太行山的一袭余脉。岭上是万亩大草原,峻岭巍峨,沟壑幽旎,景象万千,植被丰富。

128 河南省焦作市沁阳市

水北关汤帝庙(怀庆街道办事处水北关村西南)

129 河南省焦作市沁阳市

阳华汤帝庙(怀庆街道办事处阳华村西北·清)

阳华汤帝庙创建无考,清代重修,民国年间废圮。汤帝庙坐北朝南,现仅存东西厢房、卷棚及大殿。大殿面阔三间,进深一间,单檐硬山顶,屋面置五脊六兽,灰筒板瓦覆盖,五架梁。西厢单檐硬山顶,东厢为悬山顶,灰筒板瓦覆面。

130 河南省焦作市沁阳市

东沁阳汤帝庙(太行街道办事处东沁阳村东·清)

东沁阳汤帝庙创建年代无考,坐北朝南,清宣统元年重修,现仅存卷棚、大殿。卷棚、大殿不知创于何时。大殿面阔三间,进深一间,悬山顶,灰筒板瓦覆盖,五脊六兽。卷棚面三进一,卷棚硬山顶,灰筒板瓦覆盖。

131 河南省商丘市睢阳区

桑庄商汤庙(坞墙镇桑庄村·清)

建国初,桑庄商汤庙原建筑严重损毁,2008年当地村民集资在原址重修庙宇建筑。现有建筑包括大门三间,正殿三间,东西配殿各一间。

132 河南省洛阳市嵩县

曲里汤王庙(饭坡镇曲里村)

曲里汤王庙现存大殿一座三间,坐北面南,建于砖台之上,单檐硬山。

133 河南省郑州市巩义市

堤东汤王庙(西村镇堤东村·清)

堤东汤王庙始建年代不详,现存建筑的建筑风格为清代。现存汤王宫、后殿各一座及现代增修多座建筑。

134 河南省平顶山市汝州市

温泉汤王庙(汝州市温泉镇温泉街·清)

温泉汤王庙中原有汤王祠、吕祖阁等殿宇,后大部分殿宇损毁,现仅存汤王祠三间,建于清代,为硬山式建筑。

135 河南省新乡市延津县

沙庄汤王庙(僧固乡沙庄村中部·清)

沙庄汤王庙现存为清代建筑。汤王庙大殿坐北朝南,面宽三间,进深一间,硬山顶,有过廊,抬梁式梁架结构。殿前新建拜殿三间,卷棚顶,与后殿形成构连搭式建筑。

136 河南省焦作市武陟县

程封汤王庙遗址(谢旗营乡程封村)

程封汤王庙始建年代不详,明、清重修,原建筑规模宏大,1939 年日军入侵武陟,将大部分古建拆除作为本村修炮楼用材,建国后设置村办小学。

137 河南省焦作市孟州市

姚庄汤王庙大殿(西虢镇姚庄村北小学院内)

姚庄汤王庙大殿始建年代不详,坐北向南,面阔三间,抬梁式建筑,进深四架椽,单檐,悬山造,灰瓦覆顶,前檐斗拱。大殿现已废弃不用。

138 河南省济源市

原头汤帝庙遗址(下冶镇原头村东)

原头汤帝殿遗址坐北朝南,原建筑已毁,现庙在原基础上重新修建,水泥基础,砖墙,水泥斗拱,全为现代建筑材料。原头汤帝殿始建于金章宗泰和四年(1244)。

附录二　清代河南府志中所载汤王信仰文物遗存资料汇编

河　南　府①

（1）洛阳县

汤王庙在城南四十五里浥涧，碑记云系成汤聘伊尹使停骖处，盖尹本嵩产，故以伊水为姓，志人物者列伊尹于陈留，岂非误哉。（卷二十一，第38页）

（2）偃师县

汤王庙，一在治南缑氏保，宋祥符九年民杨进等创建，金明昌六年民梁三重修，洪武二十年民梁显重修。一在治北八里邙山上，因久废，圮里人移建于治东北五里邙山之麓，下有池，旱尝祷雨。（卷二十一，第42页）

（3）巩县

成汤庙在神祇保。（卷二十一，第44页）

（4）孟津县

汤王庙共两座，一在西关，一在谷城山上。（卷二十一，第45页）

（5）宜阳县

成汤庙在上庄保，永乐十一年建。（卷二十一，第46页）

（6）永宁县

汤王庙在原村（卷二十一，第50页）

（7）渑池县

汤王庙在治北百十里南村东城外（卷二十一，第51页）

怀　庆　府②

（1）怀庆府附河内县

成汤庙在府治东北（卷五，第16页）

（2）济源县

析城山，在县西北九十里，四高中凹如城，上有汤庙，人呼圣王坪，禹贡底柱析城是也。（卷三，第9页）

---

① 据《河南府志》，清康熙三十四年版。

② 据《怀庆府志》，清乾隆五十三年版。

小析山，在天坛西北去县百二十里析城之前，上有汤庙，岁大旱则祷雨如此。（卷三，第9页）

汤王庙一在县西门外，一在训掌。（卷五，第23页）

（3）修武县

汤王庙在县西关。（卷五，第27页）

（4）武陟县

汤帝庙一在商邨，庙左有陵，一在宁郭镇。（卷五，第30页）

（5）温县

汤王庙在县东南隅。（卷五，第35页）

（6）孟县

一在县治南街，一在县北门外，一在县西上寨邨，一在县西北罗罗沟上，一在县西北陈邨，一在县西衡涧邨西。（卷五，第38页）

彰　德　府①

（1）临漳县

成汤庙一在县南孙陶集，乾隆三年知县丁永琪修；一在县东南花佛堂屯。（卷三，第19页）

（2）林县

汤王庙在南关，金泰和中建。（卷三，第20页）

（3）内黄县

汤王庙旧在县西北天乙村，金泰和四年建，明嘉靖六年知县张古移建楚王镇，今废。（卷三，第24页）

卫　辉　府②

（1）新乡县

汤王庙在南街，元至元间建，国朝乾隆三年知县时正、十一年知县赵开元重修。（卷十，第44页）

（2）获嘉县

汤王庙在县南小呈社，明天顺五年建。（卷十，第46页）

（3）淇县

汤王庙在沙庄。（卷十，第46页）

---

①　据《彰德府志》，清乾隆五十二年版。

②　据《卫辉府志》，清乾隆五十三年版。

附录三　垣曲县考察留影

陈昌远教授（右起四）、垣曲县政协王云洲主席（左起五）、
张飞副县长（右起三）等在垣曲县亳城村

陈昌远教授（左起二）、陈隆文教授、王琳研究员与
垣曲县文保中心姚海河主任（右起一）在垣曲县商城遗址周边

陈昌远教授、陈隆文教授（右起一）与时任垣曲县
王茅镇王爱东书记（左起一）在垣曲县亳城村

陈昌远教授（右起三）在垣曲县王茅镇政府
内题写“汤始居亳应在山西垣曲”

附录四　我们的“亲老师”

——忆我的导师陈昌远先生

1978年秋季考上开封师范学院历史系，穿着一身在工厂当车工时的工装，带着简单的行囊，怀着对知识的饥渴，去学校报到了。大学四年和后来的硕士研究生三年的学习，老师们给我的太多，后来的每一步都是在老师培养的基础上和引导下走过来的，学习期间所奠定的知识基础、学习方法和思维模式长期支撑着自己的教学和专业学习。大学学习期间，陈老师是对我们影响最大的老师之一；研究生学习期间，陈老师是我们的导师，我们用口语说陈老师是我们的亲老师，用规范语言说陈老师就是我们的恩师，几十年的教书和研学，风雨之时的无恙安然，处处都有恩师的教诲。

大学学习期间的陈老师

大学第一学年的专业课程有中国古代史，世界上古史，历史文选。陈老师给我们讲授中国古代史的秦汉魏晋南北朝部分，丰富的教学内容，条理清晰的梳理和深刻的分析，以及那带有四川口音的普通话都给我们留下了深刻的记忆。

四年级的时候，陈老师又给我们开设了选修课《中国历史地理》。在讲序言的时候，陈老师说，这是最近推出的“试销产品”。一句诙谐幽默的“试销产品”引得同学们发出了会心的笑声，也传达了陈老师的谦虚和探索创新的学术精神。后来，陈老师的《中国历史地理》正式出版，成为难得历史地理专著和多所高校历史专业的教材。多少年后，同学们聊到大学时期的学习，都对陈老师的“试销产品”表示出深深的敬佩，因为“试销产品”蕴含的是孜孜不倦的学术追求和厚重的学术造诣。陈老师在《中国历史地理简编·后记》中说：“高等院校历史专业开设中国历史地理学这门课程，它的要求是什么，目前还在探索的过程中。这门课程本身的体系，也还没有真正的建立起来，在这种情况下，要写好《中国历史地理学》这本书，的确是一件难事。我不揣浅陋，把近几年来讲授的这门课程的讲稿、资料整理成这本《中国历史地理简编》，以就正于同志们。本书可供学习历史专业的学生阅读，旨在加深学生对中国古代史基础知识的理解。书中着重从历史地理角度阐述了中华民族和中国远古文明是以黄河流域为中心向四周辐射发展起来的这一看法。”(陈昌远编著,陈隆文修订:《中国历史地理简编》,河南大学出版社 2007 年版,第 479 页。)

大学时期,刚刚走出知识荒漠年代,一方面是对知识的渴求,另一方面是专业积累的不足。开始同学们只是钦佩陈老师的学术造诣,后来逐渐认识到在学术造诣背后是多年不懈的学术努力和坚毅的学术追求。在知识不被看重的场景中,陈老师默默地架构着他的学术宫殿。有一次,系办公室让我跑腿去给陈老师一个通知,第一次来到陈老师家里。陈老师的家,房子不大,两面墙壁都是书架,书架上的书码到天花板上,桌子上、茶几上全是书。这一景象给我带来心灵上的震撼,在那个年代哪见过家里有这么多的藏书啊! 这一刻,我好像找到了陈老师教学和学术造诣的答案,也看到了陈老师的执着不懈的学术追求、辛勤不辍的探索精神。这次心灵震撼给我带来的变化是巨大的,两年的知青农民和四年的工厂车工,在我的脑子里充斥的都是农民的锹、锄、犁、耙和板车,工人的车、铣、刨、磨、钳、铁质工件,以及如何提高技术和多挣工时,开始逐渐地被书籍和知识所替代,努力学习和学术追求的幼芽在心中萌发。在经济条件很有限的情况下,看到好的书籍总是要把它买回来。一个工厂里的好朋友看到我穿着颜色发白、袖口起毛的工装,手里却提着几本刚刚购买的书籍,深情地劝我说,有买书的钱还不如买一件衣服。是啊,说的没有错,朋友的殷殷厚意我理解,但陈老师播撒的知识学习和学术追求已经在我心中成长为大山,学习是天大的事,吃饭穿衣已经退居其次了。

陈老师洛阳讲学

1982 年,大学毕业分配到洛阳大学工作,记得是 1983 年 6 月的一天,接到通知到市方志编撰办公室参加一个学术活动,但具体什么活动却不清楚。我们洛阳大学历史教研室一行数人按时到达会议地点,静候活动开始。突然间,陈老师出现了。在那样的场合,虽然不能立刻去和陈老师打招呼,但一股亲切的暖流立刻涌上了心头。

陈老师讲的是商汤都城的问题,根据翔实的考古资料和文献资料进行了严密的论证。陈老师认为,商“汤始居亳”,以晋南垣曲商城为起点,在完成灭夏大业后,又向南越过黄河,在偃师建立了偃师商城。然后又向东方发展,筑建郑州商城“大其亳邑”。郑州商城位于黄河以南为南亳;偃师商城位于郑州商城之西为西亳,晋南垣曲商城为北亳。从北亳到西亳,再到南亳,不仅是商王朝早期活动区域的变迁,实际上是商人政治、经济力量由弱到强的发展过程。陈老师丝丝入扣的论证和独到的见解引起了学术共鸣,报告多次被掌声打断。

报告之后，我上前问候陈老师。陈老师说，我早就看到你啦，只是在台上不便与你打招呼。事后我了解到，陈老师是应洛阳市方志编撰办公室和地名办公室邀请，来洛阳帮助解决洛阳市志和洛阳地名编纂中的疑难问题，在此期间陈老师还实地考察了偃师商城遗址。洛阳之行短暂匆忙，但陈老师所展现的学术风采，他对洛阳地方志和洛阳地名的整理编纂的指导却芳蕴悠远。

我们的导师陈老师

1982 大学毕业前报考本校的硕士研究生，英语差 2 分不够录取线。无奈之下回到洛阳，到洛阳大学历史教研室从事教学工作。本来打算次年再次报考，但学校规定三年之后才能报考。三年，不短也不长，每一分钟都是宝贵的。教学第一位，但却能巧妙地与考研复习准备相结合。外语是自己的短板，需要格外努力。由于自己是上山下乡以后参加工作，然后才考的大学，大学毕业的时候已经 27 岁，结婚生子是一个无法回避的问题。1983 年结婚，1984 年有了女儿。有了女儿之后负担徒然增加，时间成了最宝贵的财富，不得不把孩子揣在怀里，在陋室里边带孩子，边念念有词地读诵英语或其他，偶尔还会冒出这样怪念头，这样早期教育太厉害了，别不小心培养出一个神童来。

1985 年洛阳大学同意报考了，毫不犹豫地报考了河南大学历史专业。还真的幸运，各门课程都过线了，英语依然是短板，超过录取线 2 分，很快就接到了复试通知。复试的时候，看到复试小组都是曾经教过我们的老师，心中顿时有了底气。这种底气不是寄托于老师们高抬贵手，而是我一直都是认认真真地听课，在老师的指导下扎扎实实地读书。陈老师作为复试小组的主要成员之一问我：都读过哪些关于先秦的书？

我如实回答说，认真读过《左传》、《国语》、《诗经》、《论语》、《孟子》和《史记》中有关先秦的本纪、世家和列传，能全篇背诵《史记 · 货殖列传》，此外还读过一些近人著的通史和专门史。研究生复试中，陈老师提的问题看似简单，却能直接看到学生的专业积累和学习态度，洞察学生的培养前景。当然，这个问题也折射出陈老师的研究生培养理念。

1985 年 9 月到河南大学读硕士研究生，导师小组由郭豫才老师、朱绍侯老师、郭人民老师和陈昌远老师组成。郭豫才老师年事已高，但在重要学术问题上的指导从来没有缺失。朱绍侯老师学术活动和出版社事务繁忙，在给我们教授“秦汉土地制度和阶级关系”课程的同时，不断给予学习和学术指导，朱老师的治学方法和大师风范对我们的影响深远。郭人民老师给我们讲授《左传》，1986 年郭老师不幸因病突然离世，但郭老师的学术风格和对学生父亲般的关爱已经根植到了我们的心中。鉴于上述特殊情况，我们的具体的学习和学术指导主要由陈老师负责。

在研究生学习和培养方面，陈老师特别注重学术研究方法指导和学术交流。

研究生学习期间，陈老师给我们讲授了原始社会史和夏商周史。在讲授过程中，不仅有翔实的文献资料和考古资料，而且提出了独到而深刻的看法；不仅梳理出清晰的历史发展脉络，而且特别重视学术研究方法的指导。

陈老师认为，王国维先生提出二重证据法，提倡出土的考古材料与古代文献记载相互印证，是历史学界普遍公认科学研究方法。陈寅恪先生在王国维先生二重证据法的基础上发展出了三重证据法，提倡文献资料与考古资料互相释证，异族文献与中国古代文献互相补正，外来思想观念与中国古代思想文化互相参证。二重证据法和三重证据法既有沿袭关系，又有不同的重心，但最重要的是熟练地使用，在学习和研究中要注意文献资料和考古相互印证补充，又要进行必要的中外比较，一定要把这种印证和比较建立在坚实的资料基础上和正确的使用方法上。

陈老师对孟子的“思”有独到的认识，依据孟子“耳目之官不思，而蔽于物。物交物，则引之而已矣。心之官则思，思则得之，不思则不得也。此天之所与我者”（《孟子·告子上》）这段话，在多种场合多次提醒我们，要善于思考，思考是对问题认识的深化。思考要以问题为对象，以坚实的资料为基础，以科学的思维为方法，以创新为目标。在思考过程中会有一闪而过的灵感，因此要养成做学术笔记的习惯。有了想法，要马上记下来，即使在半夜睡觉中也要用纸和笔记下来。陈老师教给我们的这个方法，一直到现在我还在使用。有了想法，随时记录下来，想法多了，都记录了下来，逐渐就会形成对某一个问题的系统认识，最终都会成为研究成果的一部分或教学内容的一部分。

鼓励就某个问题进行创新性探讨，尝试写作和发表论文，是陈老师强调的又一件事情。陈老师认为，对某个问题有了看法，要掌握它的最新研究进展，要善于吸收消化他人的观点，让自己站在巨人的肩膀上，同时还要提出自己的看法，主动进行创新性探索。在陈老师的鼓励下，研究生学习期间，在《河南大学学报》发表了《从〈诗经〉看西周春秋的一夫一妻制》，在河南大学出版社 1987 年版的《研究生论丛》论文集中发表了《春秋谷城考辨》。现在看来它们都很简单浅显，可它们是在老师拉扯下、鼓励下迈出的第一步。这一步蹒跚踉跄，但却是后来几十年教书和学习的起点。

陈老师主导下的学术交流和中原古国研究的启发

陈老师注重学术交流，采取“走出去”和“请进来”的方式引导我们养成善于学术交流的习惯。

在三年研究生学习期间，陈老师先后邀请邹衡先生、刘启益先生、杜迺松先生、李先登先生等著名学者来讲学。邹衡先生为我们讲了考古学，刘启益先生讲了古文字学，杜迺松先生讲了青铜器、李先登先生讲文明的起源。陈老师主导下的这些交流活动，使我们研究生学习的内容丰富了许多，拓展了我们的学术视野，深刻地体会到学术交流的特殊意义，逐渐养成了主动交流和善于对话的习惯，在交流和对话相互启发，相互激励和创新。

中原古国研究是陈老师长期关注的一个课题，在研究生教学和学术指导过程中陈老师多次谈及有关问题，因此中原古国的考古发现和新的研究进展成为自己留意的问题。1991 年初，三门峡虢国墓地第二次考古发现在考古学界和历史学界引起了很大的震动，当我进一步查阅有关文献资料和 20 世纪 50 年代的考古发掘报告之后，认为三门峡虢国文化研究是一个很有意义的课题。于是，沿着陈老师中原古国研究的思路，根据有限的文献资料、50 年代的考古发掘报告《上村岭虢国墓地》和报纸杂志上披露的最新考古资料，开始了三门峡虢国的探索。1993 年到 1994 年先后发表《三门峡虢国族徽、世风考》、《虢国人素质考》和《上村岭虢国墓地铁器的历史考察》三篇文章，2004 年又发表了《河南三门峡市虢国墓地 M2001 墓主考》。1995 年，与老同学李久昌先生合作出版了《虢国的历史与文化》一书。在有关文章发表和论著出版之后，总觉着其中有不少缺憾。适逢 1999 年底，90 年代的考古发掘报告《三门峡虢国墓》（第一卷）出版，为三门峡虢国文化研究提供了宝贵的资料，于是我再度开始三门峡虢国的研究。经过两年的努力，撰写成《三门峡虢国文化研究》一书。几十年的教书和专业探索，有了自己的一些看法，也积累了一点成果，然而独创性和开拓性成果却有限。如果勉强算有的话，三门峡虢国研究应该是其中之一。

2017 年，陈老师仙逝，因事发突然，路途遥远未能见上陈老师最后一面。陈老师音容笑貌、谆谆教导镌刻在心中；陈老师桃李满天下，春晖遍四方；陈老师的学术精神传承不辍。

张彦修（岭南师范学院法政学院教授）

2023 年 8 月 3 日于广东湛江

参 考 文 献

一、古　籍

[1]袁珂:《山海经校注》,上海古籍出版社 1980 年版。

[2]方诗铭、王修龄:《古本竹书纪年辑证》,上海古籍出版社 1981 年版。

[3]徐元诰撰,王树民等点校:《国语集解》,中华书局 2002 年版。

[4](汉)蔡邕:《四部备要·蔡中郎集》,中华书局 1936 年版。

[5](汉)司马迁:《史记》,中华书局 1959 年版。

[6](汉)班固:《汉书》,中华书局 1962 年版。

[7](汉)许慎:《说文解字》,中华书局 1963 年版。

[8](汉)刘熙:《释名》,中华书局 1985 年版。

[9](汉)刘向集录:《战国策》,上海古籍出版社 1985 年版。

[10](汉)班固:《白虎通德论》,上海古籍出版社 1990 年版。

[11](晋)王嘉撰:《拾遗记译注》,黑龙江人民出版社 1989 年版。

[12]徐宗元辑:《帝王世纪辑存》,中华书局 1964 年版。

[13]刘晓东等点校:《二十五别史·世本》,齐鲁书社 2000 年版。

[14](北魏)郦道元撰,陈桥驿校证:《水经注校证》,中华书局 2007 年版。

[15](南朝宋)范晔撰,(唐)李贤等注:《后汉书》,中华书局 1965 年版。

[16](唐)徐坚等:《初学记》,中华书局 1962 年版。

[17](唐)李泰撰,贺次君辑校:《括地志辑校》,中华书局 1980 年版。

[18](唐)李吉甫:《元和郡县图志》,中华书局 1983 年版。

[19](唐)杜佑:《通典》,岳麓书社 1995 年版。

[20](宋)朱熹:《诗集传》,中华书局 1958 年版。

[21](宋)李昉等:《太平御览》,中华书局 1960 年版。

[22](宋)陈彭年:《钜宋广韵》,上海古籍出版社 1983 年版。

[23](宋)朱熹:《四书章句集解》,中华书局 1983 年版。

[24](宋)王应麟:《玉海》,江苏古籍出版社 1987 年版。

[25](宋)乐史:《太平寰宇记》,中华书局 2007 年版。

[26](明)李贤、彭时等纂修:《大明一统志》,天顺五年(1461)刻本。

[27](明)张古、张文凤等:《内黄县志》,上海古籍书店 1963 年影印天一阁嘉靖十六年(1537)刊本。

[28](清)觉罗石麟等纂:《山西通志》,雍正十二年(1734)刻本。

[29](清)周景柱:《蒲州府志》,乾隆二十年(1755)刻本。

[30](清)雅德:《山西志辑要》,乾隆四十五年(1780)刻本。

[31](清)薛元钊等纂:《垣曲县志》,光绪六年(1880)刻本。

[32](清)曾国荃等纂:《山西通志》,光绪十八年(1892年)。

[33](清)皮锡瑞:《尚书大传疏证》,光绪丙申师伏堂刊。

[34](清)徐文靖:《竹书纪年统笺》,上海图书集成局1897年版。

[35](清)曾运乾:《尚书正读》,中华书局1964年版。

[36](清)蕉封桐修,萧国桢纂:《修武县志》,成文出版社1976年版。

[37](清)段玉裁:《说文解字注》,上海古籍出版社1981年版。

[38](清)朱骏声:《说文通训定声》,中华书局1984年版。

[39](清)穆彰阿等:《嘉庆重修一统志》,《续修四库全书》,上海古籍出版社1996年版,第613—624册。

[40](清)孙诒让:《周礼正义》,中华书局1987年版。

[41](清)王先谦:《荀子集解》,中华书局1988年版。

[42](清)孙希旦:《礼记集解》,中华书局1989年版。

[43](清)金鹗:《求古录礼说》,山东友谊出版社1992年版。

[44](清)俞正燮:《癸巳类稿》,辽宁教育出版社2001年版。

[45](清)魏源:《魏源全集·书古微》,岳麓书社2004年版。

[46](清)顾祖禹:《读史方舆纪要》,中华书局2005年版。

[47]李学勤主编:《十三经注疏·毛诗正义》,北京大学出版社1999年版。

[48]李学勤主编:《十三经注疏·尚书正义》,北京大学出版社1999年版。

[49]李学勤主编:《十三经注疏·春秋左传正义》,北京大学出版社1999年版。

二、今人著作

[1][日]岛邦男著,濮茅左、顾伟良译:《殷墟卜辞研究》,上海古籍出版社2006年版。

[2]岑仲勉:《黄河变迁史》,人民出版社1957年版。

[3]陈隆文:《先秦货币地理研究》,科学出版社2008年版。

[4]陈隆文:《中原历史地理与考古研究》,中国社会科学出版社2016年版。

[5]陈梦家:《殷墟卜辞综述》,中华书局1988年版。

[6]陈奇猷校释:《吕氏春秋新校释》,上海古籍出版社2002年版。

[7]陈桥驿等译注:《水经注全译》,贵阳人民出版社2008年版。

[8]陈炜湛:《甲骨文简论》,上海古籍出版社1987年版。

[9]陈旭:《夏商文化论集》,科学出版社2000年版。

[10]邓散木:《说文解字部首校释》,上海古籍出版社1984年版。

[11]丁山:《商周史料考证》,中华书局1988年版。

[12]董楚平:《楚辞译注》,上海古籍出版社1986年版。

[13]董作宾:《殷历谱下》,中国书店 1945 年版。

[14]杜金鹏、许宏主编:《偃师二里头遗址研究》,科学出版社 2005 年版。

[15]杜金鹏:《夏商周考古学研究》,科学出版社 2007 年版。

[16]杜正胜:《夏商时代的国家形态》,《古代社会与国家》,台北允晨文化实业股份有限公司,1992 年版。

[17]范文澜:《中国通史》(第一册),人民出版社 1978 年版。

[18]高亨:《文字形义学概论》,齐鲁书社 1981 年版。

[19]顾颉刚、刘起釪:《尚书校释译论》,中华书局 2005 年版。

[20]郭沫若:《十批判书》,人民出版社 1954 年版。

[21]郭沫若:《中国史稿》(第一册),人民出版社 1976 年版。

[22]郭宪周总纂:《长葛县志》,生活·读书·新知三联书店 1992 年版。

[23]国家文物局主编:《中国文物地图集》,中国地图出版社 1991 年版。

[24]何琳仪:《战国古文字典——战国文字声系》,中华书局 1998 年版。

[25]河南省考古研究所等:《登封王城岗与阳城》,文物出版社 1992 年版。

[26]河南省文物研究所:《河南考古三十年》,河南人民出版社 1994 年版。

[27]侯仁之等:《中国古代地理名著选读》,科学出版社 1959 年版。

[28]黄怀信:《逸周书校补注释》,西北大学出版社 1996 年版。

[29]江林昌:《夏商周文明新探》,浙江人民出版社 2001 年版。

[30]姜涛:《管子新注》,齐鲁书社 2009 年版。

[31]蒋廷锡:《尚书地理今释》,中华书局 1985 年版。

[32]赖炎元:《春秋繁露今注今译》,台湾商务印书馆,1984 年版。

[33]李伯谦:《中国青铜器文化结构体系研究》,科学出版社 1998 年版。

[34]李伯谦:《商文化论集》(上),文物出版社 2003 年版。

[35]李伯谦:《文明探源与三代考古论集》,文物出版社 2011 年版。

[36]李民等:《古本竹书纪年译注》,中州古籍出版社 1990 年版。

[37]李民、王健:《尚书译注》,上海古籍出版社 2004 年版。

[38]李守奎、李轶:《尸子译注》,黑龙江人民出版社 2003 年版。

[39]李玄伯:《中国古代社会新研》,开明书店 1948 年版。

[40]李学勤:《三代文明研究》,商务印书馆 2011 年版。

[41]李亚农:《殷代社会生活》,上海人民出版社 1957 年版。

[42]李渔叔译注:《墨子今注今译》,天津古籍出版社 1988 年版。

[43]林家骊译注:《楚辞》,中华书局 2009 年版。

[44]刘纬毅编著:《山西历史地名通检》,山西人民出版社 1990 年版。

[45]吕东风主编:《垣曲古代研究》,中国社会出版社 2009 年版。

[46]马保春:《晋国历史地理研究》,文物出版社 2007 年版。

[47]马保春:《晋国地名考》,学苑出版社 2010 年版。

[48]皮锡瑞:《今文尚书考证》,中华书局 1989 年版。

[49]裘锡圭:《中国出土古文献十讲》,复旦大学出版社 2004 年版。
[50]曲英杰:《史记都城考》,商务印书馆 2007 年版。
[51]山西省考古研究所编:《山西考古四十年》,山西人民出版社 1994 年版。
[52]商承祚:《说文中之故考》,上海古籍出版社 1983 年版。
[53]宋镇豪编:《汤风濩韵——全国首届商汤文化学术研讨会论文集》,中国社会科学出版社 2012 年版。
[54]孙森:《夏商史稿》,文物出版社 1987 年版。
[55]王国维:《观堂集林》,中华书局 1959 年版。
[56]王铭等编著:《山西山河志》,山西科学技术出版社 1994 年版。
[57]王震中:《商代史》,中国社会科学出版社 2010 年版。
[58]王震中:《商族起源与先商社会变迁》,中国社会科学出版社 2014 年版。
[59]吴毓江撰,孙启治点校:《墨子校注》,中华书局 1993 年版。
[60]夏商周断代工程专家组:《夏商周断代工程 1996—2000 年阶段成果报告》(简本),世界图书出版公司 2000 年版。
[61]徐海亮:《郑州古代地理环境与文化探析》,科学出版社 2015 年版。
[62]徐中舒:《汉语古文字字形表》,四川人民出版社 1981 年版。
[63]徐中舒:《甲骨文字典》,四川辞书出版社 1989 年版。
[64]徐中舒:《先秦史讲义》,天津古籍出版社 2008 年版。
[65]杨伯峻:《孟子译注》,中华书局 1960 年版。
[66]杨伯峻:《春秋左传注》,中华书局 1981 年版。
[67]杨树达:《考古学专刊·甲种第一号·积微居金文说》,中国科学院出版社 1952 年版。
[68]杨树达:《中国文字学概要》,上海古籍出版社 1988 年版。
[69]杨天宇:《礼记译注》,上海古籍出版社 2004 年版。
[70]于省吾:《甲骨文字诂林》(第二册),中华书局 1999 年版。
[71]垣曲县志编委会:《垣曲县志》,山西人民出版社 1993 年版。
[72]詹子庆:《先秦史》,辽宁人民出版社 1984 年版。
[73]张国硕:《夏商时代都城制度研究》,河南人民出版社 2001 年版。
[74]张国硕:《文明起源与夏商周文明研究》,线装书局 2006 年版。
[75]张宏彦:《中国史前考古学导论》,科学出版社 2011 年版。
[76]张立文:《帛书周易注释》,中州古籍出版社 2008 年版。
[77]张双棣:《淮南子校释》,北京大学出版社 1997 年版。
[78]张双棣等:《吕氏春秋译注》,吉林文史出版社 1987 年版。
[79]张双棣等译注:《吕氏春秋》,中华书局 2007 年版。
[80]张渭莲:《商文明的形成》,文物出版社 2008 年版。
[81]张宗祜:《九曲黄河万里沙》,清华大学出版社 2000 年版。
[82]赵诚:《甲骨文简明词典》(卜辞分类读本),中华书局 1988 年版。

[83]郑杰祥:《夏史初探》,中州古籍出版社 1988 年版。

[84]郑杰祥:《商代地理概论》,中州古籍出版社 1994 年版。

[85]政协阳城县委员会、中国先秦史学会编:《阳城商汤文化》,三晋出版社 2010 年版。

[86]中国国家博物馆考古部编著:《垣曲盆地聚落考古研究》,科学出版社 2007 年版。

[87]中国历史博物馆考古部、山西省考古研究所、垣曲县博物馆:《垣曲商城(一) 1985—1986 年度勘察报告》,科学出版社 1996 年版。

[88]中国国家博物馆田野考古研究中心、山西省考古研究所、垣曲县博物馆联合编著:《垣曲商城(二)——1988—2003 年度考古发掘报告》,科学出版社 2014 年版。

[89]中国历史博物馆考古部、山西省考古研究所、垣曲县博物馆编著:《垣曲古城东关》,科学出版社 2001 年版。

[90]中国社会科学院考古研究所、中国历史博物馆、山西省考古研究所:《夏县东下冯》,文物出版社 1988 年版。

[91]中国社会科学院考古研究所编著:《中国考古学 · 夏商卷》,中国社会科学出版社 2003 年版。

[92]中国社会科学院考古研究所编著:《偃师商城》,科学出版社 2013 年版。

[93]周秉钧:《尚书易解》,岳麓书社 1984 年版。

[94]周明晖:《新定说文古籀考》,武汉古籍书店 1985 年版。

[95]朱彦民:《商族的起源、迁徙与发展》,商务印书馆 2007 年版。

[96]诸祖耿撰:《战国策集注汇考》,江苏古籍出版社 1985 年版。

[97]邹衡:《夏商周考古学论文集》,文物出版社 1980 年版。

[98]邹衡:《夏商周考古学论文集(续集)》,科学出版社 1998 年版。

[99]邹逸麟主编:《黄淮海平原历史地理》,安徽教育出版社 1997 年版。

[100]邹逸麟、张修桂主编,王守春副主编:《中国历史自然地理》,科学出版社 2013 年版。

三、期刊、辑刊与论文集

[1]《考古》杂志特约记者:《中国商文化国际学术讨论会述要》,《考古》1995 年第 9 期。

[2]《杨鸿勋建筑考古学论文集(增订版)》,清华大学出版社 2008 年版。

[3]安金槐:《试论郑州商代遗址——隞都》,《文物》1961 年第 4、5 期。

[4]安金槐:《试论商代“汤都亳”与“仲丁都隞”》,《中原文物》1981 年特刊。

[5]安金槐:《再论郑州商代城址——隞都》,《中原文物》1993 年第 3 期。

[6]安金槐、杨育彬:《偃师商城若干问题的再探讨》,《考古》1998 年第 6 期。

[7]安金槐:《郑州商代城址及其有关问题》、《试论郑州商城和偃师商城的早晚关系》,《安金槐考古文集》,中州古籍出版社 1999 年版。

[8]北京大学考古专业商周组、山西省考古研究所、河南省安阳、新乡地区文化局、湖北省孝感地区博物馆:《晋豫鄂三省考古调查简报》,《文物》1982 年第 7 期。

[9]北京大学历史系考古专业山西实习组、山西省文物工作委员会:《冀城曲沃考古勘察记》,《考古学研究》(一),文物出版社 1992 年版。

[10]蔡运章、洛夫:《商都西亳略论》,《华夏考古》1988 年第 4 期。

[11]曹艳朋:《郑州商城和偃师商城商代祭祀遗存之比较》,《黄河科技大学学报》2009 年第 1 期。

[12]常玉芝:《郑州出土的商代牛肋骨刻辞与社祀遗迹》,《中原文物》2007 年第 5 期。

[13]陈昌远:《商族起源地望发微——兼论山西垣曲商城发现的意义》,《历史研究》1987 年第 1 期。

[14]陈昌远、陈隆文:《论山西垣曲商城遗址与“汤始居亳”之历史地理考察》,《河南大学学报(社会科学版)》2000 年第 1 期。

[15]陈隆文:《从禹贡谈古黄河与济水——读何幼琦〈古黄河与济水〉》,《孙作云百年诞辰纪念文集》,河南大学出版社 2014 年版。

[16]陈立柱:《亳在大伾说》,《安徽史学》2004 年第 2 期。

[17]陈梦家:《商王名号考》,《燕京学家》1940 年第 27 期。

[18]陈旭:《郑州商城宫殿基址年代及相关问题》,《中原文物》1980 年第 3 期。

[19]陈旭:《关于偃师商城和郑州商城的年代问题》,《郑州大学学报》1985 年第 4 期。

[20]陈旭:《郑州商代王都的兴与废》,《中原文物》1987 年第 2 期。

[21]陈旭:《关于郑州商文化分期问题的讨论》,《郑州大学学报(哲学社会科学版)》1988 年第 1 期。

[22]陈旭:《商代隞都探寻》,《郑州大学学报(哲学社会科学版)》1991 年第 5 期。

[23]陈旭:《关于郑州商城汤都亳的争议》,《中原文物》1993 年第 3 期。

[24]陈旭、张家强、朱光华:《豫东商丘考古调查与南亳问题》,《华夏考古》2005 年第 2 期。

[25]陈旭、徐昭峰:《郑州出土商代牛肋骨刻辞释文漏字原因探究》,《中原文物》2006 年第 3 期。

[26]程平山、周军:《商汤居亳考》,《中原文物》2002 年第 6 期。

[27]程平山:《释三亳》,《考古学研究(五)上册》,科学出版社 2003 年版。

[28]仇士华、蔡莲珍、张雪莲:《关于二里头的年代问题》,《二里头遗址与二里头文化研究》,科学出版社 2006 年版。

[29]仇桢:《关于郑州商代南关外期及其他》,《考古》1984 年第 2 期。

[30]戴家祥:《释“社”、“杜”、“土”古本一字考》,《古文字研究(第 15 辑)》,中华书局 1980 年版。

[31]丁梦林:《古地震与远古时代大洪水传说的起因》,《第三届全国第四纪学术会

议论文集》,科学出版社 1982 年版。

[32]东下冯考古队:《山西夏县东下冯遗址东区、中区发掘简报》,《考古》1980 年第 2 期。

[33]董琦:《偃师商城年代可定论》,《中原文物》1985 年第 1 期。

[34]董琦:《再谈偃师商城年代可定论》,《考古与文物》1996 年第 1 期。

[35]董琦:《再析〈偃师商城与夏商文化分界〉的研究脉络》,《中国历史文物》1999 年第 2 期。

[36]董琦:《论证汤亳的学术标准》,《中国历史文物》2003 年第 5 期。

[37]董作宾:《甲骨断代研究的十个标准》,《大陆杂志》1952 年第 4 卷第 8 期。

[38]董作宾:《卜辞中的亳与商》,《大陆杂志》1953 年第 6 卷第 1 期。

[39]杜金鹏:《关于南亳说与北亳说的前途问题》,中国社会科学院考古研究所编:《中国商文化国际学术讨论会论文集》,中国大百科全书出版社 1998 年版。

[40]杜金鹏:《商汤伐桀之史实与其历史地理问题》,《史学月刊》1988 年第 1 期。

[41]杜金鹏:《先商济亳考略》,《殷都学刊》1988 年第 3 期。

[42]杜金鹏、王学荣、张良仁、谷飞:《试论偃师商城东北隅考古新收获》,《考古》1998 年第 6 期。

[43]杜金鹏、王学荣、张良仁:《试论偃师商城小城的几个问题》,《考古》1999 年第 2 期。

[44]杜金鹏:《郑州南关外中层文化遗存在认识》,《考古》2001 年第 6 期。

[45]杜金鹏:《“偃师商城界标说”解析》,河南省文物考古研究所编:《华夏文明的形成与发展》,大象出版社 2003 年版。

[46]杜金鹏:《“郑亳说”立论前提辨析》,《考古》2005 年第 4 期。

[47]段友文、刘彦:《晋东南成汤崇拜的巫觋文化意蕴考论》,《中国文化研究》2008 年秋之卷。

[48]方酉生:《论汤都西亳——兼论探索夏文化的问题》,《中原文物》1979 年第 1 期。

[49]方酉生:《论偃师商城为汤都西亳》,《江汉考古》1987 年第 1 期。

[50]方酉生:《试论郑州二里岗商文化渊源——兼论郑州商城与偃师商城关系》,《华夏考古》1988 年第 4 期。

[51]方酉生:《郑州商城即仲丁隞都说》,《武汉大学学报(哲学社会科学版)》1991 年第 1 期。

[52]方酉生:《郑州商城再探讨》,《华夏考古》1996 年第 3 期。

[53]方酉生:《从郑州白家庄期商文化说到仲丁隞都》,《武汉大学学报(哲学社会科学版)》1997 年第 5 期。

[54]方酉生:《偃师尸乡沟城址是商汤灭夏后始建之都西亳一兼与〈偃师尸乡沟古城的几个问题〉一文商榷》,《江汉考古》1997 年第 3 期。

[55]方酉生:《偃师商城是商都亳(或西亳)并非“别都”》,《江汉考古》1999 年第

2 期。

[56]方酉生:《论“汤始居亳,从先王居”之亳都即偃师商城——兼与〈论“郑亳”之失名与“西亳”之得名〉一文商讨》,《殷都学刊》2000 年第 4 期。

[57]方酉生:《商汤都亳(或西亳)在偃师商城》,《武汉大学学报(人文科学版)》,2001 年第 2 期。

[58]方酉生:《偃师商城为夏商年代分界界标完全符合历史实际》,《东南文化》2002 年第 1 期。

[59]方酉生:《偃师商城是商汤建国的标帜与夏商断代的界标》,《殷都学刊》2003 年第 1 期。

[60]方酉生:《也谈古代文献记载中的汤亳》,《殷都学刊》2004 年第 1 期。

[61]方酉生:《论商汤亳都不在郑州商城》,《孝感学院学报》2005 年第 1 期。

[62]方酉生:《略论商汤都亳与仲丁迁隞》,《安金槐先生纪念文集》,大象出版社 2005 年版。

[63]傅斯年:《夷夏东西说》,《庆祝蔡元培先生六十五岁论文集》,“中央”研究院历史语言研究所 1935 年。

[64]干志耿等:《先商起源于幽燕说》,《历史研究》1985 年第 5 期。

[65]高敏:《“汤始居亳”地望考》,《商丘师范学院学报》1996 年第 1 期。

[66]高炜、杨锡璋、王巍、杜金鹏:《偃师商城与夏商文化分界》,《考古》1998 年第 10 期。

[67]高炜:《析〈偃师商城与夏商文化分界〉的研究脉络一文方法之商榷》,《中国历史文物》1999 年第 2 期。

[68]葛英会:《读郑州出土商代牛肋刻辞的几种原始资料与释文》,《中原文物》2007 年第 4 期。

[69]顾颉刚:《禹贡半月刊发刊词》,《禹贡(半月刊)》1934 年第 1 卷第 1 期。

[70]何光岳:《陶唐氏的来源》,《河北学刊》1985 年第 2 期。

[71]何光岳:《陶唐氏和唐国的迁徙》,《河北学刊》1986 年第 2 期。

[72]何毓灵、胡洪琼:《试论早商城址的性质及相互关系》,《殷都学刊》2002 年 4 期。

[73]河南省博物馆等:《郑州商城城址试掘简报》,《文物》1977 年第 1 期。

[74]河南省文物研究所:《郑州洛达庙遗址发掘报告》,《华夏考古》1989 年第 4 期。

[75]侯马市博物馆:《山西省侯马市上北平望遗址调查简报》,《华夏考古》1991 年第 3 期。

[76]侯马市博物馆:《山西侯马市古文化遗址调查报告》,《文物季刊》1992 年第 1 期。

[77]胡建、郭宝利、赵曙光:《山西商代考古学文化的若干问题》,《山西省考古学会论文集》(三),山西古籍出版社 2000 年版。

[78]黄盛璋:《大丰簋铭制作的年代、地点与史实》,《历史研究》1960 年第 6 期。

[79]黄盛璋:《夏虚、唐国与晋都之历史地理研究》,《中华文史论丛(1984年)·第1辑·总第29辑》,上海古籍出版社1984年版。

[80]黄石林、李锡经、王克林:《山西夏县东下冯龙山文化遗址》,《考古学报》1983年第1期。

[81]黄石林:《对偃师商城的再认识》,《中国商文化国际学术讨论会论文集》,中国大百科全书出版社1998年版。

[82]黄一:《觉公簋、晋侯尊与唐都地望》,《中国国家博物馆馆刊》2015年第11期。董作宾:《甲骨文断代研究例》,《中央研究院历史语言研究所》外编《庆祝蔡元培先生六十五岁论文集》上卷,1933年。

[83]江林昌:《〈商颂〉与商汤之“亳”》,《历史研究》2000年第5期。

[84]蒋南华:《郑州商城并非成汤亳都》,《贵阳金筑大学学报》2005年第1期。

[85]金景芳:《商文化起源于我国北方说》,《中华文史论丛》(第七辑),中华书局1978年版。

[86]晋中考古队:《山西太谷白燕遗址第一地点发掘简报》,《文物》1989年第3期。

[87]荆三林:《试论殷商源流》,《郑州大学学报》1986年第2期。

[88]李百勤:《山西平陆前庄商代遗址清理简报》,《文物季刊》1994年第4期。

[89]李伯谦:《东下冯类型的初步分析》,《中原文物》1981年第1期。

[90]李德方:《汤居韦亳与郑州商城》,《安金槐先生纪念文集》,大象出版社2005年版。

[91]李德方:《偃师商城之宫城即桐宫说》,《考古与文物》2006年第1期。

[92]李锋:《试论偃师商城商汤亳都和二里岗上层一期郑州商城仲丁隞都》,《河南文物考古论集》,河南人民出版社1996年版。

[93]李锋:《偃师商城与郑州商城性质之我见》,《郑州大学学报(哲学社会科学版)》1996年第2期。

[94]李锋:《郑州商城隞都说合理性辑补》,《郑州大学学报(哲学社会科学版)》2004年第4期。

[95]李锋:《“郑亳说”不合理性刍议》,《华夏考古》2005年第3期。

[96]李锋:《略论商汤灭夏前所居之亳》,《郑州大学学报(哲学社会科学版)》,2005年第6期。

[97]李锋:《郑州商城隞都说合理性解析》,《安金槐先生纪念文集》,大象出版社2005年版。

[98]李锋:《郑州商城隞都说与郑亳说合理性比较研究》,《中原文物》2005年第5期。

[99]李锋:《郑州大师姑城址商汤灭夏前所居亳说新论——读李伯谦先生〈对郑州商城的再认识〉》,《华夏考古》2006年第2期。

[100]李锋:《郑州商城非汤都亳辨析》,《中原地区文明化进程学术研讨会文集》,科学出版社2006年版。

[101]李锋:《〈〈"郑亳说"不合理性刍议〉辨正〉释误》,《商代前期都城研究》,中州古籍出版社2007年版。

[102]李锋:《郑州大师姑城址商汤韦亳之我见》,《考古与文物》2007年第1期。

[103]李经汉:《郑州二里岗商文化的来源及其相关问题的讨论》,《中原文物》1983年第2期。

[104]李久昌:《论偃师商城的都城性质及其变化》,《河南师范大学学报(哲学社会科学版)》2007年第3期。

[105]李民:《郑州商城是亳还是隞都》,《中州今古》1983年第2期。

[106]李民:《南亳、北亳与西亳的纠葛》,《全国商史学术讨论会论文集》(《殷都学刊》增刊)1985年。

[107]李绍连:《郑州商城与偃师商城双为"亳"》,《中州学刊》1994年第2期。

[108]李维明:《探寻商代第一都的文字新线索——郑州出土商代牛肋骨刻辞再发现与讨论》《甲骨学110年回顾与展望——王宇信教授师友国际学术研讨会论文集》,科学出版社2009年版。

[109]李维明:《"亳"辨》,《中国历史文物》2004年第5期。

[110]李维明:《汤都郑亳地望的判定》,《江汉论坛》2004年第8期。

[111]李维明:《"乇"辨》,《中原文物》2006年第6期。

[112]李维明:《〈"郑亳说"不合理性刍议〉辨正》,《中原文物》2006年第1期。

[113]李维明:《邹衡先生与郑亳说——追忆与先生相识相知的日子》,《中原文物》2006年第2期。

[114]李维明:《"偃师西亳—郑州商城隞都说"与"郑亳说"体系比较》,《考古与文物》2007年《先秦考古》增刊。

[115]李维明:《商代第一都的文字新线索——郑州出土商代牛肋骨刻辞再发现写实》,《寻根》2007年第3期。

[116]李维明:《试论郑州隞、亳、管之地望》,《中国历史文物》2007年第4期。

[117]李维明:《再议"郑亳说"立论基础》,《河南博物院建院八十周年论文集》,大象出版社2007年版。

[118]李维明:《郑地亳城文献补正》,《中原文物》2009年第6期。

[119]李维明:《郑州出土商周时期"乇"声字辞与汤亳探寻》,《故宫博物院院刊》2010年第1期。

[120]李维明:《邹衡先生与"郑亳说"创建历程》,《南方文物》2010年第1期。

[121]李学勤:《论豳公盨及其重要意义》,《中国古代文明研究》,华东师范大学出版社2005年版。

[122]李正华:《也说亳》,《黄淮学刊(社会科学版)》1992年第3期。

[123]李正华、王增文:《"蒙"与汤始居亳》,《殷都学刊》1993年第1期。

[124]李正华、李明若:《郑州商城非汤都亳》,《河南师范大学学报(哲学社会科学版)》1996年第1期。

[125]李自智:《先秦陪都初论》,《考古与文物》2002 年第 6 期。

[126]林沄:《豊豐辨》,《古文字研究(第 7 辑)》,中华书局 1985 年版。

[127]刘成群:《清华简〈汤处于汤丘〉与商汤始居地考辨》,《人文杂志》2015 年第 9 期。

[128]刘春迎:《浅谈开封地区的早期考古学文化》,《中原文物》1993 年第 4 期。

[129]刘大伦:《南亳与北亳——评王国维的〈说亳〉》,《商丘师范学院学报》1993 年第 2 期。

[130]刘宏伟:《论商汤都亳地望偃师说》,《中国地名》1997 年第 1、3、6 期分三部分连载。

[131]刘蕙孙:《从古文字“亳”字探讨郑州商城问题》,《考古》1983 年第 5 期。

[132]刘琼:《商汤都亳研究综述》,《南方文物》2010 年第 4 期。

[133]刘士莪:《偃师商城与二里头遗址、郑州商城关系的比较》,《中国商文化国际学术讨论会论文集》,中国大百科全书出版社 1998 年版。

[134]刘绪:《再论偃师商城是不准确的界标——兼答方酉生先生》,《东南文化》2003 年第 1 期。

[135]刘学文:《说蒲水》,《地名知识》1987 年第 1 期。

[136]刘玉娥、张长法:《郑州商城即成汤亳都浅论》,《郑州商都 3600 年学术论文集》,中州古籍出版社 2004 年版。

[137]刘岳:《商汤在郑州筑城建都的原因追踪》,《寻根》2007 年第 5 期。

[138]罗琨:《商代亘方考》,《21 世纪的中国考古学:庆祝佟柱臣先生八十五华诞学术文集》,文物出版社 2006 年版。

[139]洛阳市第二文物工作队、偃师县文物管理委员会:《河南偃师唐柳凯墓》,《文物》1992 年 12 期。

[140]马保春:《由晋南二里岗期早商文化的分布论其进入、传播》,《中原文物》2004 年第 6 期。

[141]牛济普:《“亳丘”印陶考》,《中原文物》1983 年第 3 期。

[142]潘明娟:《从郑州商城和偃师商城的关系看早商的主都和陪都》,《考古》2008 年第 2 期。

[143]庞怀清、镇烽、忠如、志儒:《陕西省岐山县董家村西周铜器窖穴发掘简报》,《文物》1976 年第 5 期。

[144]裴明相:《郑州商城即汤都亳新析》,《中原文物》1993 年第 3 期。

[145]彭金章、晓田:《试论河南偃师商城》,《全国商史学术讨论会论文集》(《殷都学刊》增刊)1985 年。

[146]秦文生:《郑州商城与偃师商城之比较研究》,《黄河科技大学学报》2006 年第 1 期。

[147]曲英杰:《禹都考辨》,《华夏文明》(第一集),北京大学出版社 1987 年版。

[148]山西省考古研究所:《翼城四遗址调查报告》,《文物季刊》1992 年第 2 期。

[149]山西省考古研究所:《襄汾、曲沃、闻喜、侯马三县一市考古调查报告》,《文物季刊》1993 年第 3 期。

[150]山西省考古研究所侯马工作站:《山西侯马乔山底遗址 1989 年Ⅱ区发掘报告》,《文物季刊》1996 年第 2 期。

[151]山西省考古研究所晋东南工作站:《山西黎城古文化遗址调查报告》,《文物季刊》1998 年第 4 期。

[152]山西省考古研究所、夏县博物馆:《山西夏县东阴遗址调查试掘报告》,《考古与文物》2000 年第 6 期。

[153]商志醰:《说商亳及其它》,《古文字研究(第七辑)》,中华书局 1982 年版。

[154]尚友萍:《商汤都城的辩正》,《文物春秋》2006 年第 4 期。

[155]申朝明:《太戊陵与亳》,《安阳中国殷商文明国际学术研讨会材料》2004 年。

[156]沈建华:《楚简"唐丘"与晋南夏商遗迹考》,《出土文献》2015 年第 1 期。

[157]施乙勉:《殷亳考辨》,《东方杂志》1943 年第 39 卷第 4 期。

[158]石加:《"郑亳说"商榷》,《考古》1980 年第 3 期。

[159]石加:《"郑亳说"再商榷》,《考古》1982 年第 2 期。

[160]石泉:《关于"江"与"长江"在历史上名称与地望的变化问题》,《地名知识》1981 年第 2 期。

[161]宋柏松、张松林:《商汤都郑亳的环境因素与历史原因》,《殷都学刊》2004 年第 2 期。

[162]宋秀兰:《从荥阳地望看隞都所在——兼论郑州商城即亳都》,《郑州商都3600 年。学术论文集》,中州古籍出版社 2004 年版。

[163]宋豫秦:《〈论偃师商城为汤都西亳〉一文质疑》,《中原文物》1988 年第 1 期。

[164]宋豫秦:《现今南亳说与北亳说的考古学观察》,《中原文物》1991 年第 1 期。

[165]宋豫秦:《关于探讨南亳与北亳的途径》,《殷都学刊》1997 年第 3 期。

[166]宋豫秦:《南亳地理之我见》,《中原文物》2001 年第 6 期。

[167]孙飞:《论南亳与西亳》,《文物》1980 年第 8 期。

[168]孙森:《关于郑州商城的性质问题》,《郑州商都 3600 年学术论文集》,中州古籍出版社 2004 年版。

[169]陶正刚、叶学明:《古魏城和禹王古城调查简报》,《文物》1962 年第 4、5 期。

[170]田昌五:《谈偃师商城的一些问题》,《全国商史学术讨论会论文集》(《殷都学刊》增刊)1985 年。

[171]田昌五:《先商文化探索》,《华夏文明》(第三集),北京大学出版社 1992 年版。

[172]田昌五、方辉:《论郑州商城》,《中原文物》1994 年第 2 期。

[173]佟伟华:《商代前期垣曲盆地的统治中心——垣曲商城》,《中国历史博物馆馆刊》1998 年第 1 期。

[174]王大良:《商汤都亳研究综述》,《中国史研究动态》1990 年第 1 期。

[175]王鸿玲:《故唐地望辨》,《山西大学学报(哲学社会科学版)》1986 年第 2 期。

[176]王晖:《汤都偃师新考——兼说“景亳”、“鄣薄”(郑亳)及“西亳”之别》,《中国历史地理论丛》2003 年第 2 期。

[177]王克林:《中国古代文明与龙山文化》,《华夏文明》(第一集),北京大学出版社 1987 年版。

[178]王琼、钱燕:《也谈考古研究中的方法问题——兼与殷玮璋先生商榷》,《中国历史文物》2009 年第 6 期。

[179]王睿、佟伟华:《1988—1989 年山西垣曲古城南关商代城址发掘简报》,《文物》1997 年第 10 期。

[180]王睿:《垣曲商城的年代及其相关问题》,《考古》1998 年第 8 期。

[181]王文楚:《历史时期南阳盆地与中原地区间的交通发展》,《史学月刊》1964 年第 10 期。

[182]王文涛:《郭峪村汤帝庙戏台》,《中国京剧》2006 年第 6 期。

[183]王学荣:《偃师商城“宫城”之新认识》,《1995 年中国商文化国际学术讨论会论文集》(特刊),中国社会科学院考古所 1998 年。

[184]王学荣、杜金鹏、岳洪彬:《河南偃师商城小城发掘简报》《考古》1999 年第 2 期。

[185]王学荣:《偃师商城布局的探索和思考》,《考古》1999 年第 2 期。

[186]王玉哲:《商族的来源地望试探》,《历史研究》1984 年第 1 期。

[187]王月前、佟伟华:《垣曲商城遗址的发掘与研究——纪念垣曲商城发现 20 周年》,《考古》2005 年第 11 期。

[188]王震中:《甲骨文亳邑新探》,《历史研究》2004 年第 5 期。

[189]卫斯:《平陆前庄商代遗址出土文物》,《文物季刊》1992 年第 1 期。

[190]吴忱等:《黄河下游河道变迁的古河道证据及河道整治研究》,《历史地理(第十七辑)》,上海人民出版社 2001 年版。

[191]吴其昌:《卜辞所见殷先公先王三续考》,《燕京学家》1933 年第 14 期。

[192]肖冰、王学荣:《关于郑州商城始建年代问题》,《安金槐先生纪念文集》,大象出版社 2005 年版。

[193]辛德勇:《关于成汤都邑位置的历史文献研究》,《九州(第三辑)先秦历史地理专号》,商务印书馆 2003 年版。

[194]徐良高:《夏商周三代城市聚落研究》,《三代考古》(一),科学出版社 2004 年版。

[195]徐旭生:《1959 年夏豫西调查“夏墟”的初步报告》,《考古》1959 年第 4 期。

[196]徐宣武:《伊尹生地和躬耕地何在》,《中原文物》1992 年第 4 期。

[197]徐昭峰:《从“汤始居亳”说到汤都郑亳》,《考古与文物》1999 年第 3 期。

[198]徐昭峰:《试论偃师商城的性质及其相关问题》,《中国历史地理论丛》2000 年第 1 期。

[199]徐昭峰、孙章峰:《亳都地望考》,《中国历史地理论丛》2001年第4期。

[200]徐昭峰:《试论郑州商城的建造过程及其性质》,《中国历史文物》2006年第6期。

[201]徐中舒:《殷商史中的几个问题》,《四川大学学报》1979年第2期。

[202]徐中舒:《怎样研究中国古代文字》,《古文字研究》(第15辑),中华书局1980年版。

[203]许俊平、李锋:《小双桥商代遗址性质探索》,《中原文物》1997年第3期。

[204]许顺湛:《偃师西亳说的困境》,《中原文物》1986年第4期。

[205]许顺湛:《中国最早的"两京制"——郑亳与西亳》,《中原文物》1996年第2期。

[206]许顺湛:《论郑亳与西亳》,《中国商文化学术讨论会论文集》,中国大百科全书出版社1998年版。

[207]许顺湛:《汤始居亳从先王居新解》,《郑州商都3600年学术论文集》,中州古籍出版社2004年版。

[208]许顺湛:《寻找夏都》,《早期夏文化与先商文化研究论文集》,科学出版社2012年版。

[209]薛立芳:《"郑亳"、"西亳"两说平议》,《烟台师范学院学报(哲学社会科学版)》2004年第2期。

[210]闫铁成:《论商亳在郑州》,《中原文物》1994年第1期。

[211]偃师商城博物馆:《河南偃师县四座唐墓发掘简报》,《考古》1992年第11期。

[212]杨宝成:《商文化渊源探索》,《华夏文明》(第一集),北京大学出版社1987年版。

[213]杨国忠、张国柱:《1984年秋河南偃师二里头遗址发现的几座墓葬》,《考古》1986年第4期。

[214]杨鸿勋:《从盘龙城商代宫殿遗址谈中国宫廷建筑发展的几个问题》,《文物》1972年第2期。

[215]杨宽:《商代的别都制度》,《复旦学报(社会科学版)》1984年第1期。

[216]杨升南:《汤放桀之役中的几个地理问题》,《全国商史学术讨论会论文集》,(《殷都学刊》增刊)1985年。

[217]杨升南:《商代的都邑》,《文史知识》1986年第6期。

[218]杨升南:《殷墟甲骨文中的河》,《殷墟博物苑》(创刊号),中国社会科学出版社1989年版。

[219]杨育彬:《谈谈夏代文化的问题——兼对〈郑州商城即汤都亳说〉一文商榷》,《中原文物》1980年第4期。

[220]杨育彬:《关于郑州商城的两个争论问题》,《中原文物》1982年第4期。

[221]杨育彬:《商代王都考古研究综论》,《中原文物》1991年第1期。

[222]杨育彬:《从近年的考古新发现谈偃师商城和郑州商城的几个问题》,《中原

文物》1992年第3期。

[223]杨育彬:《郑州商城的考古发现与研究》,《中原文物》1993年第3期。

[224]杨育彬:《夏文化的上下时限——兼论郑州商城属性》,《寻根》1995年第1期。

[225]杨育彬:《偃师尸乡沟商城与郑州商城若干问题的再探讨》,《河南文物考古论集》,河南人民出版社1996年版。

[226]杨育彬:《再论郑州商城的年代、性质及相关问题》,《华夏考古》2004年第3期。

[227]姚孝遂:《殷墟与河洹》,《史学月刊》1990年第4期。

[228]殷玮璋:《再论早商文化的推定及相关问题——断代工程结题后的反思(一)》,《二里头遗址与二里头文化研究:中国二里头遗址与二里头文化国际学术研讨会论文集》,科学出版社2006年版。

[229]殷玮璋:《夏文化探索中的方法问题——夏商周断代工程结题后的反思》,《河北学刊》2006年第4期。

[230]殷玮璋:《考古研究必须按科学规程操作——“夏商周断代工程”结题后的反思(节录)》,《中国社会科学院古代文明研究中心通讯》2009年第17期。

[231]游寿:《略说商亳》,《全国商史学术讨论会论文集》,(《殷都学刊》增刊)1985年。

[232]愚勤:《关于偃师尸乡沟商城的年代和性质》,《考古》1986年第3期。

[233]袁广阔:《试论夏商文化的分界》,《考古》1998年第10期。

[234]袁广阔:《郑州商城始建年代研究》,《中原文物》2003年第5期。

[235]袁广阔:《郑州商城与偃师商城关系的考古学观察》,《郑州大学学报》2004年第1期。

[236]袁广阔、曾晓敏:《论郑州商城内城和外郭城的关系》,《考古》2004年第3期。

[237]张宝明:《从甲骨文钟鼎文看商汤祈雨的真实》,《浙江社会科学》2004年第4期。

[238]张博泉:《关于殷人的起源地问题》,《史学集刊》1981年复刊号。

[239]张崇宁:《山西平陆前庄商代遗址分析》,《三代文明研究》(一),科学出版社1999年版。

[240]张国硕:《郑州商城与偃师商城并为亳都说》,《考古与文物》1996年第1期。

[241]张国硕:《商汤“还亳”考辨》,《殷都学刊》1997年第3期。

[242]张国硕:《论夏商时代的主辅都制度》,《考古学研究》(五)上册,科学出版社2003年版。

[243]张国硕:《试论郑州商都的年代》,《平顶山师专学报》2004年第4期。

[244]张锴生:《商“亳”探源》,《中原文物》1993年第1期。

[245]张锴生:《偃师尸乡沟古城的几个问题》,《江汉考古》1996年第4期。

[246]张锟:《府城商城建置原因考》,《中国历史文物》2005年第6期。

[247]张立东:《夏都斟寻与商都亳合考》,《考古学研究》(五)上册,科学出版社2003年版。

[248]张茂才:《垣曲建置沿革初考》,《垣曲文史资料》(第五辑),1990年。

[249]张松林:《商汤都郑亳的环境因素和历史原因》,《2004年安阳殷商文明国际学术研讨会论文集》,社会科学文献出版社2004年版。

[250]张维华:《汤都四迁刍议》,《中原文物》1993年第3期。

[251]张维华:《郑亳释古》,《郑州商都3600年学术论文集》,中州古籍出版社2004年版。

[252]张文军、张玉石、方燕明:《关于偃师尸乡商城的考古学年代及相关问题》,《青果集》,知识出版社1993年版。

[253]张文君、高青山:《晋西南三县市古文化遗址的调查》,《考古与文物》1987年第4期。

[254]张雪莲、仇士华、蔡莲珍:《郑州商城和偃师商城的碳十四年代分析》,《中原文物》2005年第1期。

[255]张永山:《卜辞诸亳小议》,《夏商文明研究》,中州古籍出版社1995年版。

[256]张永山:《卜辞诸亳考辨》,《出土文献研究(第3辑)》,中华书局1998年版。

[257]张永山:《郑州商城为商前期都城说》,《郑州商都3600年学术论文集》,中州古籍出版社2004年版。

[258]赵芝荃、徐殿魁:《河南偃师商城西亳说》,《全国商史学术讨论会论文集》(《殷都学刊》增刊)1985年。

[259]赵芝荃:《二里头文化与二里岗期文化》,《庆祝苏秉琦考古五十五年论文集》,文物出版社1989年版。

[260]赵芝荃:《关于汤都西亳的争议》,《中原文物》1991年1期。

[261]赵芝荃:《简论夏朝的断代问题——为纪念二里头遗址发掘四十周年而作》,《中原文物》1999年第1期。

[262]赵芝荃:《论夏、商文化的更替问题——为纪念二里头遗址发掘40周年而作》,《考古与文物》1999年第2期。

[263]赵芝荃:《再论偃师商城的始建年代》,《中原文物》1999年第3期。

[264]赵芝荃:《夏商分界界标之研究》,《考古与文物》2000年第3期。

[265]赵芝荃:《评述郑州商城与偃师商城几个有争议的问题》,《考古》2003年第9期。

[266]赵芝荃:《试谈偃师商城的始建年代并兼论夏文化的上限》、《论偃师商城始建年代问题》、《再论偃师商城的始建年代》、《小议郑州南关外期商文化——兼评"南关外型"先商文化说》,《赵芝荃考古文集》,科学出版社2008年版。

[267]郑光:《试论二里头商代早期文化》,《中国考古学会第四次年会论文集》,文物出版社1985年版。

[268]郑杰祥:《商汤都亳考》,《中国史研究》1980年第4期。

[269]郑杰祥:《卜辞所见亳地考》,《中原文物》1983年第4期。

[270]郑杰祥:《关于偃师商城的年代和性质问题》,《中原文物》1984年第4期。

[271]郑杰祥:《释亳》,《中原文物》1991年第1期。

[272]郑杰祥:《关于郑州商城的定名问题》,《中州学刊》1994年第4期。

[273]郑杰祥:《郑州商城与偃师商城的性质与夏商分界》,《中原文物》1999年第1期。

[274]郑杰祥:《二里岗甲骨卜辞的发现及意义》,《史海侦迹——庆祝孟世凯先生七十岁文集》,新世纪出版社2006年版。

[275]郑贞富:《不周山即蒲山考》,《河南大学学报》1993年第1期。

[276]中国科学院考古研究所二里头工作队:《河南偃师二里头早商宫殿遗址发掘简报》,《考古》1974年第4期。

[277]中国科学院考古研究所山西工作队:《山西夏县禹王城调查》,《考古》1963年第9期。

[278]中国社会科学研院考古研究所河南第二工作队:《1984年春偃师尸乡沟商城宫殿遗址发掘简报》,《考古》1985年第4期。

[279]中国社会科学院考古研究所、郑州市文物考古研究院编:《中国聚落考古的理论与实践(第1辑)——纪念新砦遗址发掘30周年学术研讨会论文集》,科学出版社2010年版。

[280]中国社会科学院考古研究所河南第二工作队:《河南偃师商城东北隅发掘简报》,《考古》1998年第6期。

[281]中国社会科学院考古研究所河南第二工作队:《河南偃师杏园村的两座唐墓》,《考古》1984年10期。

[282]中国社会科学院考古研究所河南第二工作队:《河南偃师杏园村的六座纪年唐墓》,《考古》1986年5期。

[283]中国社会科学院考古研究所洛阳汉魏故城工作队:《偃师商城的初步勘探和发掘》,《考古》1984年第6期。

[284]中国社会科学院考古研究所山西工作队:《晋南二里头文化遗址的调查与试掘》,《考古》1980年第3期。

[285]中国社会科学院考古研究所山西工作队:《晋南考古调查报告》,《考古学集刊(第6集)》,中国社会科学出版社1989年版。

[286]中国社会科学院考古研究所实验室:《放射性碳素测定年代报告》(一二),《考古》1985年7期。

[287]中国社会科学院考古研究所实验室:《河南偃师尸乡沟商城第五号宫殿基址发掘简报》,《考古》1988年2期。

[288]朱彦民:《商族的迁徙与冀中南乙亳》,《三代文明研究》(一),科学出版社1999年版。

[289]朱彦民:《商汤“景亳”地望及其他》,《中国历史地理论丛》2002年第2期。

[290]朱彦民:《郑州商城亳都研究之评述及我见》,《郑州商都 3600 年学术论文集》,中州古籍出版社 2004 年版。

[291]邹衡:《关于探索夏文化的途径》,《河南文博通讯》1978 年第 1 期。

[292]邹衡:《郑州商城即汤都亳说》,《文物》1978 年第 2 期。

[293]邹衡:《〈论南亳与西亳〉一文中的材料解释问题》,《中原文物》1981 年第 3 期。

[294]邹衡:《再论"郑亳说"——兼答石加先生》,《考古》1981 年第 3 期。

[295]邹衡:《偃师商城即太甲桐宫说》,《北京大学学报》1984 年第 4 期。

[296]邹衡:《综述夏商四都之年代和性质——为参加 1987 年 9 月在安阳召开的"中国殷商文化国际讨论会"而作》,《殷都学刊》1988 年第 1 期。

[297]邹衡:《西亳与桐宫考辩》,《纪年北京大学考古专业三十周年论文集》,文物出版社 1990 年版。

[298]邹衡:《内黄商都考略》,《中原文物》1992 年第 3 期。

[299]邹衡:《汤都垣亳说考辨》,《国学研究》第一卷,北京大学出版社 1993 年版。

[301]邹衡:《桐宫再考辨——与王立新、林坛两位先生商谈》,《考古与文物》1998 年第 2 期。

[302]邹衡:《郑州商城是商汤灭夏前后的亳都》,《郑州商都 3600 年学术论文集》,中州古籍出版社 2004 年版。

[303]邹衡:《郑州商城是现在可以确定的我国最早的首都——成汤亳城》,《江汉论坛》2004 年第 8 期。

[304]邹衡:《对〈再论郑州商城的年代、性质及相关问题〉的商榷》,《华夏考古》2005 年第 4 期。

[305]邹衡:《"郑亳说"立论前提辨析之再辨析》,《考古与文物》2007 年第 1 期。

四、报　　纸

[1]北京晚报讯:《我国发现一座商代地下城址》,《北京晚报》1984 年 2 月 22 日。

[2]光明日报讯:《我国发现商代前期城址》,《光明日报》1984 年 2 月 23 日。

[3]朱维新:《偃师发掘出商代早期都城遗址》,《人民日报》1984 年 3 月 4 日。

[4]黄石林、赵芝荃:《偃师商城的发现和意义》,《光明日报》1984 年 4 月 4 日。

[5]刘汉屏、佟伟华:《山西垣曲县古城镇发现一座商代城址》,《光明日报》1986 年 4 月 8 日。

[6]张玉石、杨肇清:《新石器时代考古获重大发现:郑州西山仰韶时代晚期遗址面世》,《中国文物报》1995 年 9 月 10 日。

[7]中国社会科学院考古研究所河南第二工作队:《偃师商城获重大考古新成果》,《中国文物报》1996 年 12 月 8 日。

[8]戴向明:《垣曲商城发掘获重要成果》,《中国文物报》1998 年 9 月 6 日。

[9]朱召晶:《论"郑亳"之失名与"西亳"之得名》,《中国文物报》1999 年 9 月 5 日。

[10]刘绪:《偃师商城——不准确的坐标》,《中国文物报》2001年8月5日。

[11]董琦:《关于古代文献记载中的汤亳》,《中国文物报》2002年4月5日。

[12]李维明:《郑州出土商代牛肋骨刻辞新识》,《中国文物报》2003年6月13日。

[13]赵德润、夏桂廉:《郑州商城为商初亳都》,《光明日报》2003年12月1日。

[14]王超群:《郑州商城:我国第一座建有城垣的王都》,《河南日报》2003年12月1日。

[15]万秀斌:《郑州商城是三千六百年前国都》,《人民日报(海外版)》2003年12月9日。

[16]中国文化报讯:《探讨早商历史,确认中原古都——专家认为郑州商城为商初亳都》,《中国文化报》2003年12月10日。

[17]张国硕:《商代都城的建设程序与断代》,《中国文物报》2003年12月12日。

[18]杨育彬:《郑州商城“亳都说”商榷》,《中国文物报》2004年3月19日。

[19]邹衡:《〈郑州商城“亳都说”商榷〉之再商榷》,《中国文物报》2004年7月16日。

[20]马宏图、常文征、苑海震:《参加偃师商城建都3600年暨考古工作20年专家座谈会的专家认为商朝第一都是偃师商城》,《河南日报》2004年7月20日。

[21]人民日报讯:《考古专家会诊商朝第一都》,《人民日报(海外版)》2004年7月23日。

[22]李维明:《郑州出土商代牛肋骨刻辞补识》,《中国文物报》2006年1月6日。

[23]孙亚冰:《对郑州出土商代牛肋骨刻辞的一点看法》,《中国文物报》2006年1月6日。

[24]李维明:《郑州出土战国陶釜印文初识》,《中国文物报》2007年10月19日。

五、硕博学位论文

[1]王睿:《垣曲商城的年代、文化归属及其性质》,北京大学考古系硕士学位论文,1996年。

[2]李辉:《晋南豫北成汤祭祀建筑研究》,西安建筑科技大学硕士学位论文,2009年。

后　记

以山西垣曲商城为商汤“始居亳”之都城为先父陈昌远教授首倡。

继上个世纪八十年代末《商族起源地望发微》一文发表后，在父亲的指导和帮助下，我们合作陆续撰成数篇商族起源与商史长文以申旧说，这些文章裒辑于前年出版的《商族起源与商史探微》书中，凝结了我们父子两代学习祖国古史的点滴体会和些许心得，而作为2018年国家社科基金后期资助项目出版的《“汤始居亳”与垣曲商城探索》则是在《商族起源与商史探微》之后，对于父亲首倡垣亳说的再阐释。项目虽由我来主持，但观点、思想都来自先父陈昌远教授。

2004年秋，我到郑州大学工作，不久父母亲也寓居郑州，桃源路不甚宽敞的寓所里，父亲与我围炉促膝、煮茶烹茗，讨论各种问题，其中自然不离商族起源地。那时，我们各抒己见，欢畅愉悦。2016年春暖花开，父亲已是八十二岁高龄，在我、王琳陪同下同往晋南一带作学术考察。我们沿亳清河而行，凡与商人起源与商史研究相关的文物遗迹无不瞻视学习，收获颇丰。这一次学术考察不仅酬了父亲三十年来未往垣曲调查访问的夙愿，也是我们最后一次陪同父亲远行。春光虽然短暂但记忆却清晰温暖，晋南的大河岸边、中条山侧都留下了我们的足迹，随侍之间，畅朗愉悦，春风拂面，彼时情景，宛在昨日。

也就是从垣曲考察归来之后，在父亲的督促下，我便开始着手国家社科基金项目《“汤始居亳”与垣曲商城探索》的论证。这项工作的初衷是要在父亲奠定的已有学术框架下，结合三十年来考古新发现与我们的思考，对于商族起源之垣亳说再予检视、完善。孰料这项工作进展不到一年，2017年寒冬，当我刚刚撰著完成本书的第一章时，父亲遽然离去，这是我始料未及的事情，那一段时间，我内心深处常常奔涌着对父、母的哀思与怀念，更没有精力与思想再做任何工作，捧读父亲的遗著，与他无声地相对交流，已是阴阳两隔。从此之后，我也只有在咀嚼往事中才能唤起对父母慈祥音容的追忆，回味双亲赐予我的温暖与力量。

父亲一生没有离开过先秦史和历史地理研究，商族起源与商史研究更是他倾注了毕生精力和心血的领域，他一直认为黄河流域中、下游地区是中华文明起源、发展的核心区域，对商人起源与活动的历史地理学研究，不仅能够进一步说明黄河流域中、下游地区古代文明的核心地位,而且更能从空间演变的角度认识中华远古文明与中华民族早期活动的地域特征;父亲去后,痛定思痛,我更觉得有责任将他的这些学术思想以一己之薄力再予以推陈,庶几可以慰往者,励后人。

五位匿名评审专家的一致肯定使本课题忝于国家项目资助之列,后续出版过程中马长虹兄助力颇多,数年前的垣曲之行赖王云洲、晋卫军、王爱东等先生的周到安排,李晓静教授又代为翻译了英文书名。《“汤始居亳”与垣曲商城探索》的面世,实众人之助也,作者再做深深躬谢。我于先秦史、考古学、历史地理学功力浅薄,书中舛误,其责在我,敬祈方家不吝赐教。

本书被 2023 年度河南省高等学校哲学社会科学基础研究重大项目:古代三河地区黄河国家文化空间建构及其核心价值阐释(项目编号:2023-JCZD-30)确定为基础研究成果。

陈隆文于郑州大学

壬寅年冬八九日

责任编辑:马长虹
封面设计:毛　淳　徐　晖

图书在版编目(CIP)数据

“汤始居亳”与垣曲商城探索/陈隆文 著.—北京:人民出版社,2024.4
ISBN 978-7-01-024439-6

Ⅰ.①汤…　Ⅱ.①陈…　Ⅲ.①中国历史-研究-商代　Ⅳ.①K223.07

中国版本图书馆 CIP 数据核字(2022)第 013435 号

“汤始居亳”与垣曲商城探索

TANG SHI JU BO YU YUANQU SHANGCHENG TANSUO

陈隆文　著

人民出版社 出版发行
(100706　北京市东城区隆福寺街 99 号)

中煤(北京)印务有限公司印刷　新华书店经销

2024 年 4 月第 1 版　2024 年 4 月北京第 1 次印刷
开本:710 毫米×1000 毫米 1/16　印张:16.25
字数:290 千字

ISBN 978-7-01-024439-6　定价:58.00 元

邮购地址 100706　北京市东城区隆福寺街 99 号
人民东方图书销售中心　电话 (010)65250042　65289539